清华国学人物小传

四大导师
及梁漱溟、李济

陈 来 主编
高海波 赵金刚 副主编

清华大学出版社
北京

版权所有，侵权必究。举报：010-62782989，beiqinquan@tup.tsinghua.edu.cn。

图书在版编目（CIP）数据

清华国学人物小传：四大导师及梁漱溟、李济 / 陈来主编. —北京:清华大学出版社，2022.8
ISBN 978-7-302-60814-1

Ⅰ.①清… Ⅱ.①陈… Ⅲ.①文化—名人—生平事迹—中国 Ⅳ.①K825.4

中国版本图书馆CIP数据核字（2022）第081552号

责任编辑：梁　斐
封面设计：傅瑞学
责任校对：欧　洋
责任印制：曹婉颖

出版发行：清华大学出版社
　　　　　　网　　址：http://www.tup.com.cn, http://www.wqbook.com
　　　　　　地　　址：北京清华大学学研大厦A座　　　　**邮　编：**100084
　　　　　　社 总 机：010-83470000　　　　　　　　　　**邮　购：**010-62786544
　　　　　　投稿与读者服务：010-62776969, c-service@tup.tsinghua.edu.cn
　　　　　　质量反馈：010-62772015, zhiliang@tup.tsinghua.edu.cn
印 装 者：三河市东方印刷有限公司
经　　销：全国新华书店
开　　本：155mm×230mm　　　　**印　张：**17　　**插　页：**6　　**字　数：**246千字
版　　次：2022年10月第1版　　　　　　　　　　　　　　**印　次：**2022年10月第1次印刷
定　　价：88.00元

产品编号：096169-01

序

清华大学的前身清华学堂（Tsinghua Imperial College）始建于1911年，1925年清华成立了研究院国学门，亦通称清华国学研究院，简称清华国学院。在清华国学研究院不长的几年办院历史里，培养了70位学有专长的国学学者，其中有几十位在后来成为中国人文学界的著名学者或国学大师。清华国学研究院几位导师的研究在当时代表了中国国学研究的最高水平。清华国学研究院创造的辉煌与影响奠定了清华初期的学术声誉，清华国学研究院也早已成为清华大学历史传统的一部分。

清华国学研究院是中国近代文化教育发展的产物，它以"学术第一、讲学自由、兼容并包"的精神，开创了清华大学早期人文学研究的黄金时代。清华国学研究院师生共同创造的这一辉煌历史业绩对后来清华各个学科的发展都有示范的意义，也构成了清华人文学科三十至四十年代卓越发展的先导。

1925年3月为清华国学院开办之始，4月王国维、梁启超到校，6月确定教授为王国维、梁启超、赵元任、陈寅恪，讲师为李济，主任为吴宓。

王国维辛亥革命后东渡，专习经史小学，归国后继续深入，在甲骨文与殷商史等领域成就卓著。他1925年到清华执教，个人学术研究转入治蒙古史和西北地理，同时致力于金石文献考释。

梁启超早年为变法运动领袖，失败后东渡，思想为之一变。他是中国近代著名思想家，也是新史学的倡导者，学问规模宏大，其研究领域为中国学术史、中国文化史。他1920年任清华讲师，讲授国学小史，著《墨经校释》，在清华国学院时期著述甚多，如《中国文化史——社会组织篇》《古书真伪及其年代》《儒家哲学》等。

赵元任1925年到清华，在清华国学院四年，后转中央研究院，仍兼任清华讲师。他1925年正式确定以中国语言学和语音学为学术主要方向，在清华讲授"中国音韵学"等，将历史比较法运用于汉语史的研究。1928年他出版了《中国吴语研究》，为清华国学院丛书第四种，这是中国学者第一部用现代语言学的方法调查汉语方言的报告。后发表《广西瑶歌记音》等。

李济1925年担任讲师，因已经加入弗利尔艺术馆中国考古队工作，不能常川住院，故为清华国学院特别讲师。1927年他的考古发掘报告《西阴村史前的遗存》作为清华国学院丛书第三种出版，1929年出版《中国人种之构成》，是中国民族科学研究的第一部著作。

陈寅恪1926年加入清华国学院，其担任的课程为"西人之东方学目录学""佛教经典各种文字译本之比较研究（梵文、巴利文、藏文、回纥文及中亚诸文字译文）"，1927年他的《大宝积经论藏汉文对照本》作为清华国学院丛书第二种出版。由其课程和研究可知，其当时的研究重点在参照欧洲东方学中佛教经典的研究，发展佛教经典的各种文字译本之比较研究。

在国学院四年的办学历程中，培养了70多位学有专长的国学人才，其中不少人后来成为我国著名的语言学、古文字学、中国史、文学、考古学、哲学等方面的大师，如王力、高亨、徐中舒、姜亮夫、姚名达、陆侃如、谢国桢、刘盼遂、罗根泽、王静如、吴金鼎、戴家祥、蒋天枢、刘节、朱芳圃等。

总起来看，清华国学院时期的国学研究属于新国学、新史学的研究，注重从西洋学术吸取研究方法和观念，追求以近代外国研究学问的方法来治国学。

王国维1927年自沉，1929年梁启超病逝，当年夏清华国学院结束。同年中央研究院成立，赵元任担任史语所语言组组长，李济担任考古组组长，陈寅恪以清华大学教授而兼任历史组组长。国学院助教浦江清则转至清华大学中文系任教。中研院史语所可以说是以清华国学院导师为骨架的。1929年清华大学成立文学院，清华的国学研究则从国学院时期转入了文学院时期。20世纪30年代的清华，文、史、哲三个系规模不大，一般有教授五六位，讲师和助教若干。文学院时期包括了后来西南联大时期，直至

1952年院系调整中清华文学院整体转入北大为结束。

文学院时期的清华文科以中西兼重为特色,故中文系"注重新旧文学的贯通与中外文学的结合",历史系强调"中外历史兼重""西洋史学有许多地方可资借镜""中国历史已经成为一种国际的学术"。哲学系主张"中西融汇",史论兼重而偏于理论。这些学术环境也塑造了同时期清华国学研究的方向。杨树达、冯友兰、王力、闻一多、张荫麟、吴晗、陈梦家、朱希祖、刘文典、雷海宗、许维遹都是这一时期的代表性人物。

总的看来,文学院时期的清华国学研究,仍然是"属于新国学、新史学的研究,追求从西洋学术吸取研究方法和观念,以近代外国研究学问的方法来治国学"。但也有变化,不再像吴宓和陈寅恪二十年代那样强调学习欧洲东方学研究,而是吸取西洋学术方法参与中国近代学术学科的建立,冯友兰、杨树达、王力的研究都是如此。文学院时期的清华,在中国人文研究方面已经与北京大学并驾齐驱,甚至在不少方面超越了北大。

1952年清华大学文学院全部转入北京大学,壮大了北京大学。1978年以来,清华大学先后恢复和建立了外语系、社会科学系、中国语言文学系、思想文化研究所,其中1985年建立的思想文化研究所由张岱年先生任所长。在此基础上1993年12月组建人文社会科学学院,陆续复建了历史系、哲学系等。2009年国学研究院复建,2012年人文学院从人文社科学院分出独立。恢复文科以来,陆续有一些代表性人物加入到清华国学研究的队伍中来,他们的加入对促进清华国学研究的复兴、对传承发扬老清华人文研究的优良传统发挥了重大作用。

现在,清华国学研究院组织出版《清华国学人物小传》,希望能够将清华校史当中那些研究国学的典型人物的生平、学术特点,特别是与清华的渊源,以"小传"的形式展现出来。"小传"不求"全",而是期待能起普及、宣传之效用,让清华国学研究的特点呈现在世人面前,并期待越来越多的人加入到清华国学研究的传统当中。

清华大学国学研究院

2022年7月

目 录

001 国学家与教书先生:梁启超晚年的学术生活

031 可信与可爱:王国维学述

076 作为儒家的史家:陈寅恪学述

140 理论与实际并重的语言学家:赵元任述评

182 为中华文化聚精会神:梁漱溟学述

231 考古之为「科学」:李济述评

国学家与教书先生:梁启超晚年的学术生活

⊙ 黄　湛

1917年11月,梁启超卸任段祺瑞政府财政总长一职,于1918年年底,偕同蒋百里、丁文江、张君劢等人,从上海启程,展开了酝酿一年的欧游计划。此次远行,历经伦敦、巴黎、比利时、荷兰、瑞士、意大利、德国诸国,并于1920年3月归国。《欧游心影录》就是梁启超对这一年多来欧游经历的观感纪闻,从中可以发现梁氏心境的转变:目睹"一战"后欧洲空前失落萧条的景象,梁启超开始重新审视西方社会,反观和重估中国固有文化,催生出晚年的教育思想。故丁文江等人为梁氏所作《年谱》,谓欧游"是为先生此后致力于教育事业的起点"。①

近人为梁氏作传,一般根据其政治活动、学术思想,将梁氏一生划分为四个时期,每个时期都有特殊的贡献与影响。第一期自万木草堂到戊戌变法,是"通经致用"时期;第二期为立宪请愿到辛亥革命,是为介绍西方思想,并以新方法批评中国传统学术时期;第三期为参与内阁、兴师讨袁至

---

① 丁文江、赵丰田编:《梁启超年谱长编》,上海:上海人民出版社,2009年,第553页。近年清华大学国学研究院开展"院史工程",编纂清华国学院师生、职员的文存。其中,《梁启超文存》即以《欧游心影录》为节点,收录梁氏此后与学术、教育相关的重要文章。参见刘东、翟奎凤选编:《梁启超文存》,南京:江苏人民出版社,2012年。

欧游以前,是为"纯粹政论家"时期;第四期为入校讲学、专力学术时期。[①]20世纪20年代,步入晚年的梁启超,似已过了人生的全盛期。他虽在社会上仍极具名望,但政治上的黯淡收场以及思想上趋于保守,已不再如他早年一样能够引领风尚,成为青年人崇拜的偶像。或许正是因为这些既有的认知,让人仅仅关注梁启超晚年的治学成果,却容易忽视其具体的生活和经历,并从中体察其心境的变化及思想主张背后的情感寄托。

一、文献与德性:治国学的两条大路

梁启超在学术研究和讲学教育上夙具心得,欧游归国后,即决心不再过问政治,专心教育事业,着手承办中国公学,同时组织共学社和讲学社。又整顿原研究系的杂志《解放与创造》(后改名为《改造》)。其中,讲学社的主要工作,是邀请国际学术名家来华讲学。在梁启超的领导下,讲学社先后请来美国哲学家、实用主义大师杜威,英国哲学家罗素,德国生机主义哲学家杜里舒,以及印度诗人、哲学家泰戈尔。从"四大名哲"在世界文化史上的崇高地位,可见讲学社的学术品位和工作成果。

尽管欧游让梁氏错过了国内如火如荼的五四运动,但到了20年代,新文化运动余波未了,大江南北仍充斥着"打倒孔家店""全盘西化"的口号,传统文化被视为不适应现代文明社会、保守落后的"旧文化"。梁启超对传统文化的提倡,正是为了纠正这种极端的西化论。新文化运动中,新青年们把西方科学抬到至高无上的位置,梁启超却要为传统文化发声。胡适后来就说:"自从中国讲变法维新以来,没有一个自命为新人物的人敢公然毁谤'科学'的,直到民国八九年间梁任公先生发表他的《欧游心影录》,科学方才在中国文字里正式受了'破产'的宣告。"[②] 胡适的说

---

① 参见张荫麟:《近代中国学术史上之梁任公先生》,收入夏晓红编:《追忆梁启超(增订本)》,北京:生活·读书·新知三联书店,2009年,第84页;另见徐佛苏:《记梁任公先生逸事注》,转引自《梁启超年谱长编》,第775页。

② 胡适:《科学与人生观》,季羡林编:《胡适全集》第2卷,合肥:安徽教育出版社,2003年,第196页。

法或许有些夸大其词，其批评旨在说明，梁启超作为文化舵手、广大青年的引导者，他对西方文明的批评可能会导向一种极端——蔑视科学的"不良"效应。

实际上，在崇尚学术研究的"科学精神"上，梁启超与胡适是志同道合的共事者，这一点就国学而言，特别体现在两人对乾嘉治学"科学方法"的阐扬上。早先胡适《戴东原的哲学》、梁启超《清代学术概论》已对戴震的"科学方法"及其哲学有一番深入讨论。在两人的努力下，学界兴起一股"戴震热"。1923年10月，梁启超发起"戴东原生日二百年纪念会"，一个月后，尚在上海的胡适致书表示愿赴此会，并言及东原遗像坊间不传，已托人向其族中求索（东原为休宁人，胡适祖籍绩溪，两人是徽州老乡）。① 在研究思路和学术评价上，两人都强调戴震反程朱理学、批判宋学的特质；同时认为在治学方法上吸收了传统考据学和西方科学，具有"科学精神"。不过据说到了纪念会那天，《晨报》特别印刷专刊，场内散发的全部都是梁启超一人的文章。开会时，他又几乎独占了两小时的讲演时间，只给胡适留下十分钟，并介绍说："现在请不讲理的胡适之，来讲不讲理的戴东原！"② 不知任公如此"霸道"，胡适作何感想，抑或两人事先有所商量亦未可知。

来到清华国学研究院（以下简称"清华国学院"）之前，梁启超正筹备办一所"文化学院"，培养国学人才，最终因缺乏资金，未能成事。清华国学院的办学宗旨与他一直以来振兴国学的想法不谋而合，故当即应允国学院的邀请。1923年年初，曾有一个清华学生前往天津，告诉梁启超清华学生苦于无人指导国学，并向他请教哪些学者可堪清华国学导师之任。梁启超则告以无人可选——如此回答，是由于梁氏认为学问渊博者多，但教育未必得法。③ 他心中实已形成一套成熟的教育理念，按照他

---

① 胡适：《致梁启超》，《胡适全集》第23卷，第416页。
② 梁容若：《梁任公先生印象记》，收入《追忆梁启超（增订本）》，第284页。
③《与梁任公先生谈话记》，载《清华周刊》第271期，1923年3月1日，第20-22页。

自己的话也可以理解成：一种科学的教育方法。这套方法早先呈现在《治国学的两条大路》中，这是梁启超1923年在东南大学国学研究会的一次演讲。他指出，治国学应遵循"文献的学问"和"德性的学问"两种门径。其中，"文献的学问"运用客观方法加以研究；"德性的学问"则通过内省和躬行的功夫来完成。①科学方法和道德修养是梁启超晚年提倡的并行的学术宗旨。他在给清华国学院学生做演讲时，对这一学术宗旨做了更明确的说明：

> 我这两年来清华学校当教授，当然有我的相当抱负而来的，我颇想在这新的机关之中，参合着旧的精神。吾所理想的，也许太难不容易实现。我要想把中国儒家道术的修养来做底子，而在学校功课上把他体现出来。在已往的儒家各个不同的派别中，任便做那一家，那都可以的，不过总要有这类的修养来打底子。自己把做人的基础先打定了，吾相信假定没有这类做人的基础，那末做学问并非为自己做的。至于智识一方面，固然要用科学方法来研究；而我所希望的是，科学不但应用于求智识，还要用来做自己人格修养的工具。②

梁氏坦言自己到清华国学院任教，是要借以实现教育理想和抱负。自从新文化运动鼓吹"德先生"与"赛先生"（民主与科学）以来，中国传统学术——特别是儒家思想——成为封建、愚昧的代名词。梁启超试图打破这种偏见，一方面强调应在学术研究上秉持科学方法，"在学术界上造成一种适应新潮的国学"；另一方面，身体力行，宣扬磨砺人格的重要性，希望与一班弟子共建国学的精神，"在社会上造成一种不逐时流的新人"。③

---

① 梁启超：《治国学的两条大路》，1923年1月9日东南大学国学研究会演讲稿，载1923年1月15日《晨报副刊》，收入《梁启超文存》，第373页。
② 梁启超：《北海谈话记》，载1927年初夏《清华学校研究院同学录》，收入《梁启超文存》，第692页。
③ 梁启超：《北海谈话记》，收入《梁启超文存》，第697页。

在那些受其启蒙的"新青年"看来，梁启超竟落入文化"保守"的窠臼。但是，与当时从未涉足欧美大陆、未尝了解西方文化的"旧派学者"相比，梁启超实在不能算是"传统知识分子"。三十年前鼓吹变法改革时，梁启超就以介绍西洋文化为务，启蒙思想，创造新民。只不过在详细了解西方文明之后，梁氏回过头来，比任何人都对本国文化抱有温情，甚至不讳言："只要旧的是好，守旧又何足诟病？"他所谓的好与坏，取舍标准不在于是本国传统还是舶来品，而在于文化价值本身。从这一点看，国学相比西方先进的科学，自有其特别的长处，这也正是国人建立文化自信的根源所在："我们中国文化，比世界各国并无逊色。那一般沉醉西风，说中国一无所有的人，自属浅薄可笑。"① 梁氏在充分了解西方文化的基础上，对中西文化比较后所进行的深刻反思，绝不是盲目排外一类学者所可企及的。他反对的其实更应该说成是一种"轻下批判"的态度，对国学也好，西学也好，都应予以全面周到的考察。

同样是在1923年，梁启超给国学研究的大课题列出一张详细的清单。这是他在策划创办文化学院时，刊登在报纸上的文化学院创办宗旨，其中写道：

> 启超确信我国儒家之人生哲学，为陶养人格至善之鹄，全世界无论何国、无论何派之学说，未见其比，在今日有发挥光大之必要；启超确信先秦诸子及宋明理学，皆能在世界学术上占重要位置，亟宜爬罗其宗别，磨洗其面目；启超确信佛教为最崇贵最圆满之宗教，其大乘教理尤为人类最高文化之产物，而现代阐明传播之责任，全在我中国人；启超确信我国文学美术在人类文化中有绝大价值，与泰西作品接触后当发生异彩，今日则蜕变猛进之机运渐将成熟；启超确信中国历史在人类文化中有绝大意义，其资料之丰，世界罕匹，实亘古未辟之无尽宝藏，今日已到不容扃镝之时代，而开采

---

① 梁启超：《治国学的两条大路》，收入《梁启超文存》，第381页。

须用极大劳费。①

以上述五事为基础，本国学术为"内发的心力"，培养国民"新元气"，进而"创造新中国"——这是梁启超由学术以至于经世致用的教育兴国方针。他观察到，当时全世界正处于"怀疑沉闷时代"，中国在精神和智识方面都足以贡献全人类。西方科学固须重视，但不应妄自菲薄，鄙夷传统文化。知识分子在任何时期都应保持头脑清醒，偏执的守旧或者盲目的崇洋媚外，都不是客观科学的态度。值逢举国崇尚西学，趋之若狂之际，梁启超即以发明整理本国学术为自己应负的教育义务，他说："启超虽不敢自命为胜任，然确信我在今日最少应为积极负责之一人；我若怠弃，无以谢天下。"②由于对本国文化抱有充分自信，故其从事研究，方能投入完全的热情和精力。也只有纯粹的不计个人名利的教育信念，才能不惧怕受到万众的非议以及自诩进步知识分子的诬蔑。梁启超同时也清醒地认识到，教育事业非他一人发宏愿即可促成，必须集合相当学力的同志，培养热心兹业的青年，做好长期奋斗的准备。事实上，直到去世，梁启超一直都在贯彻这一理想，为此孜孜不倦，鞠躬尽瘁，死而后已。

梁启超所划定的"两条大路"，在他日后执教清华国学院时，完全展现在课程讲义和指导研究中。历史是"文献的学问"中"最浩博、最繁难而且最有趣的"，也是他晚年投入最多的研究领域。至于如何研究历史，他认为应借助中国丰富的文献史料，加以西方的科学方法，"只要把这种方法运用得精密巧妙而且耐烦，自然会将这学术界无尽藏的富源开发出来"。③梁启超在1922年即已完成《历史研究法》这部名著，几年后到清华及其他学校，又陆续开设"中国近三百年学术史""中国文化史""历史研究法""读书法及读书示例"等课程，这些讲义稿后来都刊行成书，成为梁氏晚年学术著作的主体。在国学院任教时，梁启超又设立中国文

---

① 梁启超:《为创设文化学院事求助于国中同志》，载1923年1月21日《晨报》，收入《梁启超文存》，第389页。
② 梁启超:《为创设文化学院事求助于国中同志》，收入《梁启超文存》，第390页。
③ 梁启超:《治国学的两条大路》，收入《梁启超文存》，第374页。

学史、中国哲学史、宋元明学术史、清代学术史、中国史、史学研究法等研究领域,供学生选择专题完成指导论文。①

针对"德性的学问"门径,梁启超在清华国学院任教时,除了平日演讲中不厌其烦地宣扬道德修养的重要性,还专门系统讲授"儒家哲学"一课作理论的说明。② 梁启超认为,在哲学领域中,西方的形而上学虽有其独到之处,但讲到人生哲学,难望国学项背。所谓人生哲学,即以人生为出发点思考各种问题。儒家讲宇宙人生不可分,"宇宙的进化,全基于人类努力的创造"。儒家又讲求"仁"的人生观和人格的社会群体性,即人类之间精神相通,通过内省的功夫进行体验,进而躬行实践,提升个体的人格,以此作为社会整体人格进步的动力。此外,佛教自传入中国,发展壮大,形成一套独特的哲学。虽讲出世,但中国的佛教在宇宙人生的问题上却与儒家哲学都追求"一大人格实现之圆满相,绝非求得少数个人超拔的意思"。儒佛也同样以"自由之精神"作为人生的境界,"把精神方面的自缚,解放净尽,顶天立地,成一个真正的自由人"。在梁氏看来,人格修养不仅是学术的重要组成部分,且是"国学里头最重要的一部分"。③

二、来到清华:既开风气又为师

> 三江五岭钟灵气,惯会八方风雨。草堂万木开经筵,一时豪杰如许。扬南海,抑中山,高睨雄谈如龙虎。维新未遂,算滇南护法,马厂誓师,平生志半吐。

---

① 学生中如姚名达、吴其昌、谢国桢,即分别师从梁氏研究"章实斋之史学""宋代学术史""清代学术史征"。参见《研究院纪事》,载《国学论丛》第1卷第1期,1927年6月,第299—302页。
② 课程内容涉及"儒家哲学是什么""为什么要研究儒家哲学""儒家哲学的研究法""二千五百年儒家变迁概论""儒家哲学的重要问题"(性善恶、天命、心体)等方面。参见梁启超:《儒家哲学》,收入《梁启超文存》,第701页。
③ 梁启超:《治国学的两条大路》,收入《梁启超文存》,第376、381页。

廉颇老，晚年息影清华，遍释群经诸史。春风桃李三千人，黟发朱颜玉树。凌云志，生花笔，甚似五星聚东鲁。鹅湖盛会，朱陆各扬镳，独步杏坛，呼王陈共语。①

这是清华国学院的学生周传儒，为悼念导师梁启超所作的《摸鱼儿》，完整地呈现了梁氏一生各阶段的重要行迹。词的上阕总结梁氏从事政治的过往，下阕则是对其晚年到清华国学院担任导师的描写。1925年，清华学校成立研究院国学门，简称"清华国学院"。②聘王国维、梁启超、陈寅恪、赵元任、李济为导师，五星繁奎，盛比鹅湖。梁启超讲儒家哲学、历史研究法等课，又在大学部讲中国文化史，同时为燕京大学讲古书真伪及其年代，实为一生用力最专、治学最勤、写作最富的时间。

清华大学始建于1911年，由一所留美预备学校成为中国著名高等学府。1925年2月，先是"学衡派"领袖吴宓出任清华国学院的筹备主任。对于导师人选，吴宓心中早已锁定王国维、梁启超两人。他最早接触的是住在京城的王国维，不久后，又赶赴天津，亲自谒见梁启超。梁氏当时住在天津河东旧意租界玛尔谷路的花园洋房（二楼房间即"饮冰室"，供梁氏写稿作文之用）。吴宓拟聘梁启超，不仅考虑到梁氏具有良好的社会和学术声望，与当时不少人的经历一样，吴宓少时即得梁氏"启蒙"，素有崇拜之心，他说："儿时读《新民丛报》，即于梁任公先生倾佩甚至。梁先生之行事及文章，恒大影响我的思想精神。"③两人一番洽谈之后，梁氏即表示"极乐意前来"。

清华学校坐落于北京西郊，其中游泳池、图书馆、科学馆和大礼堂为近代著名建筑。园内旧有建筑则有工字厅及古月堂，后临荷池，石山

---

① 周传儒：《史学大师梁启超与王国维》，收入《追忆梁启超（增订本）》，第324-325页。
② 当时"清华学校"正转型为新制大学，原打算把研究院与大学部一起筹办，建立与本科相衔接的多科研究院。但因经费所限，以及根据国内文化教育事业发展现状，考虑到其时国学研究"尤为重要"，便决定先设国学门一科。
③ 吴宓：《吴宓诗集·空轩诗话》，上海：中华书局，1935年，第149页。

起伏，松柏环绕，名曰"水木清华"。位于东侧的清华学堂，即国学院师生上课讲学之地。梁启超执教清华后，入住于北院2号。北院在当时是校内造价最高、设备齐全的别墅式洋房，建校之初专为外籍教师居住，故又有"外国地"或"小租界"的别称。梁启超任教的年代，只有国内极少数最有声望的中国学者才有资格居住，可见清华对梁氏的重视。

梁启超与清华渊源颇深，早在1914年，梁启超就假馆清华学校著书[1]，清华校训"自强不息，厚德载物"亦来自梁氏本年在清华的演讲。其中，梁启超勉励学生树立远大理想，培养"完全人格"，做"真君子"：

> 英美教育精神，以养成国民之人格为宗旨。国家犹机器也，国民犹轮轴也。转移盘旋，端在国民，必使人人得发展其本能，人人得勉为劲德尔门（笔者按：英文gentleman绅士的音译），即我国所谓君子者。……《周易》六十四卦，言"君子"者凡五十三。乾、坤二卦所云尤为提要钩元（钧玄）。乾象曰"天行健，君子以自强不息"。坤象曰"地势坤，君子以厚德载物"。推本乎此，君子之条件庶几近之矣。[2]

---

[1] 梁启超于1920年后常来清华讲学。1922年起在清华兼课，担任国学讲师。1925年应聘为国学院导师，为国学院规划和教学贡献良多。1927年下半年，梁氏因身体状况欠佳，在8月3日给弟弟梁启勋的信中，透露准备陆续辞去一切工作及社会职务，却"独于清华不能无眷眷"。是时清华刚刚设立董事会，梁氏与清华素有"历史上关系"，故感情上于董事一职"总不能恝然"。意欲担此要职，以便对学校发展和教育方针有更多话语权。（信件参见《南长街54号梁氏档案》，北京：中华书局，2012年，第264-265、486页。）到了1928年，因时局及身体原因，梁氏内心更倾向于归隐养病著书。虽然自1927年以来频频表示要辞去诸事（特别是久病不愈及与校长曹云祥不睦的人事原因），但他在1928年5月8日的家书中仍表示："我清华事到底不能摆脱，我觉得日来体子已渐复元，虽不能摆脱，亦无妨，因为我极舍不得清华研究院。"（《与思顺书》，1928年5月8日，转引自《梁启超年谱长编》，第758页。）直到1928年6月，才彻底辞职。

[2] 梁启超：《梁任公先生演说词》，1914年11月清华学校演讲稿，载《清华周刊》第20期，1914年11月10日，收入梁启超著、夏晓红辑：《饮冰室合集·集外文》（中册），北京：北京大学出版社，2005年，第602-603页。

所谓君子,应志愿宏大,具有坚忍强毅的精神,于逆境中不屈不挠,见义勇为;另一方面,还应宽以待人,气度雍容。于此乱世之中,作为留美预备部的清华学校集合四方俊秀,崇德修业,师友间切磋学问,互相促进。以本国学问为根柢,他日海外游学,方有能力学习西方知识和文明,进而对国家社会做出贡献,"挽既倒之狂澜,作中流之底柱"①。

1925年9月9日,国学院第一期正式开学。开学典礼于上午举行,下午全体师生到工字厅举行茶话会,会议由吴宓主持,梁启超、王国维、赵元任、李济四位导师相继发言(时陈寅恪尚未到校)。在学生的要求下,梁启超额外做了题为《旧日书院之情形》的演讲。之所以在新式大学的研究院成立大会上讲"旧日书院",实是看到大学授课制度基本上只专注智识的培养,缺乏传统书院对个人修养的重视。梁启超在一年后的国学院茶话会上,再次表达了相近的观点:"我们觉得校中呆板的教育不能满足我们的要求,想参照原来书院的办法——高一点说,参照从前大师讲学的办法——更加以最新的教育精神。各教授及我自己所以在此服务,实因感觉从前的办法有输入教育界的必要。"②

每于暑期将近时,梁启超还会约学生同游北海,"俯仰咏啸于快雪、浴兰之堂"。快雪堂是乾隆年间,直隶总督献上所获《快雪时晴帖》石刻,乾隆帝遂特增建快雪堂院落,并将四十八方书法石刻放置其中。1923年,为纪念蔡锷将军的"倒袁"功绩,快雪堂成为松坡图书馆的馆址(笔者按:蔡锷字松坡)。与蔡锷有师生之谊,且参与"倒袁"的梁启超任该馆馆长。不仅如此,快雪堂还曾是梁启超在北京城内的一处居所。他在给女儿梁思顺的信中就提及,自己一周之间一般在清华住四日,其余三日则入城住在松坡图书馆。③北海公园及松坡图书馆直到1925年8月才正式对外开放,此年恰逢清华国学院成立,快雪堂不仅是梁氏师生的雅集

---

① 《梁任公先生演说词》,收入《饮冰室合集·集外文》(中册),第602-603页。
② 梁启超:《清华研究院茶话会演说辞》,载《清华周刊》第389期,1926年11月12日,收入《梁启超文存》,第628页。
③ 梁启超:《与宝贝思顺书》,1923年11月5日,转引自《梁启超年谱长编》,第646页。

场所，还偶尔邀请名师讲学其间。1926年暑假，梁启超即请张君劢同游，学生吴其昌记录称，张氏"为诸同学讲宋贤名理，盖穆然有鹅湖、鹿洞之遗风焉"①，不难想见当日群贤毕至、偕游论道的情形。

1906年，张君劢东渡扶桑，考入早稻田大学，其间结识梁启超。梁启超赴欧考察，张君劢亦随侍左右。1923年，文化界兴起一场"科学与玄学"论战，张君劢提出："科学无论如何发达，而人生观问题之解决，决非科学所能为力，惟赖诸人类之自身而已。"②针对丁文江驳之以"科学万能"的观点，张君劢回应说，科学是就经验界的知识而言，无法解决形上真理的问题，从而提倡一种"新宋学"。③当时梁启超正在翠微山养病，因怕二人过用意气有伤和气，便充当调人，撰文表达客观中立的立场。他说："人生问题，有大部分是可以——而且必要用科学方法来解决的。却有一小部分——或者还是最重要的部分是超科学的。"④既批评张君劢轻蔑科学的态度，又否定丁文江对科学万能的迷信。特别是针对当时社会甚嚣尘上的科学至上、全盘西化的论调，梁启超提出在"德先生""赛先生"之外，还应讲求"爱先生""美先生"。爱与美是作为生活原动力的"情感"。"'科学帝国'的版图和权威无论扩大到什么程度，这位'爱先生'和那位'美先生'依然永远保持他们那种'上不臣天子，下不友诸侯'的身分。"⑤认为无法用科学方法分析情感、宗教和人生观的全部问题，其主张显然与张君劢强调的"主观的、直觉的、综合的、自由意志的、单一性的"人生观一致。⑥梁启超邀请张氏一同游北海讲宋明理学，亦不难窥见其中深意。

---

① 《北海谈话记》文前吴其昌附识，收入《梁启超文存》，第690页。
② 张君劢：《人生观》，1923年2月14日演讲稿，载《清华周刊》第272期，收入黄克剑、吴小龙编：《张君劢集》，北京：群言出版社，1993年，第114页。
③ 张君劢：《再论人生观与科学并答丁在君》，《努力》第50、51期，1923年4月29日、5月6日，收入《张君劢集》，第167页。
④ 梁启超：《人生观与科学》，1923年5月29日《晨报副刊》，收入《梁启超文存》，第401页。
⑤ 梁启超：《人生观与科学》，收入《梁启超文存》，第403页。
⑥ 张君劢：《人生观》，收入《张君劢集》，第114页。

1927年，南方的国民革命军攻占上海、南京、武汉等重镇，北伐势如破竹。此年的北海之游"以时故，诸贤因不能茊止"，梁启超遂亲自为诸生讲学。身处松坡图书馆，梁启超回忆起三十多年前，只有二十几岁的自己在长沙兴办时务学堂的情景，当时的弟子如蔡锷、李炳寰、林圭等人，后来都成为革命先驱。梁启超想要借此告诉学生，做学问要先立志。当务之急，须先抱定为国家服务的意志，努力提高自身修养，日后才能成就一番事业。梁启超晚年好言阳明学精神，以此作为人格修养的一种途径。如他在给司法储才馆（梁氏担任馆长）的学员做演讲时，即以《陆王学派与青年修养》为题。他说，对于一般青年的修养，当下"最稳当最简捷最易收效果的"就是陆王之学。具体而言，其一是"致良知"，凡事遵循自己的良心，推致良心于事事物物；其二是"重实验"，行事上注重客观的实际；其三是"非功利"，不计较个人的毁誉、得失、利害，把为社会国家谋利益当作矢志；其四是"求自由"，即指本心不受外力的束缚和压迫，精神上追求绝对自由的境界。唯有如此，才能避免外物的引诱，保持一种宁静淡泊、寂然不动的状态。①

　　梁启超又以晚清中兴名臣，曾国藩、胡林翼、罗泽南、江忠源等人作为做学问的榜样。在清代学术的研究上，梁氏最为人印象深刻的是他对乾嘉学者"科学精神""科学方法"的推许。但他在宣传自己的道德理念以及为学子树立志向的演讲中，却多以晚清理学家为典范。这些理学家都是以儒家道术为根柢而成就勋业者，是时下国家急缺的理想人才。梁启超指出，曾国藩等人不仅通过军事行动救国家于危难之际，更使社会风气焕然一新。到了李鸿章、袁世凯掌政，却网罗一班追求功名财富而不讲气节廉耻的人，致使风气日弊——这在梁启超看来，是清王朝走向灭亡的根本原因。民国出现了同样的问题，不仅北洋政府唯利是图，不思进取；孙中山建立的国民党，也不过都是政治的投机分子，缺少真正道德高尚、为国家奉献的大政治家。道德修养的问题需要通过教育的改

---

① 梁启超：《陆王学派与青年修养》，1927年2月5日司法储才馆演讲稿，载《司法储才馆季刊》第一期，收入《梁启超文存》，第676-680页。

革和实践才能根本上得到改善，而新式学校大都只推求智识主义，于道德修养、磨炼人格上鲜少注意，因此难以造就栋梁之材。

在有关梁启超的诸多传记中，对他晚年的学术生活着墨较少（多仅就其学术著述本身讨论）。这或许是因为任公早前的事迹太过富有传奇色彩，从维新变法、遁日刊报，到参与立宪，再到讨伐洪宪及复辟，再造共和。相比晚年政治上的沉寂，以及在大学中著述教学的安逸生活，以往的每一桩似乎都显得更为精彩，更易引人入胜。就连晚年的梁启超也总担心自己"志气消磨了""怠惰了"。不过这种警醒鞭策，也是其自强不息的动力。他不断告诉自己："要拿自己做青年的人格模范。"①

欧游归国后，梁启超频繁游走于各大学和文化机构中间，宣传自己的教育理念。清华国学院则如"理想的实验场所"，梁启超可大展拳脚，与吴宓、王国维等志同道合的学者，一同来实践他的教育理念。他曾告诉学生，学校本就是个"社会"，与朋友如何相处以至一切应接事物，均是用力磨炼人格的机会。至于他自己，在传授知识、指导论文外，用言传身教的方式，希望学生受到他的熏陶感染："对于诸同学，我不敢说有多少人格上的感化，不过我总想努力，令不至有若干恶影响到诸同学。诸同学天天看我的起居，谈笑，各种琐屑的生活，或者也可以供我同学们相当的暗示或模范。"梁氏希望教导出一些具备道德人格的知识分子，由这些个体出发，进而感染身边的人。此种方法实际上正是《大学》讲求的修身以治世的为学途辙。"风气虽坏，自己先改造自己，以次改造我的朋友，以及朋友的朋友，找到一个是一个，这样继续不断的努力下去，必然有相当的成功。"②有别于通过政治方针来作纸上谈兵，或者鼓吹某种口号式的"主义"，唯有遵循此种笨拙而踏实的方法，才能挽救和改造日渐沉沦的社会，最终形成一种实在的"新风气"。

---

① 梁启超：《给孩子们书》，1927年5月5日，转引自《梁启超年谱长编》，第730页。
② 梁启超：《北海谈话记》，收入《梁启超文存》，第693-695页。

三、"听讲不如读书":学生眼中的大师课①

梁启超文满天下,名声斐然,"舌端笔底带感情,使亲闻謦欬者如坐春风,披阅文章者如沃醇醪"②。他晚年落志江湖,游迹讲堂之间,不仅文科生,理、工、农、商科学生和不少社会人士都会慕名前来听课,很多时候连人行过道也挤满了人,甚至有踞于窗槛一睹风采者。他们都怀着崇敬而好奇之心,想要看看这样一个叱咤风云的文豪,究竟会带来怎样不同凡响的课堂。

第一印象总是外貌上的:五十余岁的梁启超上课常穿着青褂长袍,衣履朴洁,他的样貌不甚出众,短小精悍,发秃如镜,呈苍老态。但目光如炬,奕奕有神,"步履稳健,风神潇洒,左右顾盼,光芒四射",令人记忆深刻。他讲话时严肃而诚挚,手势和表情十分丰富,笑声爽朗。但有的回忆,则区别于那种文质彬彬的印象,形成一种反差:"下午的课常迟到五分钟,走上讲台,匆匆忙忙,面红耳热,呼吸喷出酒气。第一、二时中间的十分钟休息,全部用于吃烟,他的烟瘾很大,一空闲就摩挲烟盒,连手指头都熏得黄黄的。"③

梁启超讲课有时像说书艺人,手舞足蹈,酣畅淋漓,别具一种感染力。他所征引的作品大部分都能背诵出来。"有时候,他背诵到酣畅处,忽然记不起下文,他便用手指敲打他的秃头,敲几下之后,记忆力便又畅通,成本大套的背诵下去了。他敲头的时候,我们屏息以待,他记起来的时候,我们也跟着他欢喜。先生的讲演,到紧张处,便成为表演。他真是手之舞之足之蹈之,有时掩面,有时顿足,有时狂笑,有时太息。"④

---

① 对梁启超讲课情况的回忆,分别参见:梁实秋《听任公讲演》、梁实秋《记梁任公先生的一次演讲》、江父《忆梁任公先生》、陈登原《无据谈往录·梁启超》、刘太希《记梁任公》、梁容若《梁任公先生印象记》、周传儒《史学大师梁启超与王国维》等文,俱收入《追忆梁启超(增订本)》。
② 周传儒:《史学大师梁启超与王国维》,收入《追忆梁启超(增订本)》,第321页。
③ 梁容若:《梁任公先生印象记》,收入《追忆梁启超(增订本)》,第285页。
④ 梁实秋:《记梁任公先生的一次演讲》,收入《追忆梁启超(增订本)》,第259页。

熊佛西则把梁氏讲课的情景描摹得绘声绘色,他说:"先生讲学的神态有如音乐家演奏,或戏剧家表演:讲到幽怨凄凉处,如泣如诉,他痛哭流涕;讲到激昂慷慨处,他手舞足蹈,怒发冲冠!总之,他能把他整个的灵魂注入他要讲述的题材或人物,使听者忘倦,身入其境。"①

据梁实秋回忆,有一次梁启超讲授古乐府《箜篌引》:"公无渡河!公竟渡河!渡河而死!其奈公何!"整首诗经他朗诵之后,再一解释,"活画出一出悲剧,其中有起承转合,有情节,有背景,有人物,有情感"。《箜篌引》是写一白首狂夫渡河而死,其妻遂援引箜篌而歌,其声凄怆,曲终投河殉葬的故事。梁启超上课的情景令梁实秋印象深刻,以至二十余年后,自己偶然在渡河时感慨:"但见黄沙弥漫,黄流滚滚,景象苍茫,不禁哀从衷来,顿时忆起先生讲的这首古诗。"②

梁启超讲课时常滔滔不绝,上下古今详征博引,口渴时便喝口热水,掏出大块毛巾揩脸上的汗,不时呼唤他坐在前排的儿子:"思成,黑板擦擦!"梁思成便跳上台去,把黑板擦干净。每次钟响,他讲不完,总要拖几分钟,然后于掌声雷动中大摇大摆地徐徐步出教室。听众守在座位上,没有一个人敢先离席。③

然而,很多人的记述却与梁实秋的说法恰恰相反,他们被梁启超的新会口音困扰,一节课下来,大部分内容难以明白。梁实秋说梁启超"声音沉着而有力,有时又是宏亮而激亢,所以我们还是能听懂他的每一个字,我们甚至想如果他说标准国语其效果可能反要差一些"④。这或许因为梁实秋具有非凡的领悟能力或者语言天赋。但对于大多数人而言,梁启超的口音是十足的减分项:"先生拙于口才,其声调,骤听之,国语也,

---

① 熊佛西:《记梁任公先生二三事》,收入《追忆梁启超(增订本)》,第295页。
② 梁实秋:《记梁任公先生的一次演讲》,收入《追忆梁启超(增订本)》,第259页。
③ 梁实秋:《听梁任公讲演》,1984年9月《大成》130期,收入《追忆梁启超(增订本)》,第259页。
④ 梁实秋:《记梁任公先生的一次演讲》,收入《追忆梁启超(增订本)》,第259页。

惟夹杂新会土音及广州方言。北方学生，无法记录，瞠目静听而已。"①当时在北京的大学中教课的广东籍名教授还有黄节，黄氏讲授六朝诗，印发的讲义十分详细，因此虽有口音，学生听讲不致困难。梁启超不仅自己不携书本，亦不发讲义，只口授大意，让学生笔记。学生们不得已，只好下课后群趋粤籍同学处借抄笔记。

梁容若于二十年代初，听梁启超讲"清初五大师"，也有如下描述：

> 他引书成段背诵，背不下去的时候，就以手敲前额，当当作响，忽然又接下去。敲几次想不起来，就问当时陪听的教授钱玄同、单不庵、杨树达等。熟于学术史的单不庵先生，常常能随时提醒他。他懒于写板书，他的广东官话对于我们很生疏，所讲的问题，事前又没有预备知识（这时我对于黄黎洲、王船山、顾亭林、李二曲、朱舜水等的书和传记全没有读过），所以两小时讲演的内容，听懂的实际不到六成。当晚在日记里写"见面不如闻名，听讲不如读书"，因而联想任公先生南北奔驰，到处登坛讲学，究竟是否收到比著书更大的效果，怕要大成问题。②

笔者因在香港读书的缘故，有一段学习粤语的经历。其实北方人最初接触粤语，仿佛听一门外语，茫然无措。但若坚持一两个月时间，摸索其发音规律，在听的方面不难有所掌握。只不过，梁启超一般每周只上一两堂课，很多记录者也不过偶尔蹭课或来听讲座，一时间无法熟悉口音，无足怪哉。

除了口音问题，梁启超还缺乏流利明白的口才，在说话时常加上"啊啊""这个这个"，语讷讷不易出口，使人怀疑他患有口吃。他在北京师范大学任董事时，开设"中国文化史"课，据说开学时听者多达一两千人，要在"风雨操场"上开课。但几次开讲后，来听课的人就越来越少，只

---

① 江父：《忆梁任公先生》，收入《追忆梁启超（增订本）》，第261页。
② 梁容若：《梁任公先生印象记》，收入《追忆梁启超（增订本）》，第284页。

有一百个左右，便挪到教室里进行。实际上，旁听他课的人，很多来一次或几次就被"劝退"了，虽然梁启超自己要背负一部分责任，但更大程度上，很多人只是想亲眼瞻仰梁氏的丰采，或者来评判一下这位大学者是否名副其实。满足了好奇心，便不必再受"不知所云"的煎熬。这大概是"名人效应"引发的必然结果，梁启超对这一状况心如明镜，他清楚地知道："他们不是要跟我作学问，只是要看看梁启超，和动物园的老虎大象一样，有的看一次就够了，有的看两三次就够了。"① 梁启超多少会为学生不能真心求学而动气，但他并不失望。他常拿时务学堂的往事激励自己：尽管只有四十多个学生，但中间却出来像蔡锷、范源廉、杨树达等人才。学生贵精不贵多，从前如是，以后亦如是。

对于常年追随梁氏左右的弟子而言，口音的理解便不再是妨碍，如此始可以感受梁启超授课的精髓所在。在这些弟子的描述中，梁氏讲课给人以天才横溢、兴会淋漓之感。最令他们叹服的，在于梁启超的博闻强识："既汪洋若千顷之波，莫测涯涘，又扼要勾玄，深入浅出，使人人可游溯，处处可有得。"② 梁启超一生最后一位及门弟子黎东方回忆说："回想起来，像梁先生那样渊博的人，才真正配讲中国历史研究法。上下五千年，南北东西一万里，三坟五典、八索九丘、二十四史，两通鉴，十通，五记事本末，《太平御览》，《图书集成》，难以数计的诗集、文集、笔记、传记、碑志被他顺手拈来，我田引水，都成了他的妙论和注脚。"相比清华国学院的另一位导师王国维的治学精深，梁启超则可谓博大。面对王国维，学生感受到的是仰之弥高，钻之弥坚；面对梁启超，则觉得"犹河汉之无极也"。③

另一点常被记起的，是梁启超"生龙活虎一样的超人精力"。④ 年轻的时候他便已习惯夜间写作，经常彻夜不眠。清末所作《国会期限问题》两千言，乃一晚所成；《论锦爱铁路问题》《横滨商会会报发刊辞》及续写

---

① 梁容若：《梁任公先生印象记》，收入《追忆梁启超（增订本）》，第285页。
② 周传儒：《史学大师梁启超与王国维》，收入《追忆梁启超（增订本）》，第321页。
③ 黎东方：《大师礼赞》，收入《追忆梁启超（增订本）》，第328-329页。
④ 梁容若：《梁任公先生印象记》，收入《追忆梁启超（增订本）》，第284页。

《美国东方政略记》未成稿,三篇合计八千言,自向晚至次日清晨一气呵成。二十年代,他大部分时间都在四处讲学和讲课,一年到头总不肯歇息,就连星期日也是如此。1921年应清华学堂邀请,为学生讲"国学小史"前后连续五十余次。1922年到北京、济南、南京、上海、南通、武昌、长沙等地做巡回演讲二十余次。在南京一地,除每日到东南大学讲授"中国政治思想史"外,还分别为学校各团体及法政专科学校、第一中学、女子师范等校讲演。即使忙碌至此,还要每周抽出时间,到佛学院听欧阳竟无讲佛学。1923年,病中读《陶渊明集》消遣时发现问题,发奋三日作成《陶渊明年谱》。同年,为纪念戴东原二百年诞辰撰文,用一昼夜时间完成《戴东原先生传》;又连续34小时不眠不休,写就《戴东原哲学》……张君劢称"铁石人也不能如此做"①,可以说丝毫没有夸张的成分。

梁氏有一"特异功能",在写作的过程中,同时间还可以做好几件事。据学生回忆:

> 他精神饱满到令人吃惊的程度——右手在写文章,左手却扇不停挥,有时一面在写,一面又在答复同学的问题。当他写完一张,敲一下床面,让他的助手取到另室,一篇华文打字机印稿还未打完,第二篇稿又摆在桌面了。无怪梁启超是一个多产作家。其实还不止此,他每天必得看完《京沪日报》和一本与《新青年》等齐厚的杂志,还得摘录必要材料。每天固定要读的日文和中文书籍纵在百忙中也全不偷懒。他好像善于五官并用,不但不致令人感觉冷漠,反而从他的一颦一笑的问答中流露出热情。②

令人惊讶的是,即使如此分神的情况下,梁启超的每篇文章、每回

---

① 梁启超:《与思顺书》,1922年11月29日,转引自《梁启超年谱长编》,第624页。
② 黄伯易:《忆东南大学讲学时期的梁启超》,收入《追忆梁启超(增订本)》,第266页。

讲稿，还能做到切中时事而脉络清晰，内容充实，未见空言。

由于操劳过度，梁启超被查出患有心脏病。由此不准吃酒、吃茶、吃烟，亦不许读书、著书、演讲，但梁氏显然未能遵守。后又因误诊，被割去右肾。"自是之后，便血之多寡，辄视工作之劳逸而定。医者惟嘱静养，每二三月则注血一次，以补所失，舍此而外，医者盖已无能为矣。"虽然身体状况不佳，梁氏自出医院之后，仍继续到各大学讲学，或伏案忙碌，奋笔疾书。"家人苦谏节劳，然以学问欲太强，不听也。"①一直坚持到1928年，身体实在无法支撑，始停止授课和各种公务。即使病势沉重，仍与"死神"斗争。在人生的最后一年，梁启超集中精力搜集宋词史料，并写成《跋（宋）程正伯书舟词》《吴梦窗年齿与姜石帚》《记兰畹集》《记时贤本事曲子集》等论文。临死前的数月，还拼着最后一口气，要撰述一部《辛稼轩年谱》。②他常勉励学生"百行业为先，万恶懒为首"③，在勤恳治学方面，梁氏确实做到了以身作则。

尽管身体状况不佳，又忙于教学演讲等事，但梁启超在短短数年间竟完成数百万字的著述，且所论都是言之有物，有感而发。当然，对于梁启超治学宽泛，写作迅猛，以至鲜少专精研究，也不免引来诟病。论者或谓梁启超"对于各种不同的思想学术极能吸收，最善发挥"，故能风靡一时，但所论往往浅尝辄止，"缺乏含蓄深厚之致，因而亦不能绵历久远"。④或批评梁氏论学喜与胡适等人"浪相角逐"，"其浮于笔，非失诸契勘，即泛泛立论，等身著作竟似过眼烟云"。⑤但须注意，如此立论恐

---

① 梁思成等述：《梁任公得病逝世经过》，转引自《梁启超年谱长编》，第772-773页。
② 杨鸿烈：《回忆梁启超先生》收入《追忆梁启超》，第236-237页。
③ 语出《敬业与乐业》，1922年8月14日上海中华职业学校演讲稿，后梁氏常以此语教导学生。见梁启超：《敬业与乐业》，《饮冰室合集·文集之三十九》（《文集》第14册），北京：中华书局，2015年，第26页。黄伯易记作"万恶懒为首，百行勤为先"。见黄伯易：《忆东南大学讲学时期的梁启超》，收入《梁启超文存》，第266页。
④ 梁漱溟：《纪念梁任公先生》，收入《追忆梁启超（增订本）》，第218页。
⑤ 陈登原：《无剧谈往录·梁启超》，收入《追忆梁启超（增订本）》，第275页。

有苛责贤者的危险——所谓知人论世，吾人应留意梁启超晚年学术著述大半来自讲义稿，其所讲多属为诸生指示治学途径及方法的入门之学，故评价其学问功底，便不能单纯依据最终成型的学术著作，而是应该把视野放在更多层面，比如结合梁氏生平读书情况和学术交游的具体细节处把握。

四、"报国惟忧或后时"：未竟的政治计划

1901年，梁启超流亡日本时，作《自励二首》，诗曰：

> 平生最恶牢骚语，作态呻吟苦恨谁。万事祸为福所倚，百年力与命相持。立名岂患无余地，报国惟忧或后时。未学英雄先学道，肯将荣瘁校群儿。
>
> 献身甘作万矢的，著论求为百世师。誓起民权移旧俗，更研哲理牖新知。十年以后当思我，举国犹狂欲语谁。世界无穷愿无尽，海天寥廓立多时。①

此诗流传甚广，其"牺牲悲壮之热情，救世爱国之弘愿，高尚纯洁之怀抱，清醒鲜新之头脑，勇迈前进之精神，少年激昂之沸血"，犹能体现人格的精神与魄力。②烈士暮年，壮心不已。梁启超晚年的忙碌和辛苦不肯为外人道，只是偶尔在写给儿女的书信中吐露心声。正是在这些掏心窝子的话中，最易流露真情。如他描述自己刚搬入清华及校课忙碌情形，说："校课甚忙——大半也是我自己找着忙——我很觉忙得有兴会。新编

---

① 梁启超：《自励二首》，《饮冰室合集·文集之四十五（下）》（《文集》第16册），北京：中华书局，2015年，第16页。《自励》诗再次被任公引用，是在1926年。此时正值国学院兴办之际，学生以"实事求是整理国故"为志趣，组织创办《实学》刊物，用以发表师生作品。梁氏即以《自励》诗为刊物题词，鼓励诸生。见孙敦恒：《清华国学研究院史话》，北京：清华大学出版社，2002年，第137页。

② 吴其昌：《梁任公先生晚年言行记》，收入《追忆梁启超（增订本）》，第341页。

的讲义极繁难,费的脑力真不少。"① 研究院初办之际,"百事须计画"。与此同时,梁启超的"名人效应"给他带来事务性的繁杂琐事和人际问题,不得不花许多时间来处理。就在他入职清华不久,多家大学都希望聘请他去做校长,他写信絮叨此中烦恼说:

> 日来许多"校长问题",纠缠到我身上,亦致忙之一。师大不必论,教职员、学生、教育部三方面合起来打我的主意。北大与教部宣战,教部又欲以我易蔡,东南大学则教部、苏省长、校中教员、学生,此数日内又迭相强迫。北大问题最易摆脱,不过一提便了。现在师大、东大尚未肯放手。我惟以极诚恳之辞坚谢之,然即此亦费我时间不少也。②

两年后,清华功课有增无减,由于兼行导师制,每位教授担任指导十名学生,"这是由各教授自愿的,我完全不理也可以,但我不肯如此"。而梁启超同时间要指导十六人,出于责任感,亦"不好拒绝"。加之又接受了司法储才馆的任命,需要每周讲课指导,这些工作当然都是梁启超可以推辞掉的,但他不如此做,只是在信中吐吐"以后我真忙死了"之类的苦水。清华之外,又因为燕京大学的师生请他过去讲课,"热诚恳求"之下,"也不好拒绝",由此也就"真没有一刻空闲了"。③ 如果说指导清华本部的学生还在工作责任范围内,那么接受燕大的邀请,就只能以他的热心肠来解释了。

在学术上,他充满理性,推崇"科学精神";但他又是极为感性的人。"投我以木瓜,报之以琼琚。"只要是真心求学,喜欢热爱他的演讲,他

---

① 梁启超:《与思顺书》,1925年9月13日,转引自《梁启超年谱长编》,第681页。
② 梁启超:《与思顺等书》,1925年9月20日,转引自《梁启超年谱长编》,第682页。
③ 梁启超:《给孩子们书》,1927年1月2日,转引自《梁启超年谱长编》,第714页。

都不辞辛苦予以回馈，"兴致勃勃，不觉其劳"。① 有一年冬天，梁启超到旧众议院做了数次学术演讲，每次都是座无虚席。在寒冷的冬日，开不起火炉的情况下，全场肃静无哗，认真听讲，令梁启超大受感动。他后来在家书中写道："我常感觉我的工作，还不能报答社会上待我的恩惠。"②

对于梁启超在二十年代政治和学术上的处境，梁漱溟有一番深刻的审视。他谈及"五四"以后的梁启超无论是在政治和学风上，都无法与早年相比：

> 当任公先生全盛时代，广大社会俱感受他的启发，接受他的领导。其势力之普遍，为其前后同时任何人物——如康有为、严几道、章太炎、章行严、陈独秀、胡适之等等——所赶不及。我们简直没有看见过一个人可以发生像他那样广泛而有力的影响。康氏原为任公之师，任公原感受他的启发，接受他的领导。但是不数年间，任公的声光远出康氏之上，而掩盖了他。但须注意者，他这一段时期并不甚长。像是他登台秉政之年（民国二年，民国六年两度），早已不是他的时代了。再进到五四运动以后，他反而要随着那时代潮流走了。③

全身心投入教学和研究工作中，梁启超似乎彻底忘却政治了。有关梁氏的各种传记，也常把二十年代视为他"为学术而学术"的时期。当然，这一说法渊源有自，1918年欧游启程之前，梁启超特地找张东荪等人谈了一个通宵，说自己"着实将从前迷梦的政治活动忏悔一番，相约以后决然舍弃，要从思想界尽些微力"④，换一个新生命。1923年，在东南大学"自由讲学"的讲坛上，胡适、张君劢、江亢虎、张东荪等人都大谈

---

① 梁启超：《给孩子们书》，1927年1月26日，转引自《梁启超年谱长编》，第718页。
② 梁启超：《给孩子们书》，1927年1月2日，转引自《梁启超年谱长编》，第714页。
③ 梁漱溟：《纪念梁任公先生》，收入《追忆梁启超（增订本）》，第218页。
④ 梁启超：《欧行途中》，《欧游心影录节录》，《饮冰室合集·专集》（第5册），第39页。

政治，大谈主义。当有听课的学生问梁启超何以原先活跃于政治，现在却绝口不谈时，梁启超回应说："我在政治上经过几次风险，现在决心闭门读书，不问政治。"① 面容庄重而又矜持，他似乎彻底和政治划清界限了。

真实情况却是，梁启超恐怕只是不再担任政要职务，或参与政党活动，但他并未与政治作绝对的分割。他在回国后其实不时撰文发表政见，如1922年奉直之战时，梁启超就曾发文表达解决时局的主张，其实质内容在于声援吴佩孚。因为在天津时听说"抵制吴说之谋极多"，因吴氏势孤，出于道义，故有所行动，而不夹杂任何利益考虑或私交偏袒。随后，梁氏好友陈叔通等人即相约，一同制止其再次"从政"。陈叔通在写给籍忠寅的信中这样说道：

> 此次政局之变动，弟绝对不信可以解决一切。报载任公加入所谓名流会议，深不谓然，仍以讲学为是，勿又以一时冲动，大谈政治，公能转达否？弟于私谊不能嘿嘿。任公肯自认在政治上为已失败之人，刻自忏悔，他日当有见谅于天下人之一日，否则不知所云，窃为任公不取也。②

他们希望梁氏能保持沉默，一方面是对时局不抱希望，另一方面则是鉴于梁启超前几次政治上的失利经验。对于梁启超晚年是否应当从政，梁氏的友人学生分别持两派相反的意见，反对者多，亦不乏拥护者。特别是1927年5月前后，社会上如"国家主义"派、实业界及国民党右派的一些人，都希望梁启超能出面组建"一种大同盟"，以与南方的政党相角逐。梁氏的内心早已蠢蠢欲动，"天天在内心交战苦痛中"：

> 我实在讨厌政党生活，一提起来便头痛。因为既做政党，便有许多不愿见的人也要见，不愿做的事也要做，这种日子

---

① 黄伯易：《忆东南大学讲学时期的梁启超》，收入《追忆梁启超（增订本）》，第263页。
② 陈叔通：《致亮才老兄书》，1922年6月4日，转引自《梁启超年谱长编》，第616-617页。

我实在过不了。若完全旁观畏难躲懒，自己对于国家实在良心上过不去。所以一个月来我为这件事几乎天天睡不着。①

内心纠结的结果，梁启超既不组织或加入党派（根据梁氏与国民党的过往，以及此时梁氏听说南方党派的种种传闻，他已根本不相信政党能救中国）；但也不能全然不谈政治，这会让他感觉在良心上过不去。他最终"决定自己的立场"，还是通过写作著书，"在最近期间内把我全部分的主张堂堂正正著出一两部书来"。②通过论述他在政治制度上的见解，说明代议制和政党政治断不适用。他自信所开的方子确能根治中国的病症，是否会被患者所采纳服用虽不是他所能左右的，但参政的念头一起，便不可收拾。从现有的资料看，至少在五个月后，梁启超已有一系列更为详细的计划。他在10月29日的家书中说：

> 我现在虽没有直接作政治活动，但时势逼人，早晚怕免不了再替国家出一场大汗。现在的形势，我们起他一个名字，叫做"党前运动"——许多非国民党的团体要求拥戴领袖作大结合,（大概除了我，没有人能统一他们）我认为时机未到，不能答应，但也不能听他们散漫无纪。现在办法，拟设一个虚总部（秘密的）——不直接活动而专任各团体之联络——大抵为团体（公开的），如美之各联邦，虚总部则如初期之费城政府，作极稀松的结合，将来各团事业发展后，随时增加其结合之程度。③

梁启超富有政见，勇于担当，但似不具备从政的天赋，这几乎在当时及日后都是世所公认的评价。然而却没有人敢说，假若不是因为疾病

---

① 梁启超：《给孩子们书》，1927年5月5日，转引自《梁启超年谱长编》，第728-729页。
② 梁启超：《给孩子们书》，1927年5月5日，转引自《梁启超年谱长编》，第729页。
③ 梁启超：《给孩子们书》，1927年10月29日，转引自《梁启超年谱长编》，第746页。

拖累，不到两年后便撒手人寰，天假其年，梁启超在政治上将有怎样一番作为？能否创造奇迹？

因此，若说梁启超晚年远离政治，埋首学术，是不恰当的。周传儒在1928年年初曾写信给同学谢国桢，讲到自己的老师梁启超时，就感慨梁氏冒天下之大不韪，重回政坛，犹如"入井救世，徒自苦耳！"周、谢两人都是梁氏的入室弟子，二十年代中后期常伴其左右，对他的生活习惯和性格所知至深。他们完全理解老师不肯"放弃俗累"、积极入世的心情。其所以如此者，全在性格使然："师座为人毫无城府，说话作文，对人对世，俱有一种热情，俗所谓菩萨心肠，生平自得处在此！自苦处亦在此！"① 到了1928年12月，梁氏病笃，诸同学曾联名致信慰问，其中亦言：

> 师座以一身关系国家前途，文化前途。今政治方面虽较黯淡，而全国学术待师座之整理，全国学子待师座之指导者极多。即就政治方面言，初亦非全然绝望，惟暂时不得不权安缄默耳。他日春雷陡起，万象或能更苏矣。尚望师座节忧寡虑，清心静养，留得梁木，为他日用。②

梁启超的政治计划在国学院师生间已不成秘密，"急于成事"的他疏于休养，也是众所周知的事。对待疾病，他一贯如此随意，这一次也以为过段时日自无大碍，可惜不能如愿。

五、"孰谓公死，凛凛犹生"：《桃花扇》与辛稼轩

世人论梁氏晚年学术，往往只留意其史学，对其研究《桃花扇》和辛弃疾关注较少。实际上，只有知道梁启超在政治上始终抱持希望和热情，

---

① 周传儒：《从上海给研究院同学谢国桢君的一封信》，1928年2月11日，载《清华周刊》第429期，第160页。
② 徐中舒、程璟、杨鸿烈等：《致任师夫子大人书》，1928年12月1日，转引自《梁启超年谱长编》，第771页。

才能对他晚年尤好讲《桃花扇》及临终前仍在编纂《辛稼轩年谱》，有更深入的理解。在欧游结束后回国之初，梁启超最先着墨的是陶渊明的研究，这或许是因为陶渊明的生平经历与他当时离开政坛相仿的缘故。"采菊东篱下，悠然见南山。"曾经有那么一段时间，梁启超是真的打算当一个隐士了。但他终究是心系家国的热心肠，永远都是站在时代潮流之中，不愿也无法做一个冷漠无情的旁观者。因此，《桃花扇》的家国兴亡之感、稼轩词的豪迈振兴气概，更能引起他真实的情感共鸣。

对于《桃花扇》，梁启超进行过深入的阅读和研究。某次友人拜访梁宅，见其书斋案头放有精本《桃花扇》，凡警句妙词均经朱红圈点，并在正文旁边加上许多顶批与注解（梁氏于1925年有《桃花扇注》出版）。某次清华国学院举办的同乐会上，几位导师都要献上拿手表演，当时王国维背诵了《两京赋》，赵元任则用茶杯演奏乐曲，还用全国各地的方言表演了一段"全国旅行"，（陈寅恪是个例外，不肯在聚会上说笑）梁启超则即兴表演一段《桃花扇》。① 梁氏去世十多年后，学者冯国瑞重回母校拜谒吴宓和陈寅恪，畅谈起往昔国学院的盛况，仍对梁氏的那次表演记忆犹新。在他所作《古月堂感赋陈（寅恪）吴（雨生）两先生》一诗中，就有："当时耳热正酒酣，前席生徒共笑谈。杨柳笛中歌出塞，桃花扇底哀江南。"并自注言："一日，夜集。任公师唱《桃花扇·哀江南》一曲，同学各有和歌，余独不谙。"②

梁启超的《桃花扇》表演常给听者以惊喜，原来一个致力史学、崇尚科学方法，而又长期从政的人，还有这样多愁善感的一面。1923年，新月社在北京成立，胡适、徐志摩、闻一多、梁实秋等文人学者常到松树胡同聚谈，或研讨学问，或赋诗写文，或评论时事，颇极一时之盛。梁启超亦参与其中。某次由梁氏主讲，他便选了《桃花扇》传奇，用

---

① 姜亮夫：《忆清华国学研究院》，收入傅杰编：《姜亮夫论学集》，北京：商务印书馆，2020年，第249页。

② 冯国瑞：《古月堂感赋陈（寅恪）吴（雨生）两先生》，转引自《绛华楼诗集》第4卷，民国二十五年（1936）北平印本，第55页。

他的广东话,将《桃花扇》的时代背景、作者及其戏曲文学上的价值,一一加以解释分析,娓娓道来。最后还朗诵其中几首填词,"诵读时不胜感慨之至,顿时声泪俱下,全座为之动容"①。某次课上,梁启超讲《桃花扇》中左良玉听闻崇祯煤山自缢,痛哭哀悼,正说到《哭主·胜如花》"高皇帝,在九京,不管亡家破鼎……"突然悲从中来,痛哭流涕,不能自已。"他掏出手巾拭泪,听讲的人不知有几多也泪下沾巾了!"接下来讲到杜甫诗"剑外忽传收蓟北,初闻涕泪满衣裳",梁氏竟又于涕泗交流之中张口大笑了。②

他就是这么一个容易表露真情实感的人。但在梁启超身处的时代中,哪里有什么收复山河的捷报?他对于国家,感情上常是哀戚悲悯的,振奋之中总有种无力的挫败感。这或许可以解释,何以在《桃花扇》诸章节中,梁氏尤其钟情于《余韵·哀江南》。《桃花扇》虽是传奇,但《哀江南》独系北曲,被视为"散曲之冠",内容是教曲师傅苏昆生在南明灭亡后,重游南京所见的凄凉景象,话兴亡之感,抒亡国之痛。梁启超喜欢在聚会上聊《桃花扇》,与人分享心得,且善于歌唱:"俺曾见金陵玉殿莺啼晓,秦淮水榭花开早,谁知道容易冰消!眼看他起朱楼,眼看他宴宾客,眼看他楼塌了!这青苔碧瓦堆,俺曾睡风流觉,将五十年兴亡看饱。"在梁氏的演绎下,"其声雄浑悲壮",听者无不为之感动。③

如果说钟情于《桃花扇》,是因为厚重悲凉的历史感带来的情感共鸣;那么致力研究辛弃疾,除了喜好稼轩词的原因外,更多的是个人身世的投射。梁启超少年得志,风云政坛,再到落寞下野,壮志难酬——其人生轨迹与辛弃疾何其相似?且两人性情怀抱均相合,梁氏平日谈词,必及稼轩。至于撰写《辛稼轩年谱》的缘起,一是在校勘时发现明抄本《唐

---

① 熊佛西:《记梁任公先生二三事》,收入《追忆梁启超(增订本)》,第294-295页。
② 梁实秋:《记梁任公先生的一次讲演》,收入《追忆梁启超(增订本)》,第259页。
③ 蒋善国:《我所认识的梁启超与王国维》,收入《追忆梁启超(增订本)》,第291-292页。

宋名贤百家词》所收四卷本《稼轩长短句》与坊间所传刻本次序不同，选择尤精，于是综合各本，详作编年，辨明原委。① 其二，是梁氏鉴于"稼轩先生之人格与事业，未免为其雄杰之词所掩。使世人仅以词人目先生，则失之远矣"。因此意欲给世人还原出"整个之辛弃疾"。②

《辛稼轩先生年谱》虽系编年考证，但其中偶尔夹杂梁氏的情感体会，予稼轩词以同情之理解。如其讲《水龙吟·登建康赏心亭》"落日楼头，断鸿声里，江南游子。把吴钩看了，栏干拍遍，无人会，登临意"，以及"倩何人唤取，红巾翠袖，揾英雄泪"等句，则谓此词是"满腹经纶在羁旅落拓或下僚沉滞中勃郁一吐情状"。③ 又如解《水调歌头·再用韵李子永提干》，谓此词乃李氏为稼轩抱不平，稼轩反以达语开解之，其中有"君莫赋幽愤，一语试相开""我愧渊明久矣，犹借此翁湔洗，素避写归来"等语，谓稼轩"皆达观中尚带痛愤也"。④ 梁氏晚年作文感情充沛，能鼓舞人，其中辛酸苦闷唯有独自消解，其论稼轩词，实是借以自况。

诸考证中，梁氏于《摸鱼儿》（更能消几番风雨）所论尤多。其中先引宋人罗大经《鹤林玉露》的记录，说宋孝宗曾读此词，见其词意殊怨，然终未问罪。梁氏素以宋人说部之书多附会小说家言，不足凭据，却认为罗氏之论颇可采信。继而议论说：

> 词意诚近怨望……盖归正北人，骤跻通显，已不为南士所喜。而先生以磊落英多之姿，好谈天下大略，又遇事负责任，与南朝士大夫泄沓柔靡风习尤不相容。前此两任帅府皆不能久于其任，或即缘此。诗可以怨，怨固宜矣，然移漕未久，旋即帅潭，且在职六七年，谮言屡闻，而天眷不替，

---

① 梁启超《辛稼轩年谱》撰作缘起，见梁启勋:《稼轩词疏证序例》，载梁启超辑，梁启勋疏证:《稼轩词疏证》，上海：上海古籍出版社，2020年11月，第1页；梁启超:《跋四卷本稼轩词》，《稼轩词疏证》，第361页。
② 梁启勋:《稼轩词疏证序例》，《稼轩词疏证》，第2页。
③ 梁启超:《辛稼轩先生年谱》，《饮冰室合集·专集》（第22册），第8页。
④ 梁启超:《辛稼轩先生年谱》，第29页。

> 岂寿皇（笔者按：宋孝宗）读此词后，感其朴忠，悯其孤危，特加赏拔调护耶？①

以上所记，皆为梁氏读《鹤林玉露》后，结合词意进行的推断。除却详细的考证外，其中写稼轩政治上遭受排挤，抱负难以舒展，与梁氏自己饱受非议、壮志难酬又何其相似？

尤可注意者，梁氏将人生的最后时光，放在书写稼轩与理学家朱熹的交谊上。《贺新郎》（把酒长亭说）词序记载稼轩与陈亮同游鹅湖十日，约朱熹为紫溪之会而未果。②梁启超感慨："鹅湖胜游，朱、陆以后，复有辛、陈。此地真足千古矣。"③为稼轩与陈、朱过往详加考证，前后约两千余言，为全书最长。梁氏又于《跋四卷本稼轩词》一文末尾，认为谀颂宰相韩侂胄的《六州歌头》《西江月》绝非出自稼轩手笔。在他看来，韩侂胄严禁理学，稼轩却与朱熹情同莫逆，似不当为此。朱熹去世时，"门生故旧至无送葬者"，唯有稼轩"为文往哭之"（《宋史·辛弃疾传》，所作文即《祭朱晦庵文》）。梁启超遂认为："时稼轩之年已六十一矣。其于韩，不惮批其逆鳞如此，以生平淡荣利尚气节之人，当垂暮之年而谓肯作此无聊之媚灶耶？"④对于韩侂胄酿造党禁、伐金失利究当如何评价暂且不论，至少梁氏无视稼轩受韩氏重用、关系深厚的事实，仅以其与朱熹交好，便推测阿谀韩氏的诗词尽出伪作，殊难服人。尽管如此，从动机上看，大概出于对韩侂胄奸臣形象的固有认识（韩被列入《宋史·奸臣传》），以及对朱熹抱有同情，梁启超在感情上无法接受稼轩献词之事，因为这有损于他心目中拥有完美人格的悲剧英雄形象。

梁启超于1928年9月10日病笃，无法继续工作。27日入协和医院，住院期间，托助理储皖峰帮忙搜觅稼轩资料，储氏每来省视，梁启超辄

---

① 梁启超：《辛稼轩先生年谱》，第20页。
② 梁启勋考证，鹅湖在铅山县北十五里，紫溪在铅山县南四十里。见《稼轩词疏证》，第118页。
③ 梁启超：《辛稼轩先生年谱》，第38页。
④ 梁启超：《跋四卷本稼轩词》，《稼轩词疏证》，第363页。

询问进展。① 无意中获得《信州府志》等资料数种，可作为著述之助，便不待病愈，携药出院，回天津执笔续草《年谱》。直至 10 月 12 日力不能支，一病不起。当时《年谱》方写至宋宁宗庆元六年（1200 年）稼轩六十一岁时，《祭朱晦庵文》即作于本年，全文已佚，《宋史》稼轩本传录有佚文四句存世，其文曰："所不朽者，垂万世名。孰谓公死，凛凛犹生。"此"生"字即为梁氏所书最后一字，他的生命至此走到尽头。② 辛稼轩与朱熹，一词人，一哲人，是梁启超最敬重的具有高尚道德人格的名士先贤。这十六字，犹如任公的辞世诗，也是他的墓志铭。

---

① 储皖峰：《〈跋稼轩集外词〉后记》，收入《追忆梁启超（增订本）》，第 352 页。
② 详细记述见梁启勋为《年谱》所作跋文，见《辛稼轩先生年谱》，第 61 页。

可信与可爱：王国维学述

⊙ 方　麟

王国维，初名国桢，后改国维，字静庵（安），又字伯隅，初号礼堂、人间、永观，晚号观堂。他是近代文学革命的先驱，新史学的开山人物，"甲骨四堂"和清华"四大导师"之一，在近代学术史上取得了重大的研究成果。本文拟就王国维生平、学术成就和学术次第作一简要论述。

一、王国维生平

1877年12月3日，王国维生于浙江海宁盐官镇。他的家庭是一个小康之家，父亲王乃誉为中小商人知识分子，早年习贾于茶漆肆，其后自营杂货铺，接着在江苏溧阳县县衙任幕僚，前后凡十余年。王乃誉经商、任幕僚之余，攻书画篆刻诗古文辞，曾遍游吴越，尽窥江南江北诸大家之收藏，其书法循褚遂良、米芾而至董其昌，识者以为深得董华亭神髓。王国维11岁时，王乃誉以丁忧之名，自溧阳县幕辞职归里，"以课子自娱"。父亲的期望，从此落在王家的这个长子身上。

王国维出生的那一年是清光绪三年（1877年）。那一年，严复23岁，康有为20岁，罗振玉12岁，孙中山11岁，梁启超5岁，正是新旧思想激烈碰撞之时。父亲王乃誉虽然名不出乡里，但因为经商为吏，颇见过一些世面，思想相对开明，常常向孩子们讲一些经世之学和维新思想，王国维后来在《先太学君行状》中回忆："君自光绪之初，睹世变之亟，亦喜谈经世之学，顾往往为时人所诟病，闻者辄掩耳去，故独与儿辈言之。"①父亲对新学的向往，在王国维幼小的心灵中无疑播下了种子。

海宁为观潮胜地，钱塘潮水成为历代文人墨客吟咏的对象。那滚滚而来、生长不息的钱塘潮，多少会在少年王国维心中投下影子吧。王国维曾这样写道："辛苦钱塘江上水，日日西流，日日趋东海"；"人间孤愤最难平，消得几回潮落又潮生？"这种"辛苦""孤愤"，甚至是寂寞，也许源于父亲的严厉和母亲的早逝。早在王国维4岁时，母亲就去世；父亲又长期游幕在外，这造就了他不苟言笑、内向沉默的性格。王国维自己也说道："体素羸弱，性复忧郁。"

接触过新学的父亲，仍然为王国维选择了旧式教育。王国维7岁入潘紫贵先生私塾，接受传统的儒学教育，11岁时改从本县庠生陈寿田先生学习。陈寿田学养深湛，是近代科学家李善兰的学生，曾在京城的总理衙门同文馆就读，在当时属于接触过西学的人物。王国维就这样行走于新旧教育之间。王国维说："家有书五六箧，除《十三经注疏》为儿时所不喜外，其余晚自塾归，每泛览焉。"这种趣味决定了王国维不斤斤于八股帖括，开始接触文史之学。同乡好友陈守谦回忆道："忆余与君之订交也，在清光绪辛卯岁，君年才十五耳！余长君五岁，学问之事自愧弗如，时则有叶君宜春、褚君嘉猷者，皆朝夕过从，商量旧学，里人目为四才子。而推君为第一。余最浅薄不足道，而君之才冠绝侪辈，叶褚二君亦迄无间言。"②王国维与褚嘉猷、叶宜春、陈守谦等人，合称"海宁四才子"，王国维冠为第一。四人"上下古今，纵论文史；或校勘疑误，鉴别异同；或为词章，彼此欣赏"。

1892年，王国维16岁考取秀才，因"见友人读《汉书》而悦之，乃以幼时所储蓄之岁朝钱万，购'前四史'于杭州，是为平生读书之始。

---

① 王国维：《先太学君行状》，附录于佛雏：《王国维诗学研究》，北京：北京大学出版社，1987年，第363页。
② 陈守谦：《祭王忠悫公文》，收入陈平原、王风编：《追忆王国维》，北京：生活·读书·新知三联书店，2009年，第3页。

时方治举子业，又以其间学骈文散文，用力不专，略能形似而已"。可见王国维对章句之学并不措意，无意走科举仕途。次年王国维遵父命，赴省城杭州应乡试考举人，但是未考完就出来了，等于交了白卷。陈守谦说道："其时君专力于考据之学，不沾沾于章句，尤不屑就时文绳墨。故癸巳大比，虽相偕入闱，不终场而归，以是知君之无意于科名也。"下一年王国维再应省试，又不售。父亲王乃誉虽然恼怒，却也无可奈何。

王国维落第之时，正值 1894 年中日甲午战争。《马关条约》的签订，激起了士人的爱国热情。康有为、梁启超等人领导的"公车上书"，严复的《论世变之亟》《原强》，郑观应的《盛世危言》，深深地刺激着青年王国维。"始知世尚有所谓新学者。家贫不能以资供游学，居恒怏怏，亦不能专力于是矣。"外面的世界，在向王国维召唤。

四年后的戊戌之年，王国维有机会得以去上海，入《时务报》任书记工作。《时务报》是维新派的大本营，梁启超曾领其主笔，梁氏《变法通议》风靡一时。只是王国维来时，梁启超早已远走湖南，《时务报》由汪康年主事。王国维的工作无非是校报、写信、代作文、复校书等，工作既不如意，薪水复偏低，王国维乃萌生退意，好在不久他就遇到了影响自己一生的人物罗振玉。

罗振玉，字叔蕴，号雪堂，浙江上虞人。罗振玉与王国维一样，无意于科举之路，热衷创办新式学堂。他在 1898 年 2 月于上海创立东文学社，为近代中国第一所日语专修学校。彼时《时务报》需采用日本报纸新闻，急需移译东文人才，王国维乃向东文学社的发起人之一——报馆主编汪康年请示，每日午后去学社读三个小时的日文，汪康年允其半工半读。因为报馆工作繁忙，王国维听课之外没有时间复习，导致考试不及格，差点被退学。不过，王国维却很幸运地得到了罗振玉的垂青。

罗振玉在《海宁王忠悫公传》中回忆道："公来受学时，予尚未知公。乃于其同舍生扇头读公《咏史》绝句，知为伟器，遂拔于侪类之中，为赡其家，俾力学无内顾忧。"[1] 此前，王国维曾将其《咏史》第十二首题于

---

[1] 罗振玉：《海宁王忠悫公传》，《追忆王国维》，第 6 页。

同学扇面上:"西域纵横尽百城,张陈远略逊甘英。千秋壮观君知否,黑海东头望大秦。"其诗志向高远,目光直视西方,气象吞吐万千,难怪会得到罗振玉的赏识。对此,王国维颇有知遇之感,他在《戊戌杂诗》中写道:"豫章生七年,荏染不成株。其上蠹梗楠,郁郁干云衢。匠石忽惊现,谓与凡材殊。"这是把二人关系比作匠师与木材。王国维从此在罗振玉的提携下,一心向学。在东文学社,王国维得识日本学士藤田丰八和田冈左代治二君,因二人研治哲学之故,王国维开始亲近康德与叔本华哲学,可谓一见倾心。是为其一生学术之始。

这年夏天,王国维因脚气病发作,回海宁疗养。等到9月回上海时,《时务报》已经因戊戌政变而停办。王国维在罗振玉照顾下任东文学社庶务,同时为罗氏所办的《农学报》编译文章、撰写社论,一直到1900年东文学社解散为止。1901年年底,王国维在罗振玉的资助下赴日本短暂留学,入东京物理学校,昼习英文,夜研数理,不久就因脚气病复发,不得不在1902年夏天回国修养,住在上海罗振玉家,继续为罗氏打理《农学报》和新创刊的《教育世界》。这一年王国维26岁,从此以后进入了他自己所说的"独学时代"。

1903年,王国维在罗振玉的举荐下,去江苏南通通州师范学校,任伦理学和国文教员;次年又追随罗振玉,任教于江苏师范学堂,任心理学、伦理学、社会学教席。其间王国维"时出其绪余,为文于《教育世界》杂志中刊之"①,宏文《〈红楼梦〉评论》即发表于1904年6月。1906年,罗振玉供职学部参事,携家北上,王国维如影随形,也随之入京,于次年任学部总务司行走,充学部图书馆编辑,主编译及审定教科书事。王国维此次寓京共5年,其学术兴趣逐渐由哲学转为文学,其间于1906年发表《人间词甲稿》,1907年发表《人间词乙稿》,1908年、1909年发表《人间词话》手定本;此后开始专治戏曲史。这段生活一直持续到1911年

---

① 赵万里:《王静安先生年谱》,冀淑英、张志清、刘波主编:《赵万里文集》第一卷,上海:上海科学技术文献出版社,北京:国家图书馆出版社,2011年,第7页。

武昌起义爆发。

武昌起义的炮声让效忠清室、恐惧革命的遗老们惶恐不安，这年10月，王国维携家眷随罗振玉家人乘"温州丸"号日本商轮前往日本，寓居于京都西郊田中村，罗、王两家比邻而居。王国维在1912年2月11日写给缪荃孙的信中说："此间生活唯米价颇贵，其余略同中国。维在北京月用约需百金，在此撙节，每月约七十元已足，唯衣服费不在内耳。"① 这还没有考虑当时日本飞涨的物价。罗振玉每月资助王国维100元，请他帮自己整理运抵日本的藏书。罗振玉的五十万卷藏书寄存于京都大学，另有古器物铭识拓本数千通，及上万片珍贵的甲骨，名之曰"大云书库"。王国维于是得以尽窥大云书库藏书，他在《丙辰日记》中说道："自辛亥十月寓居京都，至是已五度岁，实计在京都已四岁余。此四年中生活，在一生中最为简单，惟学问则变化滋甚。客中书籍无多，而大云书库之书殆与取诸宫中无异。"② 王国维所言学问变化滋甚，是指自己学术兴趣由文学转为经史小学。

关于王国维的学术趣味转变，罗振玉有着更为具体的回忆："至是，予力劝公专研国学，而先于小学训诂植其基，并与论学术得失……士生今日，万事无可为，欲拯此横流，舍反经信古，末由也。公年方壮，予亦未至衰暮，守先待后，期与子共勉之。公闻而悚然自怼，以前所学未醇，乃取行箧《静安文集》百余册，悉摧烧之，欲北面称弟子，予以东原之于茂堂者谢之。其迁善从义之勇如此。公既居海东，乃尽弃所学而寝馈于往岁予所赠诸家之书，予复尽出大云书库藏书五十万卷、古器物铭识拓本数千通、古彝器及他古器物千余品恣公搜讨，复与海内外学者移书论学。国内则沈乙庵尚书、柯蓼园学士；欧洲则沙畹及伯希和博士；海东则内藤湖南、狩野子温、藤田剑峰诸博士，及东西两京大学诸教授。每

---

① 王国维：《致缪荃孙》，谢维扬、房鑫亮主编：《王国维全集》第十五卷《书信日记》，杭州：浙江教育出版社，广州：广东教育出版社，2009年，第39页。
② 王国维：《丙辰日记》，《王国维全集》第十五卷《书信日记》，第911页。

著一书，必就予商体例，衡得失，如是者数年，所造乃益深且醇。"① 可知王国维在京都四年时间，学术上的转变主要受罗振玉影响，又得大云书库之助，复与海内外学者商略学问，是以学问一日千里，沛然莫之能御也。

王国维的门人赵万里说："先生东渡后，始弃前所治诸学，而专习经史小学。日有常课，学力乃骎骎日进。而《简牍检署考》即属草于此时。"② 这是把《简牍检署考》作为其学风转变的重要标识。大风起于青萍之末，其实早在1911年春，王国维就撰有《隋唐兵符图录附说》，此为其治古器物学之始。本期王国维在日本的主要研究成果有《明堂庙寝通考》《齐鲁封泥集存》《流沙坠简》（与罗振玉合著）《国朝金文著录表》《宋代金文著录表》《洛诰解》《鬼方昆夷玁狁考》《三代地理小记》《古礼器略说》《生霸死霸考》等，涉及古代礼制、金石铭文、敦煌汉简、蒙古史和地理史等方面，创获尤夥。对于京都四年，王国维自云："成书之多为一生冠。"③

京都米贵，居大不易，王国维终于在1916年结束了异国漂泊生涯，于这年2月回到上海。不久，王国维即应同乡邹安（字景叔）之邀，入哈同花园之仓圣明智大学，主编《学术丛编》，后又兼任经学教授，直到1923年年初大学解散。哈同是近代上海的犹太裔房地产大亨，在上海滩冒险起家，兴建了当时上海最大的私人花园爱俪园（哈同花园），为典型的中国式园林。哈同夫妇附庸风雅，在园内创办了仓圣明智大学，鼓吹中国古典文化，所以特地聘请邹安和王国维来主持学术刊物。

据李恩绩《爱俪园梦影录》载："关于艺术丛编，邹景叔原藏着许多古器墨本，只消排比一下。再约了罗叔言（振玉）参加几种。在邹景叔编起来，原可胜任愉快，不成问题的。在学术丛编就不这样容易，第一，要编的人是学术界的权威。第二，还须适应潮流，懂得科学方法考古的。

---

① 罗振玉：《海宁王忠悫公传》，《王国维全集》第二十一卷，第228-229页。
② 赵万里：《王静安先生年谱》，《赵万里文集》第一卷，第16页。
③ 赵万里：《王静安先生年谱》，《赵万里文集》第一卷，第24页。

商量再三，举出许多人来，都不妥当。最后决定，只有王静安先生，在当时整个的中国，只有王静安先生最适宜。"① 王国维的《尔雅草木虫鱼鸟兽释例》《毛公鼎考释》《史籀篇疏证》《魏石经考》《汉魏博士考》《殷卜辞中所见先公先王考》《殷卜辞中所见先公先王续考》《殷周制度论》《太史公行年考》都发表于《学术丛编》，这些无疑增加了《学术丛编》的含金量。

在上海期间，为了贴补家用，王国维开始为乌程蒋汝藻编撰《传书堂藏善本书志》。蒋汝藻为吴兴南浔人，以实业起家，为吴兴藏书世家。清末民初，宁波范氏、杭州汪氏、泰州刘氏、泾县洪氏、贵阳陈氏等故家遗藏散出，蒋汝藻多方购藏，延请王国维为其藏书编目。王国维自1919年开始，至1923年进京，为蒋氏编订经、史、子、集四部书目。蒋汝藻对王国维甚为敬重，除编目薪金外，时常接济王国维。他致信王国维道："弟已嘱敝帐房先送百番接济。如尚不敷，当陆续由弟处支付。弟虽拮据，区区之数尚无大损，吾兄不必客气。如有急需时，尽不妨派人通知一声，弟必代为安排妥帖。闻兄又不能按时领俸，此虽得之传闻，然亦意中事也。果哈园有变动，京俸又不足赡家，则善后之计固当未雨绸缪矣！"② 为了感谢王国维为其编书目，蒋汝藻特地资助王国维出版其学术专著《观堂集林》，手自校订，付出了大量的劳动。《观堂集林》虽然销路不好，却是二人友谊的见证。该书初版本分《艺林》《史林》《缀林》，涉及经学、小学、历史、地理、制度和诗词杂文，是王国维学术论文的代表作。

王国维在上海交游最密切的人物是沈曾植。赵万里说："先生自海外归国后，与沈先生过从最密。沈先生寓居新闸路，与先生寓所相距甚近。沈先生每见一书画或金石墨本，必招先生往，相与商榷。沈先生笃老不

---

① 李恩绩：《爱俪园梦影录》，北京：生活·读书·新知三联书店，1984年，第59页。
② 马奔腾辑注：《王国维未刊来往书信集》，北京：清华大学出版社，2010年，第98页。

著书，惟以吟咏自娱，故常与先生相唱酬。先生每成一文，必先以质沈先生。后先生治西北地理及元史学，似受沈先生相当之影响也。"① 除此以外，王国维治音韵学，撰《尔雅草木虫鱼鸟兽释例》，也受到了沈曾植的启发和影响。

1922年，王国维还允任北京大学研究所国学门通讯导师。本来王国维是不食周粟的，但是经过蔡元培和马衡的不懈努力，王国维感其诚意，终于答应下来。不久他就为国学门的学生拟定研究题目：一、《诗》《书》中成语之研究；二、古字母之研究；三、古文学中联绵字之研究；四、共和以前年代之研究。王国维的《五代监本考》，就是发表于北京大学主办的《国学季刊》上。

仓圣明智大学解散不久，1923年4月，此时已名扬海内外的大儒王国维，突然接到清朝末代皇帝溥仪的上谕，命"杨钟羲、景方昶、温肃、王国维均著在南书房行走"。南书房位于故宫乾清宫西南角，是清代皇帝文学侍从值班之地。能够有幸做帝王师，对于守旧的王国维来说是莫大的荣誉，这后面自然离不开罗振玉的居间策划。罗振玉的政治热情远超王国维，他很看好旗人升允，视其为前清遗老领袖。升允在1917年张勋复辟时，曾被溥仪任命为大学士，号称"素帅"，也是一位醉心复辟的贵族遗老。罗振玉借升允之力推荐王国维入南书房，希望能左右溥仪小朝廷。因此在王国维接到南书房行走上谕后，罗振玉一连修书4封，敦促王国维速速抵京，入值南书房，王国维自此陷入了小朝廷的政治纷争之中。

罗振玉将王国维看作自己安插在皇帝身边的棋子，以窥探溥仪和大臣们的实时动向。他教导王国维去结交溥仪的英文教师庄士敦，往往将自己的意图加于王国维身上，让他代自己递奏折。只是小朝廷政治混乱，王国维又不热衷政治，不久就心灰意懒，不愿听从罗振玉的摆布。这造成了二人的罅隙，为后来决裂埋下了伏笔。王国维正欲离开小朝廷，恰逢冯玉祥逼宫，溥仪只好携妻妾宫人迁出故宫，此时是1924年11月。王国维不离不弃，始终护驾溥仪左右；又欲投河自尽，效忠清室，为家人

---

① 赵万里：《王静安先生年谱》，《赵万里文集》第一卷，第48页。

所阻。王国维的气节，赢得了遗老们的一片喝彩。

在入值南书房期间，尽管诸事烦心，王国维仍然完成了《传书堂藏善本书志》的集部修订工作，撰《魏石经残石考》，并以极大的精力校勘了《水经注》。

随着溥仪远遁天津，王国维的南书房行走工作也告一段落，不得已赋闲在家。恰好清华大学成立国学研究院，在胡适的推荐下，曹云祥校长拟聘王国维任国学院导师。王国维在请示溥仪后，乃于1925年2月正式应清华研究院聘，任经史小学导师，与梁启超、陈寅恪、赵元任合称"清华四大导师"。这一年王国维49岁，正处于学术巅峰时期，其《观堂集林》在海内外广受赞誉。在清华国学院的岁月里，王国维治学转入西北地理及辽金蒙元史。

国学院成立以后，成为全国年轻士子的向往之地，报考之人络绎不绝。沈曾植的弟子王蘧常因为错过考期，特地请无锡国学专修馆的同学唐兰致书王国维，希望能许其补考入学，或者由浙江教育厅咨送。可见清华国学院在当时人心中地位有多重。

据赵万里《王静安先生年谱》，国学院开学后，王国维"为诸生讲《古史新证》每周一小时，《尚书》二小时，《说文》一小时。《古史新证》即改订旧著《殷先公先王考》、《三代地理小记》等篇而成"。又据孙敦恒《王国维年谱新编》："指导学生研究范围有：《尚书》本经之比较研究（包含：句法之比较、成语之比较、助词之比较），诗中状词之研究（包含：单字、连绵字、双字、双声字、叠韵字、其余），古礼器之研究，说文部首之研究，卜辞及金文中地名或制度之研究，诸史中外国传之研究，元史中蒙古色目人名之划一研究，慧琳《一切经音义》之反切与切韵反切之比较研究。"①

清华期间对王国维打击最沉重的，就是长子王潜明的病逝以及与好友罗振玉的绝交。1926年8月，王潜明因伤寒病发作，在上海病逝。潜明为王国维发妻莫氏所生，素来为王国维看重，他的早逝让王国维悲痛欲绝。而潜明的妻子罗孝纯（罗振玉三女），与潜明的继母潘氏婆媳不和，

---

① 孙敦恒：《王国维年谱新编》，北京：中国文史出版社，1991年，第145页。

罗振玉于是在丧事结束时将女儿带回。这对王国维又是一重打击，以为罗氏认为自己无力抚养儿媳。王国维坚持将潜明的抚恤金寄给罗振玉，罗振玉坚持不肯收，双方僵持不下。老实得如火腿一般的王国维终于按捺不住，致书罗振玉道："亡儿与令媛结婚已逾八年，其间恩意未尝不笃，即令不满于舅姑，当无不满于其所天之理，何以于其遗款如此之拒绝？若云退让，则正让所不当让。以当受者而不受，又何以处不当受者？是蔑视他人人格也。蔑视他人人格，于自己人格亦复有损。"①这话已经说得很重了。孰料罗振玉却无比决绝，回信道："弟公交垂三十年，方公在沪上，混豫章于凡材之中，弟独重公才秀，亦曾有一日披荆去棘之劳。此卅年中，大半所至必偕，论学无间，而根本实有不同之点。圣人之道，贵乎中庸，然在圣人已叹为不可能，故非偏于彼，即偏于此。弟为人偏于博爱，近墨，公偏于自爱，近杨。此不能讳者也。"②自此二人彻底断交，形同陌路。

　　长子的离世、好友的断交以及形势的变幻，让嗜好悲观主义哲学的王国维越发悲观。1927年，王国维51岁，惊怖于南方革命，于6月2日上午离开清华园，至颐和园万寿山排云殿前的鱼藻轩，自沉于昆明湖。遗书云："五十之年，只欠一死；经此世变，义无再辱！"

　　王国维死后，罗振玉捐资，主持编校了《海宁王忠悫公遗书》，刊印所得收入捐给王国维的家属。1928年6月3日，王国维逝世一周年忌日，清华立"王国维先生纪念碑"，碑文由陈寅恪撰文，林志钧书丹，马衡篆额，梁思成设计。其辞曰：

> 海宁王先生自沉后二年，清华研究院同人咸怀思不能自已。其弟子受先生之陶冶煦育者有年，尤思有以永其念。佥曰，宜铭之贞珉，以昭示于无竟。因以刻石之词命寅恪，数辞不获，已谨举先生之志事，以普告天下后世。其词曰：士之读书治学，盖将以脱心志于俗谛之桎梏，真理因得以发扬，

---

① 王国维：《致罗振玉》，《王国维全集》第十五卷，第583页。
② 罗振玉：《罗振玉致王国维》，王庆祥、萧立文校注：《罗振玉王国维往来书信》，第972札，北京：东方出版社，2000年，第662页。

思想而不自由，毋宁死耳。斯古今仁圣所同殉之精义，夫岂庸鄙之敢望！先生以一死见其独立自由之意志，非所论于一人之恩怨，一姓之兴亡。呜呼！树兹石于讲舍，系哀思而不忘。表哲人之奇节，诉真宰之茫茫。来世不可知者也，先生之著述，或有时而不章；先生之学说，或有时而可商，惟此独立之精神，自由之思想，历千万祀，与天壤而同久，共三光而永光！①

纪念碑屹立于清华大学工字厅东南土坡下。王国维所追求的"独立之精神，自由之思想"，至今仍然鼓舞着后人。

二、王国维的学术成就

王国维一生学术凡几变，他曾被追认为文学革命的先驱，新史学的开山人物，史料建设派、释古派和清华学派等，也曾被诬为信古派。他的学术成就，我们可以简要分为教育哲学、通俗文学和历史文献，以下分别论之。

（一）教育哲学

王国维在教育方面的文章，主要有《教育杂感四则》《论平凡之教育主义》《奏定经学科大学文学科大学章程书后》《教育小言十二则》《教育小言十则》《教育普及之根本办法》《论小学校唱歌科之教材》《论教育之宗旨》等。在《论教育之宗旨》中，王国维强调教育在"使人为完全之人物"，也就是说德、智、体、美全面发展的人才。在《教育小言十二则》其二中，他说："若论学问之根柢与教师之所自出，则初等教育之根柢存于中等教育，中等教育之根柢存于高等教育，不兴高等教育，则中

---

① 陈寅恪：《清华大学王观堂先生纪念碑铭》，《金明馆丛稿二编》，上海：上海古籍出版社，1980年，第218页。

等及初等教育亦均无下手之处。"可见王国维对高等教育的重视。

王国维在哲学上的贡献，主要是介绍、引进康德和叔本华的哲学思想，这方面的文章主要有《汗德像赞》《叔本华之哲学及教育学说》《叔本华与尼采》《书叔本华遗传说后》等。王国维在《静庵文集自序》中自述研究哲学的经过道："癸卯（1903年）春，始读汗德（即康德——引者）之《纯理批评》，苦其不可解，读几半而辍。嗣读叔本华之书而大好之。自癸卯之夏，以至甲辰之冬，皆与叔本华之书为伴侣时代也。其所尤惬心者，则在叔本华之《知识论》，汗德之说得因之以上窥。然于其人生哲学观，其观察之精锐，与议论之犀利，亦未尝不心怡神释也。"他认为叔本华"《意志及表象之世界》中《汗德哲学之批评》一篇，为通汗德哲学关键"（《三十自序》）。

其次，王国维主张用外来的哲学观念，来解释中国哲学史上长期争论的"性""理""命"问题，这方面的文章有《论性》《释理》《原命》等。陈元晖谈到，王国维认为"性"只能在经验的范围内讨论，超出经验的范围则不可知；先于经验去观察"性"，会出现二律背反；性善论与性恶论都属于一元论主张，会陷入二律背反境地，所以其争论是无益的。① 在《释理》中，王国维认为吾国之"理"字，兼有理由与理性二义，前者是广义的解释，后者是狭义的解释；"理"的客观假定，始于宋人，自此得形而上学之意义，"理"的主观性质，不过一幻影而已。陈元晖认为，王国维的《原命》一文宣传了叔本华的因果律，为生命受幻影支配的悲观主义奠定了哲学基础。②

再次，王国维还主张在大学开设哲学科，其《奏定经学科大学文学科大学章程书后》一文，主要是批驳张之洞于经学科大学和文学科大学中不设哲学科之举，认为所谓"哲学为有害之学""哲学为无用之学""外国之哲学与中国古来之学术不相容"的观点都是不可取的。

---

① 陈元晖：《王国维与叔本华哲学》，北京：中国社会科学出版社，1981年，第19页。
② 陈元晖：《王国维与叔本华哲学》，第26页。

王国维是中国近代哲学史上第一个引进西方美学理论的学者,他的最大贡献就在于将美学视为一门独立的学科。具体而言,王国维提出了以下美学理论:天才说、苦痛说、游戏说、美育说、古雅说和境界说。

王国维的"天才说"首先来自康德,在《古雅之在美学上之位置》中,他引用康德以来百余年间学者的定论,认为美术是天才之制作。康德认为天才的第一特性为独创性,所以王国维也反对因袭模仿,主张辞必己出。其《文学小言》第十二则说:"宋以后之能感自己之感,言自己之言者,其惟东坡乎!山谷可谓能言其言矣,未可谓能感所感也。遗山以下亦然。若国朝之新城,岂徒言一人之言而已哉?所谓'莺偷百鸟声'者也。"王国维说王士祯的诗"莺偷百鸟声",正是批评他没有独创性。

在《叔本华与尼采》中,王国维还引用了叔本华的"天才说":"天才者不失其赤子之心者也。盖人生至七年后,知识之机关即脑之质与量已达完全之域,而生殖之机关尚未发达,故赤子能感也,能思也,能教也。其爱知识也较成人为深,而其受知识也亦视成人为易。一言以蔽之曰:彼之知力盛于意志而已,即彼之知力之作用远过于意志之所需要而已。故自某方面观之,凡赤子皆天才也;又凡天才,自某点观之,皆赤子也。"这一观点还被王国维用于在《人间词话》中论述南唐后主李煜,所谓"词人者,不失其赤子之心者也"。周锡山认为:"王国维在我国首先引进叔本华的赤子说,与晚明李贽发表《童心说》一样,是针对我国封建社会中一贯提倡所谓老成、端庄的虚伪的旧礼教和文坛中虚假的文风,有很强烈的战斗性。"①

"苦痛说"见于王国维的《〈红楼梦〉评论》:"生活之本质何?'欲'而已矣。欲之为性无厌,而其原生于不足。不足之状态,苦痛是也。既偿一欲,则此欲以终。然欲之被偿者一,而不偿者什佰,一欲既终,他欲随之。故究竟之慰藉,终不可得也。即使吾人之欲悉偿,而更无所欲之对象,倦厌之情即起而乘之。于是否人自己之生活,若负之而不胜其重。

---

① 周锡山:《王国维美学思想研究》,北京:中国社会科学出版社,1992年,第43页。

故人生者，如钟表之摆，实往复于苦痛与倦厌之间者也。"这种悲观主义哲学明显受到叔本华的影响。

王国维认为，解脱之道存于出世，而不存于自杀，要出世就必须拒绝一切生活的欲望。解脱有两种形式：一宗教，一美术（艺术）。宗教解脱非常人所能，"唯非常之人，由非常之知力而洞观宇宙人生之本质，始知生活与苦痛之不能相离，由是求绝其生活之欲而得解脱之道"；美术解脱"彼以生活为炉，苦痛为炭，而铸其解脱之鼎"，所以是"悲感的也，壮美的也，故文学的也，诗歌的也，小说的也"。

王国维的"游戏说"来自席勒，他在《文学小言》第二则中发挥道："文学者，游戏的事业也。人之势力，用于生存竞争而有余，于是发而为游戏。婉娈之儿，有父母以衣食之，以卵翼之，无所谓争存之事也。其势力无所发泄，于是作种种之游戏。逮争存之事亟，而游戏之道息矣。惟精神上之势力独优，而又不必以生事为急者，然后终身得保其游戏之性质。而成人以后，又不能以小儿之游戏为满足，于是对其自己之情感及所观察之事物而摹写之，咏叹之，以发泄所储蓄之势力。故民族文化之发达，非达一定之程度，则不能有文学；而个人之汲汲于争存者，决无文学家之资格也。"文学是余裕和游戏的产物，如果汲汲于功名和生存，自然没有文学。

王国维也是中国近代最早提出"美育说"的人。在《论教育之宗旨》中，王国维将教育分为体育与心育，心育又包括德育、智育和美育。王国维认为："德育与智育之必要，人人知之，至于美育有不得不一言者。盖人心之动，无不束缚于一己之利害；独美之为物，使人忘一己之利害而入高尚纯洁之域，此最纯粹之快乐也。……要之，美育者一面使人之感情发达，以达完美之域；一面又为德育与智育之手段，此又教育者所不可不留意也。"美育既可陶冶人的情感，又是德育与智育的手段，因此是教育人士应该留意的。在《去毒篇》中，王国维进一步提出了"美术者，上流社会之宗教也"的观点，这要比蔡元培的"以美育代宗教说"早整整十一年。王国维认为："雕刻、绘画、音乐、文学等，彼等果有解之之能力，则所以慰藉彼者，世固无以过之。何则？吾人对宗教之兴味，存于未来，而对美术之兴味，存于现在。故宗教之慰藉，理想的，而美术之慰藉，现实的也。而美术之慰藉中，尤以文学为尤大。"

"古雅说"见于《古雅之在美学上之位置》一文，王国维在此提出了"一切之美皆形式之美"的命题。他将美区分为"第一形式"与"第二形式"。第一形式为优美与宏壮，是先天的、自然的；第二形式为古雅，是后天的、经验的。第一形式必须通过第二形式才能成为艺术美，所以"古雅者，形式美之形式美也"。

王国维进而认为，作为第二形式的古雅美，具有一种独立的价值和品格。首先，"自然中寻常琐屑之景物"，虽不见于优美和宏壮，但是"一经艺术家（若绘画，若诗歌）之手，而遂觉有不可言之趣味"，如八大山人的鱼、齐白石的虾以及绘画中的笔墨趣味都属于古雅。其次，"三代之钟鼎，秦汉之摹印，汉、魏、六朝、唐、宋之碑帖，宋、元之书籍等"，所谓"神、韵、气、味"，也属于古雅美。再次，西汉的匡衡、刘向，东汉的崔骃、蔡邕，文章的优美宏壮远在贾谊、司马迁、班固、张衡之下；曾巩的文章，不如苏轼与王安石、姜夔的词，也远逊欧阳修和秦观，但是后人也喜欢他们，也是因为古雅的缘故。因为有了这种独立价值和品格，古雅美才可脱离优美与宏壮而不可或缺。

王国维美学思想影响最大的是"境界说"，其《人间词话》第一则就开宗明义："词以境界为最上。有境界则自成高格，自有名句。五代、北宋之词所以独绝者在此。"关于境界的定义，王国维这样说道："境非独谓景物也，喜怒哀乐，亦人心中之一境界。故能写真景物、真感情者，谓之有境界。否则谓之无境界。"（《人间词话》第六则）"大家之作，其言情也必沁人心脾，其写景也必豁人耳目。其辞脱口而出，无矫揉妆束之态。以其所见者真，所知者深也。诗词皆然。持此以衡古今之作者，可无大误矣。"（《人间词话》第五十六则）简而言之，境界就是情景交融，能写真景物、真感情的才是大家之作。境界的范畴包括：造境与写境（理想与现实），有我之境与无我之境，境界之大与小，境界之高与低（深与浅）。①

（二）通俗文学

王国维对通俗文学的关注，主要表现在词、曲、小说的研究上。这方面的著作，主要是《〈红楼梦〉评论》《人间词话》和《宋元戏曲史》。

《〈红楼梦〉评论》1904年发表于《教育世界》。其各章节如次：

第一章《人生及美术之概观》，论述人生活的本质和艺术的社会功用。王国维认为，生活的本质是痛苦，而"人生中足以使人悲者，于美术中则吾人乐而观之"，因为美术可以超越利害关系。"美术中以诗歌戏曲小说为其顶点，以其目的在描写人生，故吾人于是得一绝大著作曰《红楼梦》。"这肯定了小说作为通俗文学的价值。

第二章《〈红楼梦〉之精神》，论述《红楼梦》精神在于揭示了人生痛苦的原因及其解脱之道。王国维认为："美术之务，在描写人生之苦痛于其解脱之道，而使吾侪冯生之徒，于此桎梏之世界中，离此生活之欲之争斗，而得其暂时之平和，此一切美术之目的也。"

第三章《〈红楼梦〉之美学上之精神》，王国维认为："吾国人之精神，世间的也，乐天的也，故代表其精神之戏曲、小说，无往而不着此乐天之色彩；始于悲者终于欢，始于离者终于合，始于困者终于亨。非是而欲餍阅者之心，难矣。"而"《红楼梦》一书与一切喜剧相反，彻头彻尾之悲剧也"，"《红楼梦》者，可谓悲剧中之悲剧也"。这就高度肯定了《红楼梦》的美学价值。

第四章《〈红楼梦〉之伦理学上之价值》，承接第三章观点："故美学上最终之目的，与伦理学上最终之目的合。由是《红楼梦》之美学上之价值，亦与其伦理学上之价值相联络也。"王国维认为，《红楼梦》以解脱为理想，正是其伦理学上的最高理想。

---

① 按：境界之范畴乃综合台湾姚一苇与大陆周锡山之说，并加以删削。参见卢善庆：《王国维文艺美学观》，贵阳：贵州人民出版社，1988年，第98页；周锡山：《王国维美学思想研究》，第202页。

第五章《余论》，王国维批评了索隐派的"影射说"和考证派的"自传说"，提出了文学典型论。他说："夫美术之所写者，非个人之性质，而人类全体之性质也。惟美术之特质，贵具体而不贵抽象，于是举人类全体之性质，置诸个人之名字之下。譬诸'副墨之子''洛诵之孙'，亦随吾人之所好名之而已。善于观物者，能就个人之事实，而发见人类全体之性质；今对人类之全体，而必规规焉求个人以实之，人之知力相越，岂不远哉？故《红楼梦》之主人公，谓之贾宝玉可，谓之'子虚''乌有'先生可，即谓之纳兰容若，谓之曹雪芹，亦无不可也。"这种典型论认识要远远高于"影射说"和"自传说"。

叶嘉莹认为："《〈红楼梦〉评论》一文最初发表于《教育世界》杂志，那是在清光绪三十年（1904年）的时代，比蔡元培所写的《〈石头记〉索隐》要早十三年（蔡氏索隐初版于1917年），比胡适所写的《〈红楼梦〉考证》要早十七年（胡氏考证初稿完成于1921年），比俞平伯写的《〈红楼梦〉辨》要早十九年（俞氏文初版于1923年）。蔡氏之书仍不脱旧红学的附会色彩，以猜谜的方法硬指《红楼梦》为康熙朝之政治小说，固早被胡适讥之为牵强附会，至于胡适《〈红楼梦〉考证》之考订作者及版本与俞氏《〈红楼梦〉辨》之考订后四十回高鹗续书的真伪得失，在考证方面虽然有不少可观的成绩，可是对于以文学批评观点来衡定《红楼梦》一书之文艺价值一方面，则二者可以说都并没有什么贡献。而早在他们十几年前之静安先生的《〈红楼梦〉评论》一文，却是从哲学与美学观点来衡量《红楼梦》一书之文艺价值的一篇专门论著。从中国文学批评的历史来看，则在静安先生此文之前，在中国一向从没有任何一个人曾使用这种理论和方法从事过任何一部文学著作的批评，所以静安先生此文在中国文学批评史上实在乃是一部开山创始之作。"[1]叶嘉莹肯定了王国维《〈红楼梦〉评论》在小说史研究方面的开山作用。

《人间词话》上卷是王国维的手定本，经他亲手编订、精心校改而成，

---

[1] 叶嘉莹：《王国维及其文学批评》，广州：广东人民出版社，1982年，第175-176页。

刊于 1908—1909 年《国粹学报》第 47、49、50 期。此后俞平伯为其标点，由朴社出版单行本。下卷为《人间词话删稿》，是赵万里辑录王国维未刊遗稿，载于 1927 年的《小说月报》上，题为《人间词话未刊稿及其他》，后收入罗振玉主编的《王忠悫公遗集》。

《人间词话》手定本大体分为三部分。第一部分为第 1 至第 9 则词话，是关于境界理论的阐述；第二部分为第 10 则至第 52 则词话，论历代词人；第三部分为第 53 则至第 64 则词话，是王国维的文学发展观，从文学史的视野，论述一代有一代之文学。

叶嘉莹认为："《人间词话》则是他脱弃了西方理论之拘限以后的作品，他所致力的乃是运用自己的思想见解，尝试将某些西方思想中之重要概念融汇到中国旧有的传统批评中来。所以《人间词话》从表面上看来与中国相沿已久之诗话词话一类作品之体式，虽然也并无显著之不同，然而事实上他却已曾为这种陈腐的体式注入新观念的血液，而且在外表不具理论体系的形式下，也曾为中国诗词之评赏拟具了一套简单的理论雏形。这种新旧双方的融汇，遂使他这一部作品在新旧两代的读者中都获得了普遍的重视。"[①] 这里指出了《人间词话》的中西结合问题，既有叔本华哲学的影响（优美、壮美、天才赤子），又有中国传统的意境论（兴趣、神韵）。

王国维的《宋元戏曲史》是建立在他之前一系列工作基础上的，如自序中提到的《曲录》六卷（1908）、《戏曲考原》一卷（1909）、《宋大曲考》一卷（1909）、《优语录》二卷（1909）、《古剧脚色考》一卷（1911）、《曲调源流表》一卷（已佚）。根据他的文学发展观，既然一代有一代之文学，则元曲自有其不可抹杀之价值。在《宋元戏曲史序》中，王国维回顾了元曲沉抑下僚的原因："独元人之曲，为时既近，托体稍卑，故两朝史志与《四库》集部，均不著于录。后世儒硕，皆鄙弃不复道。而为此学者，大率不学之徒。即有一二学子，以余力及此，亦未有能观其会通，窥其奥窔者。遂使一代文献，郁堙沉晦者且数百年，愚甚惑焉。"王国维立志为

[①] 叶嘉莹：《王国维及其文学批评》，第 212-213 页。

宋元戏曲作史，具有开创意义。此后的戏曲史写作，多少都受了王国维影响。郭沫若在《鲁迅与王国维》中说："王国维的《宋元戏曲史》和鲁迅的《中国小说史略》，毫无疑问，是中国文艺史研究上的双璧。不仅是拓荒的工作，前无古人，而且是权威的成就，一直领导着百万的后学。"①

《宋元戏曲史》凡十六章，其中第一至第七章，论上古至五代之戏剧、宋之滑稽戏、宋之小说杂戏、宋之乐曲、宋官本杂剧段数、金院本名目和古剧之结构；第八至十五章，论元杂剧之渊源、元剧之时地、元剧之存亡、元剧之结构、元剧之文章、元院本、南戏之渊源及时代、元南戏之文章；第十六章为余论，对中国戏曲作纵向和横向的比较论述。王国维高度评价元曲的美学价值："元剧最佳之处，不在其思想结构，而在其文章。其文章之妙，亦一言以蔽之，曰：有意境而已矣。何以谓之有意境？曰：写情则沁人心脾，写景则在人耳目，述事则如其口出是也。古诗词之佳者，无不如是"；"元曲之佳处何在？一言以蔽之，曰：自然而已矣。古今之大文学，无不以自然胜，而莫著于元曲。"

（三）历史文献

王国维在历史文献方面的研究，主要体现在文字、音韵、训诂、版本、目录、校勘等古典文献学，甲骨学，金石学，简牍学，敦煌学，上古史和西北史地的研究。

他在文字、音韵、训诂方面的文章，主要有《释史》《史籀篇疏证序》《战国时秦用籀文六国用古文说》《书巴黎国民图书馆所藏唐写本切韵后》《书吴县蒋氏藏唐写本唐韵后》和《尔雅草木虫鱼鸟兽释例》等。

其《释史》谓："'史'之本义为持书之人，引申而为大官及庶官之称，又引申而为职事之称。其后三者，各需专字，于是'史'、'吏'、'事'三字于小篆中截然有别：持书者谓之'史'，治人者谓之'吏'，职事谓之'事'。"此说影响甚久。其《史籀篇疏证序》《战国时秦用籀文六国用古文

---

① 郭沫若：《鲁迅与王国维》，《沫若文集》第十二册，北京：人民文学出版社，1959年，第536页。

说》论文字源流。关于《史籀篇》，王国维提出了"二疑三断"。一疑史籀之人名，否定存在史籀其人；二疑《史籀篇》之时代，认为"《史籀》一书，殆出宗周文胜之后，春秋战国之间"。断定籀文非书体之名，断定《史籀篇》字数没有九千字，断定《史籀篇》文体"皆与《苍颉篇》同"。关于战国文字，王国维提出了东西二分说，秦用籀文，六国用古文。这可以看作文字学上的一大革命。

王国维在音韵学上的贡献，主要是对古代韵书及其残本、孤本、佚文进行整理校勘，研究古声母和古韵母。训诂学方面的《尔雅草木虫鱼鸟兽释例》，则提出了十四条规则：一、释雅以俗；二、释古以今；三、草木虫鱼鸟多异名，故释以名；四、兽与畜罕异名，故释以形；五、雅与雅同名而异实，则别以俗；六、俗与俗异名而同实，则同以雅；七、雅与雅异名而同实，则同于俗；八、雅与俗同名而异实，则各以雅与俗之异者异之；九、雅与俗异名而同实，则各以其同者同之；十、凡雅俗多同名而稍变其音；十一、凡俗名多取雅之共名，而以其别名别之；十二、同类之异名与异类之同名，其音与义往往相关；十三、同类之异名，其关系尤显于奇名；十四、异类之同名，其关系尤显于偶名。①

王国维在版本、目录、校勘方面的论著，主要有《宋越州本〈礼记正义〉跋》《五代两宋监本考》《两浙古刊本考》《传书堂藏善本书志》和《水经注》校勘。黄永年认为，王国维的《宋越州本〈礼记正义〉跋》注意到刊刻的地域、事物之间的联系以及注、疏合刻之前的经注和单疏，这是以前的版本学家所未及注意的；他的《五代两宋监本考》和《两浙古刊本考》，以官版经、史为骨干，旁及公私刊刻的其他书籍，是研究版本沿革的专著。②吴修艺认为，《传书堂善本书志》在结构上有两个特点："其一，全志以元明为界，对明人著作以前的各种书籍的著录，

---

① 参见陈光宪：《王静安先生生平及其学术》，潘美月、杜洁祥主编：《古典文献研究辑刊》十编第十八册，新北：花木兰文化出版社，2010年，第157-158页。
② 黄永年：《论王静安先生的版本学》，吴泽主编、袁英光选编：《王国维学术研究论集》第二辑，上海：华东师范大学出版社，1987年，第291-294页、第305页。

其提要偏重于版本学的研究；对明人集以后的著作，则偏重于对《千顷堂书目》等前人书目的订补和该书史料价值的介绍。其二，全志以史、子两部为界，对经、史两部分偏重于雕版源流的研究，且提要大多较长；对子集两部分书，其提要则大多较简略，且以订补书目居多。这两个结构特点，正好指示出《藏书志》学术成就的两个主要方面，即版本研究和书目订补。"① 关于《水经注》的校勘，王国维历时十余年，搜求的版本和抄本达十多个，取得了丰硕的成果。

王国维在甲骨学、金石学、简牍学、敦煌学主要有《殷卜辞中所见先公先王考》《殷卜辞中所见先公先王续考》《殷周制度论》《生霸死霸考》《魏石经考》《流沙坠简》《简牍检署考》等文章以及敦煌唐写本研究。

王国维的《殷卜辞中所见先公先王考》《殷卜辞中所见先公先王续考》借助甲骨卜辞考察商代先公先王人名及次序。他在自序中说道：

> 甲寅岁莫，上虞罗叔言参事撰《殷墟书契考释》，始于卜辞中发现"王亥"之名。嗣余读《山海经》《竹书纪年》，乃知王亥为殷之先公，并与《世本·作篇》之胲、《帝系篇》之核、《楚辞·天问》之该、《吕氏春秋》之王冰、《史记·殷本纪》及《三代世表》之振、《汉书·古今人表》之垓，实系一人。尝以此语参事及日本内藤博士（虎次郎）。参事复博搜甲骨中之纪王亥事者，得七八条，载之《殷墟书契后编》。博士亦采余说，旁加考证，作《王亥》一篇，载诸《艺文杂志》，并谓"自契以降诸先公之名，苟后此尚得于卜辞中发现之，则有裨于古史学者当尤巨"。余感博士言，乃复就卜辞有所攻究，复于王亥之外得"王恒"一人。案《楚辞·天问》云："该秉季德，厥父是臧。"又云："恒秉季德。"王亥即该，则王恒即恒，而卜辞之季之即冥（罗参事说），至是

---

① 吴修艺：《王国维〈传书堂藏善本书志〉研究》，《王国维学术研究论集》第二辑，第 323 页。

始得其证矣。又观卜辞中数十见之⊞字，从甲在▢中（十，古甲字），及通观诸卜辞，而知⊞即上甲微。于是参事前疑卜辞之〔、〔、〔（即乙、丙、丁三字之在〔或〕中者，与⊞字甲在▢中同意），即报乙、报丙、报丁者，至是亦得其证矣。又卜辞自上甲以降皆称曰"示"，则参事谓卜辞之示壬、示癸即主壬、主癸，亦信而有徵。又观卜辞王恒之祀与王亥同，太丁之祀与太乙、太甲同，孝己之祀与祖庚同，知商人兄弟，无论长幼与已立未立，其名号典礼盖无差别。于是卜辞中人物，其名与礼皆类先王而史无其人者，与夫"父甲"、"兄乙"等名称之浩繁求诸帝系而不可通者，至是亦理顺冰释。而《世本》《史记》之为实录，且得于今日证之。又卜辞人名中有𦥑字，疑即帝喾之名。又有"土"字，或亦相土之略。此二事虽未遽定，然容有可证明之日。由是有商一代先公先王之名，不见于卜辞者殆鲜。乃为此考，以质诸博士及参事，并使世人知殷墟遗物之有裨于经史二学者有如斯也。①

《殷卜辞中所见先公先王考》和《续考》的发表，证明了《史记·殷本纪》《三代世表》关于商代先公先王世系的可信，《尚书》之《汤誓》《盘庚》《高宗肜日》《西伯戡黎》《微子》的可靠，甚至《楚辞·天问》和《山海经》中的神话也包含古史。王国维的研究，使得茫昧无稽的上古史从此获得了信史的地位。

王国维的《殷周制度论》考察了周制与殷制的异同，从嫡庶、宗法、服术、分封、君臣名分、婚姻姓氏、庙制等角度入手，认为这些是周代统治天下的关键，其根本是德治。王国维认为此文非简单的考据，而是一篇名理之文，所以写作时颇费踌躇。他把自己的政治理想寄托在《殷周制度论》中，认为此文于考据中蕴含经世之意。他因此得出了"中国

---

① 王国维：《殷卜辞中所见先公先王考》，《王国维全集》第八卷，第263-264页。

政治与文化之变革,莫剧于殷周之际"的结论。对于此文,王国维颇为自许,他在代罗振玉写的《观堂集林》序言中说:"《殷卜辞中所见先公先王考》及《殷周制度论》,义据精深,方法缜密,极考证家之能事,而于周代立制之源及成王周公所以治天下之意,言之尤为真切,自来说诸经大义,未有如此之贯串者。"王国维的门人赵万里评价道:"此篇虽寥寥不过十数叶,实为近世经史二学第一篇大文字。盖先生据甲骨及吉金文字,兼以《诗》、《书》、《礼》参之,以证殷之祀典及传统之制,均与周大异。而嫡庶之别,即起于周之初叶,周以前无有也。复由是于周之宗法丧服及封子弟尊王室之制,为具体之解说,义据精深,方法缜密,极考据家之能事,殆视为先生研究古文字学及古史学之归纳的结论可也。"①

王国维的《生霸死霸考》以金文证西周历法:"余览古器物铭,而得古之所以名日者凡四:曰'初吉',曰'既生霸',曰'既望',曰'既死霸'。因悟古者盖分一月之日为四分。一曰'初吉',谓自一日至七八日也;二曰'既生霸',谓自八九日已降,至十四五日也;三曰'既望',谓自十五六日以后至二十二三日;四曰'既死霸',谓自二十三日以后,至于晦也。八九日以降,月虽未满,而未盛之明则生已久;二十三日以降,月虽未晦,然始生之名固已死矣。盖月受日光之处,虽同此一面,然自地观之,则二十三日以后月无光之处,正八日以前月有光之处。此即后世'上弦''下弦'之由分:以始生之明既死,故谓之'既死霸'。此'生霸'、'死霸'之确解,亦即古代一月四分之术也。"马承源经过全面考察青铜器,推算金文月相相对幅度,认为王国维的"四分月相说"是正确的。②

王国维的《魏石经考》,分为汉石经经数石数考、魏石经经数石数考、魏石经经本考、魏石经拓本考和魏石经书法考。其研究方法,王国维曾在《魏石经续考》自序中说道:"余于丁巳作《魏石经考》,据黄县丁氏所藏残石,以定魏石经每行字数,又由每行字数推定每碑行数,复以《御览》

---

① 赵万里:《王静安先生年谱》,《赵万里文集》第一卷,第33页。
② 马承源:《西周金文中月相的研究》,吴泽主编、袁英光选编:《王国维学术研究论集》第一辑,上海:华东师范大学出版社,1983年,第99页。

引《洛阳记》所载碑数及诸经字数,参互求之,以定魏石经经数。"《魏石经考》一文甚为王国维看重,自认为可以传世。

简牍学方面,王国维据斯坦因所获汉简和伯希和所获敦煌文书,与罗振玉编纂《流沙坠简》,考订西域"屯戍丛残"部分,分为簿书、烽燧、戍役、廪给、器物、杂事六个细目详加考释。关于《流沙坠简》,鲁迅曾这样评论:"中国有一部《流沙坠简》,印了将有十年了。要谈国学,那才可以算一种研究国学的书。开首有一篇长序,是王国维先生做的,要谈国学,他才可以算一个研究国学的人物。"①

王国维的《简牍检署考》,是据当时所见简牍实物,从简牍释名、简策之别、简策长短、简册容字、简册书体、刀笔之用、简册编联、款缝之制、版牍长短、简牍尺度、版牍容字、版牍书体、检署检柙、检封书囊、缄数封数、封泥题署等不同类别,系统梳理考证了简牍相关制度,是"中国简牍学"的开山之作。沈曾植评论道:"此书虽短短十数叶,然非贯通经史者不能为也。"② 其重要论点"分数""倍数"说已广为学界接受。③ 余嘉锡说:"考书册制度者,《诂经精舍文集》中有汪继培、徐养原《周代书册制度考》,金鹗《汉唐以来书籍制度考》(亦录入《学海堂经解》、《经义丛钞》),其文皆略而不详。其后有叶德辉《书林清话》中《书之称册》《书之称卷》《书之称本》《书之称叶》数篇,及日本人岛田翰《书册装潢史》(在《古文旧书考》中)、法人沙畹《纸未发明前之中国书》(冯承钧译本)诸篇,皆不免有舛误。至近世王静安先生作《简牍检署考》(在《云窗丛刻》及《王忠悫遗书》中),而后简策之制大明。"④

---

① 鲁迅:《热风·不懂的音译》,《鲁迅全集》第一卷,北京:人民文学出版社,1981年,第398页。
② 袁英光、刘寅生:《王国维年谱长编(1877—1927)》,天津:天津人民出版社,1996年,第84页。
③ 参见胡平生:《〈简牍检署考〉导言》,王国维原著,胡平生、马月华校注:《简牍检署考校注》,上海:上海古籍出版社,2004年,第10页。
④ 余嘉锡:《书册制度补考》,《余嘉锡论学杂著》,北京:中华书局,1963年版,第539-540页。

王国维关于匈奴史的研究主要为《鬼方昆夷猃狁考》《西胡考》及《西胡续考》，从古器物、古文字、古地理角度，考证匈奴的族源和族属。其《鬼方昆夷猃狁考》论道："是以中国之称之也，随世异名，因地殊号。至于后世，或且以丑名加之。其见于商、周间者，曰鬼方、曰混夷、曰獯鬻。其在宗周之季，则曰猃狁。入春秋后，则始谓之戎，继号曰狄。战国以降，又称之曰胡、曰匈奴。综上诸称观之，则曰戎、曰狄者，皆中国人所加之名；曰鬼方、曰混夷、曰獯鬻、曰猃狁、曰胡、曰匈奴者，乃其本名。而鬼方之方，混夷之夷，亦为中国所附加。"

他的蒙元史的研究主要有《鞑靼考》《萌古考》《黑车子室韦考》《南宋人所传蒙古史料考》《元朝秘史之主因亦儿坚考》《金界壕考》《蒙古札记》等文章。在《南宋人所传蒙古史料考》中，王国维说道："凡研究史学者，于某民族史，不得不依据他民族之纪载。如中国塞外民族，若匈奴、若鲜卑、若西域诸国，除中国正史中之《列传》《载记》外，殆无所谓信史也。其次若契丹、若女真，其文化较进，记述亦较多，然因其文字已废除，汉人所编之辽、金二史外，亦几无所谓信史也。至于蒙古一族，虽在今日尚有广大之土地与行用之文字，然以其人民沉溺宗教，不事学问。故当时《纽察脱卜赤颜》（秘史）与《阿儿坛脱卜赤颜》之原本，已若存若亡，反藉汉文及波斯文本以传于世。且其国文字创于立国之后，于其国故事，除世系外，殆无所记载，故此族最古之史料，仍不能不于汉籍中求之。"王国维对蒙元史的研究，正是将各种文献参伍互证，进行综合排比研究。

三、王国维的学术次第

追溯王国维的学术次第，可以说是取径西学，从以西格中到会通中西，融汇了西方生命哲学精神与实证主义精神；其中学基础则表现为宋学眼光，汉学基础，不拘家法，由经入史。西学与中学的结合，使得王国维得以锻造出绵博深厚的学术精品。

（一）从以西格中到中西会通

如果考察王国维的生平经历，其深厚的西学素养，对于他以西格中、会通融合中西文化、养成问题意识、以西学的方法论治"国学"，都有着极为重大的意义。可以说，这种意义无论如何强调都不过分。

王国维早在二十多岁入读东文学社时，就有"黑海东头望大秦"的愿望。他在1905年的《论近年之学术界》说道：

> 外界之势力之影响于学术，岂不大哉！自周之衰，文王、周公势力之瓦解也，国民之智力成熟于内，政治之纷乱乘之于外，上无统一之制度，下迫于社会之要求，于是诸子九流各创其学说，于道德、政治、文学上，灿然放万丈之光焰。此为中国思想之能动时代。自汉以后，天下太平，武帝复以孔子之说统一之。其时新遭秦火，儒家唯以抱残守缺为事；其为诸子之学者，亦但守其师说，无创作之思想，学界稍稍停滞矣。佛教之东，适值吾国思想凋敝之后，当此之时，学者见之，如饥者之得食，渴者之得饮，担簦访道者，接武于葱岭之道，翻经译论者，云集于南北之都，自六朝至于唐室，而佛陀之教极千古之盛矣。此为吾国思想受动之时代。然当是时，吾国固有之思想与印度之思想互相并行而不相化合，至宋儒出而一调和之，此又由受动之时代出，而稍带能动之性质者也。自宋以后以至本朝，思想之停滞略同于两汉。至今日，而第二之佛教又见告矣，西洋之思想是也。

王国维认为，先秦诸子九流无论在道德、政治、文学上都能各创其说，是中国思想史上的能动时代；汉人墨守师说，无创作思想，值佛教入中原，一时南北赢粮而影从，是中国思想史上的受动时代；至宋儒调和儒、佛，一变为思想史上的能动时代；晚近以来思想停滞，西洋思想进入中国，犹如昔日佛教入主中原一样，此时亦为思想史上的受动时代。细绎王国维的思想，则中国思想史循"能动时代—受动时代—能动时代—受动时代"

这一规律往还，生生不息。晚近以来思想停滞，自然应该像从前接受佛教一样接受西洋思想，才有可能如宋儒一样调和中西，创造出新文明来。

对于西洋思想，王国维认为不应嫌疑猜忌，视之为异端猛兽："盖佛教之入中国，帝王奉之，士夫敬之，蚩蚩之氓，膜拜而顶礼之。且唐宋以前，孔子之一尊未定，道统之说未起，学者尚未有入主出奴之见也，故其学易盛，其说易行。今则大学分科不列哲学，士夫谈论，动诋异端，国家以政治上之骚动，而疑西洋之思想皆酿乱之曲蘖。小民以宗教上之嫌忌，而视欧、美之学术皆两约之悬谈。"[①]佛教能盛行于中国，是因为彼时尚未独尊儒家道统，故学术生态活泼跳荡；而此后儒家一统天下，形成入主出奴的思想，学术生态自然僵化。这也可以看出王国维对尊经的否定，他主张援西入中，再造中华文明的能动时代。

王国维对西洋思想的态度略如上述，具体来说，对于西洋思想他主要吸收参酌了西方的生命哲学和实证主义精神。

王国维接触西方生命哲学是在入读东文学社之时。据狩野直喜回忆："藤田博士说他教的学生里有某生，头脑极明晰，善读日本文，英语程度也很高，而且对研究西洋哲学有兴趣，他的前途真是引人注目。和中国现在的情况一样，我留学的时候，或许是因为当时风气，中国青年中的志学者，大都对政治学、经济学有兴趣，所谓有志新学而尝试研究西洋哲学的，非常罕见。"[②]王国维在《三十自序》中也说道："体素羸弱，性复忧郁，人生之问题，日往复于吾前。自是始决从事于哲学，而此时为余读书之指导者，亦即藤田君也。"

王国维最早接触的是康德、叔本华哲学。在他的《奏定经学科大学文学科大学章程书后》一文中，王国维批评张之洞《奏定学校章程》不设哲学科道："其根本之误何在？曰在缺哲学一科而已。"他认为："人于生活之欲外，有知识焉，有感情焉。感情之最高之满足，必求之文学、

---

① 王国维：《论近年之学术界》，《王国维遗书》第五卷《静庵文集》，上海：上海古籍出版社，1983 年，第 93b、94a 页。
② 狩野直喜：《回忆王静安君》，《追忆王国维》，第 292 页。

美术；知识之最高之满足，必求诸哲学。叔本华所以称人为形而上学的动物而有形而上学的需要者，为此故也。故无论古今东西，其国民之文化苟达一定之程度者，无不有一种之哲学。而所谓哲学家者，亦无不受国民之尊敬，而国民亦以是为轻重。"哲学为知识的最高满足，王国维无疑向往哲学的思辨精神。王氏进而认为："不但尚书之废哲学一科为无理由，而哲学之不可不特立一科，又经学科中之不可不授哲学，其故可睹矣。"这些都可以看出他对哲学的重视。

在1906年的《教育小言》中，王国维甚至认为可以无经学、国文教授，但是不可无哲学教授："专门学教师之非外人所能胜任者，其他日之文科大学乎？其中之授外国哲学、外国文学者，固聘诸他国而有余，至欲求经学、国史、国文学之教师，则遗老尽矣。其存者，或笃老或病废，故致之不易；就使能致，或学问虽博而无一贯之系统，或迂疏自是而不屑受后进之指挥，不过如商彝周鼎藉饰观瞻而已。故今后之文科大学，苟经学、国文学等无合格之教授，则宁虚其讲座，以俟生徒自己之研究，而专授以外国哲学、文学之大旨；既通外国之哲学、文学，则其研究本国之学术必有愈于当日之耆宿者矣。故真正之经学、国史、国文学之专门家，不能不望诸此辈之生徒，而非今日之所能得也。"外国哲学、外国文学教授，可以直接从外国聘请；至于经学、国史、国文教师，延聘遗老即可，若无遗老则缺之可也。而且所谓遗老，学问虽然渊博却没有统一的系统，显得枝节零碎；必通外国哲学、外国文学，然后可以治本国学术。这可以看出王国维将西方哲学提到了方法论的高度。

这种方法论，首先就表现在王国维的"以西格中"。他在《〈红楼梦〉评论》中，以叔本华的悲观主义哲学解读这部小说："《红楼梦》者，悲剧中之悲剧也。其美学上之价值即存乎此。"他认为《红楼梦》的悲剧在于人的欲望永远无法满足："生活之本质何？欲而已矣。欲之为性无厌，而其原生于不足。不足之状态，苦痛是也。"在在可以看到叔本华的身影。王国维的学生浦江清评论道："今日流行之欧化文学，与中国固有之文学，断然不相衔接,为中国文学上之一大缺憾。"① 是王国维希望借西方哲学以沟通中、西文学,弥补中国文学的缺憾。因为有了对西方哲学的认识,王国维认为中国的叙事文学应该向西欧学习:"至叙事的文学(谓叙事诗、史诗、戏曲等,非谓散文也),则我国尚在幼稚之时代。元人杂剧,辞则美矣,然不知描写人格为何事。至国朝之《桃花扇》,则有人格矣,然他戏曲则殊不称是。要之,不过稍有系统之词,而并失词之性质者也。以东方古文学之国,无一足以与西欧匹者,此则后此文学家之责矣。"② 可见,王国维的"以西格中",不独是解读中国既有的文学作品,更是为了提升中国文学的品格。

关于王国维的西学,张广达先生曾经有过中肯的评价:"在中西学术开始交汇、传统学术发生转折的时代,王国维敏感地从形而上方面探索西学脉络,显然意在从理性思维着手,促进中国人从根本上改进原有的思维方式。"王氏的"以西格中",重在训练中国人的思维方式。"今天看来,王国维治西学的特征是,他强调哲学的意义,把哲学抬到至高无上的地位。"哲学既如此之重要,则可以形成一理性思维模式:"显然,王国维所强调的'无用之用'的学术只有在历史的长时段中方能显示它的作用。毫无疑问,抽象的理性思维有助于对人文学科的后设(meta-)思考,有助于补济中国浑元一气式(holistic)、天人合一有机结构观(organicist)和过于实用主义(pragmatic)的思维方式之不足。简言之,理性思维模式的变更具有根本意义。"③

王国维虽然将西方哲学提高到方法论的高度,但是他对于康德和叔本华的哲学,并未奉为圭臬,而是抱有怀疑的态度。他在《三十自序(二)》中说道:

---

① 浦江清:《王静庵先生之文学批评》,蒲汉明编:《浦江清文史杂文集》,北京:清华大学出版社,1993年,第11页。
② 王国维:《文学小言》之十四,《王国维遗书》第五卷《静庵文集续编》,第30b页。
③ 张广达:《王国维的西学和国学》,《史家、史学与现代学术》,桂林:广西师范大学出版社,2008年,第14-17页。

> 哲学上之说，大都可爱者不可信，可信者不可爱。余知真理，而余又爱其谬误。伟大之形而上学，高严之伦理学，与纯粹之美学，此吾人所酷嗜也。然求其可信者，则宁在知识论上之实证论，伦理学上之快乐论，与美学上之经验论。知其可信而不能爱，觉其可爱而不能信，此近二三年中最大之烦闷。①

"可爱与可信"，是纠缠在王国维心头长久的困惑。所谓"可爱者不可信"，是指叔本华、康德的哲学，他们能建立伟大的形而上学、高严的伦理学和纯粹的美学，王国维相信真理，却又迷恋叔本华和康德的谬误。所谓"可信者不可爱"，是指严复以来所介绍的西方实证论思想、伦理学上的快乐论和美学上的经验论。

1902年春天，王国维开始读"翻尔彭之《社会学》及文之《名学》、海甫定《心理学》之半"。他在《三十自序（二）》中继论道：

> 今日之哲学界，自赫尔德曼以后，未有敢立一家系统者也。居今日而欲自立一新系统，自创一新哲学，非愚则狂也。近二十年之哲学家，如德之芬德，英之斯宾塞尔，但搜集科学之结果，或古人之说而综合之、修正之耳。此皆第二流之作者，又皆所谓可信而不可爱者也。

在王国维看来，冯特（芬德）的《生理心理学原理》、斯宾塞的《群学肄言》(《社会学研究》)，都是掇拾科学实证研究的结果，或者综合损益前人学说，属于第二流作者。王国维对于这些第二流作者，虽然认为不可爱，却以为可信。他自己曾经于1908年10月翻译的一部逻辑学著作《辨学》，也属于实证主义范畴。尽管王国维翻译《辨学》并不一定代表他就完全接受实证主义，但是至少代表他近距离接触过实证主义。

---

① 王国维：《三十自序（二）》，《王国维遗书》第五卷《静庵文集续编》，第21b页。

王国维接触西方实证主义，还有一道桥梁，那就是严复。陈元晖认为，严复是中国第一代实证主义者。"按照他译著的时间前后次序，他译了赫胥黎的《天演论》、亚当·斯密的《原富》、斯宾塞的《群学肄言》、穆勒的《群己权界论》、甄克思的《社会通诠》、孟德斯鸠的《法意》、穆勒的《穆勒名学》、耶方斯的《名学浅说》等书。从他选译这些著作，就可以明显地看出他是集中地介绍十九世纪末欧洲颇为流行的一个哲学流派，这就是实证主义。"①王国维曾在《论近年之学术界》中这样评价严复："唯近七八年前，侯官严氏（复）所译之赫胥黎《天演论》（赫氏原书名《进化论与伦理学》，译义不全）出，一新世人之耳目。比之佛典，其殆摄摩腾之《四十二章经》乎。嗣是以后，达尔文、斯宾塞之名，腾于众人之口；物竞天择之语，见于通俗之文。顾严氏所奉者，英吉利之功利论及进化论之哲学耳，其兴味之所存，不存于纯粹哲学，而存于哲学之各分科，如经济、社会等学，其所最好者也。故严氏之学风，非哲学的，而宁科学的也，此其所以不能感动吾国之思想界者也。"②王国维将严复所译赫胥黎的《天演论》比作佛典传入中国，其意义善莫大焉；认为严复信奉的，正是英国的功利论和进化论哲学；与其说严复的学风是哲学的，毋宁说是科学的。正因为此，严复的思想才能感动当时的中国思想界。陈元晖分析王国维的实证主义思想，谈道："在史学的方法论上，他受实证主义的影响大。史学必须从可信上下手，必须从可信上作结论，所以必须着眼于可信。要求可信，他就求助于实证主义。"③

以此，王国维乃徘徊于"可爱"与"可信"之间，既爱叔本华、康德的哲学，以之解读中国文艺，提升中国文艺的品格；又爱斯宾塞、赫胥黎的实证精神，以之探求信史。

此外，王国维与当时日本的"京都学派"尚有往还。这一学派最初名"京都支那学派"，其创始人有三：狩野直喜、桑原骘藏和内藤湖南。

---

① 陈元晖：《严复和近代实证主义哲学》，《哲学研究》1978年第4期。
② 王国维：《论近年之学术界》，《王国维遗书》第五卷《静庵文集》，第94a、b页。
③ 陈元晖：《论王国维》，长春：东北师范大学出版社，1990年，第137页。

狩野直喜在《支那学论丛》中说道："大约明治四十三年前后，敦煌发现的遗书被送往前清朝廷的学部，法国的伯希和氏和英国的斯坦因氏劫后残余的遗书妥为安置保管。闻之，我与京都大学的内藤、小川、滨田、福冈诸君共同奉命出差北京调查有关遗书。当时，罗叔蕴君任京都大学堂农科大学校长，前述的藤田博士在其手下任教，故为遗书调查提供了极大方便。当时身为农科大学教员的王静安君亦为我等一行提供了诸多方便。……我与王君探讨支那戏曲问题而论及北曲南曲，所以滞留北京的我等周围的中国人将南北极与南北曲相比，成为一大笑谈。"① 王国维在《元人隔江斗智杂剧》一文中，称赞狩野直喜道："日本狩野博士（直喜）作《水浒传考》，谓《水浒传》前已有无数小《水浒传》，其言甚确。若《三国演义》，则尤有明证，足佐博士之说"。②

等到辛亥革命后，罗振玉携王国维举家避地日本，任京都帝国大学不在编的汉语讲师，与"京都学派"的交往更加密集。王国维后来所作诸篇，《唐写本残〈职官书〉跋》《唐写本〈食疗本草〉（残卷）跋》《唐写本〈灵棋经〉（残卷）跋》《唐写本失名残书跋》《唐写本〈大云经疏〉跋》《唐写本韦庄〈秦妇吟〉跋》《唐写本〈云谣集杂曲子〉跋》《唐写本残小说跋》和《唐写本〈敦煌县户籍〉跋》，原写本都藏于英国伦敦博物馆，为日本狩野直喜博士过录，这些资料都成为王国维研治敦煌学的参考。③ 王国维1917年撰《殷卜辞中所见先公先王考》，也曾与内藤湖南商略："尝以此语参事及日本内藤博士（虎次郎）"，"博士亦采余说，旁加考证，作《王亥》一篇，载诸《艺文杂志》，并谓'自契以降诸先公之名，苟后此尚得于卜辞中发现之，则有裨于古史学者当尤巨'。余感博士言，乃复就卜辞有所攻究"。

关于"京都学派"的学风特点，严绍璗称之为"实证主义学派"，指

---

① 参见刘正：《京都学派》，北京：中华书局，2009年，第46页。
② 王国维：《元人隔江斗智杂剧》，《王国维遗书》第五卷《庚辛之间读书记》，第17b页。
③ 参见荣新江：《狩野直喜与王国维——早期敦煌学史上的一段佳话》，《敦煌学辑刊》2003年第2期（总第44期）。

出"这一学派在对中国文化的研究中,强调确实的事实,注重文献的考订,推行原典的研究","'日本中国学'的创始者之一狩野直喜率先在对中国文化的研究中,引进实证主义观念,并且使它与中国清代考据学结合,从而构架起了从传统汉学到近代中国学的桥梁"。① 这说明王国维与日本京都学派的结交,与其重视实证主义思想也有关系。

京都学派之外,王国维复与欧洲的汉学家多有联系。他在1919年8月17日《致罗振玉札》中说道:"前日在君楚处见伯希和君八年前之就职演说,始知近年西人于东方学术之进步。伯君此文益将近日发明及研究之结果总括言之,于学术关系极大,故榊博士为译之,载诸《艺文》杂志上。其所言新疆南北路古代多行波斯一派之言语文字,此发明至为重要。因忆我国古书西域诸国汉时谓之西胡,自晋宋以后专称之曰胡。唐人于突厥及胡分析至严,盖胡者实自西域西迄波斯之总名,而北之突厥、南之梵皆不与焉。近来言语学之发明与古籍吻合,岂非大快欤。维因拟作《西胡考》,将古书所云胡者集为一书,亦快事也。伯君论文六七千字,维已译出,拟送《东方杂志》登之。"② 王国维所译伯希和演说为《近日东方古言语学及史学上之发明与其结论》,并拟送《东方杂志》发表,其萌发作《西胡考》亦因伯希和此篇演说。王国维在翻译附记中高度评价伯希和:"当光宣之际,余遇博士于京都,以为博士优于中学而已,比读此篇,乃知博士于亚洲诸国古今语无不深造,如敦煌以西迄于于阗,古代所用东伊兰语,即博士之所发见及创通者也。"③ 孙敦恒以为"王氏由此而转向治西北地理"。④

罗振玉在《海宁王忠悫公传》中评论王国维道:"复与海内外学者移书论学。国内则沈乙庵尚书、柯蓼园学士;欧洲则沙畹及伯希和博士;海

---

① 严绍璗:《日本中国学史》,南昌:江西人民出版社,1991年,第373-375页。
② 刘寅生、袁英光编:《王国维全集·书信》,北京:中华书局,1984年,第292页;又可见于《王国维全集》第十五卷,第496页。
③ 袁英光、刘寅生:《王国维年谱长编(1877—1927)》,天津:天津人民出版社,1996年,第275页。
④ 孙敦恒:《王国维年谱新编》,北京:中国文史出版社,1991年,第90页。

东则内藤湖南、狩野子温、藤田剑峰诸博士,及东西两京大学诸教授。"①王国维的史学研究,正是在与东西方实证主义史学思潮相往还的过程中,突破了传统考据学的藩篱,开辟出"新史学"的新天地。

走笔至此,尚有一问题须讨论,那就是王国维的学术转向问题。

吴其昌曾谓王国维的治学分初、中、晚三期:第一期哲学、文学、文艺理论,第二期古史、古文字学,第三期西北地理、辽金蒙古史。②王国维初期治学与中、晚期治学路数差异极大,其临界点就是辛亥革命。辛亥以后,王国维似乎"尽弃西学",完全回归国学。刘东师在《重估王国维的"尽弃西学"》中谈道:

> 必须警觉地看到,即使在他被说成是尽弃所学之后,由于他心里还是认定学术不分中西,所以他那种针对中国过往文化经验所提出的问题,还主要是从西学的基点上发轫的,还受到了西方话语的强有力制约。
>
> 也必须警觉地看到,他的国学并非传统文化的原义,而乃以西格中的产物。如果不能时时牢记到这一点,而径直把他的某些判定——那些被发明的传统——看成是原汁原味的中国传统,那么就会陷入迷宫。③

确实,王国维的国学是中西会通的产物。狩野直喜说:"他对西洋科学研究法理解很深,并把它利用来研究中国的学问,这是作为学者的王君的卓越之处。"④当时受西洋学问影响的学者,因为旧学根柢不深,所以建树不大;而深谙旧学的学者,又不通西方学术方法,所以无法传达精微的思想。只有王国维,"根柢既固,枝叶遂繁",又能出入中西,不拘家法,才取得卓绝的成就。

---

① 罗振玉:《海宁王忠悫公传》,《追忆王国维》,第7页。
② 吴其昌:《王国维先生生平及其学说》,《追忆王国维》,第221页。
③ 刘东:《重估王国维的"尽弃西学"》(未刊稿),2010年5月28日于华东师范大学学术交流中心发言提纲。
④ 狩野直喜:《回忆王静安君》,第295页。

（二）宋学眼光，汉学基础

王氏超出清代诸儒的地方，在于超越汉宋之争，不拘门户之见，直挑宋学。

王国维1926年在《宋代之金石学》中谈到近代学术多发端于宋学：

> 宋代学术方面最多进步，亦最著。其在哲学，始则有刘敞、欧阳修等，脱汉唐旧注之桎梏，以新意说经；后乃有周（敦颐）、程（颢）、程（颐）、张（载）、邵（雍）、朱熹诸大家，蔚为有宋一代之哲学。其在科学，则有沈括、李诫等，于历数、物理、工艺均有发明。在史学，则有司马光、洪迈、袁枢等，各有庞大之著述。绘画，则董源以降，始变唐人画工之画，而为士大夫之画。在诗歌，则兼尚技术之美，与唐人尚自然之美者，蹊径迥殊。考证之学，亦至宋而大盛。故天水一朝人智之活动与文化之多方面，前之汉唐，后之元明，皆所不逮也。近世学术多发端于宋人，如金石学亦宋人所创学术之一。宋人治此学，其于搜集、著录、考订、应用各面无不用力，不百年间，遂成一种之学问。①

宋学中哲学、科学、史学、画学、诗歌、考证学，皆能别开生面，灿烂一时。如王国维所言，宋人哲学摆脱了汉唐以来"墨守古义、疏不破注"的习气，能参以己意解说经典，如刘敞之《七经小传》和欧阳修之《诗本义》，科学则沈括之《梦溪笔谈》，史学则司马光之《资治通鉴》，绘画则苏轼之文人画，诗歌则山谷之江西诗派，考证则赵明诚之金石学。王国维对宋人学术文化的高度评价，与其挚友陈寅恪极为一致，陈氏感叹："华夏民族之文化历数千载之演进，造极于天水一朝"，"天水一朝之

---

① 王国维：《宋代之金石学》，《王国维全集》第十四卷，第315页。

文化，竟为我民族遗留之瑰宝"。① 陈氏进而提出"新宋学"的主张。二人成为知交，良有以也。

如果我们将视野看得更广阔的话，我们会发现内藤湖南1914年曾经在《支那论》中提出"宋代进入近世"的论争，1922年在《概括的唐宋时代观》中提出"唐宋变革说"。② 这说明中外学者都不约而同地认识到，近代学术实际上发源于宋学。

王氏进一步分析宋代金石学兴盛的原因道："原其进步所以如是速者，缘宋自仁宗以后，海内无事，士大夫政事之暇，得以肆力学问。其时哲学、科学、史学、美术，各有相当之进步；士大夫亦各有相当之素养，赏鉴之趣味与研究之趣味，思古之情与求新之念，互相错综。此种精神于当时之代表人物苏（轼）、沈（括）、黄（庭坚）、黄（伯思）诸人著述中，在在可以遇之。其对古金石之兴味，亦如其对书画之兴味，一面赏鉴的，一面研究的也。汉唐元明时人之于古器物，绝不能有宋人之兴味，故宋人于金石书画之学乃陵跨百代。"盖金石学之兴，恰与哲学、科学、史学、美术之发达相呼应，需海内承平，学者得以一心向学，赏鉴趣味与研究趣味、思古与创新得以互相错综，才促成了宋代金石学的跨越百代。宋人于金石之搜集、传拓、著录、考订、应用，皆足以为后世法。

王国维论宋学专注于"金石学"，与他的学术兴趣有关。他后来提倡"二重证据法"，以地下之实物与纸上之文献相印证，实际上就滥觞于宋代金石学。这点我们后面再表。

宋学以外，王国维学术的直接来源是清代汉学，也就是我们常说的"考据学"。

王国维在作于1913—1914年的《东山杂记》中，有专条论清学：

---

① 陈寅恪：《邓广铭〈宋史职官志考证〉序》，《金明光丛稿二编》，上海：上海古籍出版社，1980年，第245页；又《赠蒋炳南序》，《寒柳堂集》，上海：上海古籍出版社，1980年，第162页。

② 参内藤湖南著、黄约瑟译：《概括的唐宋时代观》，见刘俊文编：《日本学者研究中国史论著选译》第一卷《通论》，北京：中华书局，1992年，第10-18页；又张广达：《内藤湖南的唐宋变革说及其影响》，《史家、史学与现代学术》，桂林：广西师范大学出版社，2008年，第64-68页。

国朝三百年学术启于黄、王、顾、江诸先生，而开乾嘉以后专门之风气者，则以东原戴氏为首。东原享年不永，著述亦多未就者，然其精深博大，除汉北海郑氏外，殆未有其比。一时交游门第亦能本其方法，光大其学，非如赵商、张逸辈但知墨守师说而已。戴氏《礼》学虽无成书，然曲阜孔氏、歙金氏、绩溪胡氏之学皆出戴氏。其于小学亦然，书虽未就，而其"转注假借"之说，段氏据之以注《说文》，王、郝二氏训诂音韵之学亦由此出也。……大抵国初诸老根柢本深，规模亦大，而粗疏在所不免。乾嘉诸儒亦有根柢，有规模，而又加之以专，行之以密，故所得独多。嘉道以后，经则主今文，史则主辽金元，地理则攻西北，此数者亦学者所当有事。诸儒所攻，究亦不为无功，然于根柢规模，逊前人远矣。①

在1919年的《沈乙庵先生七十寿序》中，王氏再次申论：

我朝三百年间，学术三变：国初一变也，乾嘉一变也，道咸以降一变也。顺康之世，天造草昧，学者多胜国遗老，离丧乱之后，志在经世，故多为致用之学，求之经、史，得其本原，一扫明代苟且破碎之习，而实学以兴。雍乾以后，纪纲既张，天下大定，士大夫得肆意稽古，不复视为经世之具，而经、史、小学专门之业兴焉。道咸以降，涂辙稍变，言经者及今文，考史者兼辽、金、元，治地理者逮四裔，务为前人所不为。虽承乾嘉专门之学，然亦逆睹世变，有国初诸老经世之志。故国初之学大，乾嘉之学精，道咸以降之学新。窃于其间得开创者三人焉：曰昆山顾先生，曰休宁戴先生，曰嘉定钱先生。②

---

① 王国维：《东山杂记》之五十八，《王国维全集》第三卷，第380-381页。
② 王国维：《沈乙庵先生七十寿序》，《王国维全集》第八卷，618页。

王国维这两段文字，可谓前后相承，后出转精。盖前者是札记体，信笔写来；后者是寿序，字斟句酌。前者泛论清初学术，启于黄宗羲、王夫之、顾炎武、江永诸人；后者独标昆山顾炎武。前者论乾嘉学术代表，以戴震为首；后者则将戴震与钱大昕并列。特别是后者分别以"大""精""新"三字，论国初之学、乾嘉之学和道咸以下之学，更为精审准确。

为什么后来王国维论乾嘉学术时特地标出钱大昕呢。这主要是因为"钱氏考史不限于文献范围，而是注重发掘新的史料，引用大量金石文字与史籍相印证，扩大了史料范围，使他考史的视野更广阔，成果超过前人，而且因此开创了近代王国维'二重证据法'之先河"[1]。钱大昕的重视金石文字，以金石考史，与王国维重视宋代金石学的学术趣味恰相吻合，难怪会被王国维引为同道。钱大昕在《关中金石记序》中论道："金石之学，与经史相表里。'侧''啬'异本，任城辨于《公羊》；'冥''臭'殊文，新安定于《鲁论》；欧、赵、洪诸家涉猎正史，是正尤多。盖以竹帛之文，久而易坏，手钞板刻，展转失真；独金石铭勒，出于千百载以前，犹见古人真面目，其文其事，信而有征，故可宝也。"[2]钱氏对金石的重视，无疑能启发后学王国维。

宋代金石学和清代乾嘉时期的钱大昕，都可以说是王国维学术的一个源头。此外，徽派朴学的代表人物歙县程瑶田，也深受王国维景仰。王国维谈道："戴君《考工记图》未为精核，歙县程氏以悬解之才，兼据实物以考古籍，其《磬折古义》、《考工创物小记》等书，精密远出戴氏之上。而《释虫小记》、《释草小记》、《九穀考》等，又于戴氏之外，自辟蹊径。程氏于东原虽称老友，然亦同东原之风而起者也。……戴氏之学，其段、王、孔、金一派犹有继者，程氏一派则竟绝焉。近唯吴氏大澂之学近之，然亦为官所累，不能尽其才。唯其小学，所得则又出程氏之上，

---

[1] 陈其泰、许殿才、沈颂金：《20世纪中国历史考证学研究》，北京：北京师范大学出版社，2005年，第14页。
[2] 钱大昕：《关中金石记序》，《潜研堂集》（上册），上海：上海古籍出版社，2009年，第414页。

亦时为之也。"①程瑶田与戴震俱师事江永,提倡"以实物考古籍",其《考工创物小记》有论车制的,如《轮人造毂义述》《轸方象地义述》《辀人任木义述》;有论兵器的,如《冶氏为戈戟考》《戈戟倨句异形说》《戈戟横内秘凿旁证记》;有论铜器的,如《凫氏为钟图说》《周周公华钟图说》《虢叔旅作惠叔太簇龢图说》。程瑶田的这些文章,都是结合实物考证古代器物制度。至于吴大澂,亦撰有《古玉图考》和《权衡度量考》。王国维在《观堂集林》卷三《艺林》中,有《说斝》《说觥》《说盉》《说彝》《说俎》《说环玦》诸篇,其方法直承程瑶田和吴大澂。

对王国维的学术渊源,他的师友罗振玉有着清醒的认识:"余谓徵君之学,于国朝二百余年中最近歙县程易畴先生及吴县吴恪斋中丞。程君之书以精识胜,而以目验辅之。其时古文字、古器物尚未大出,故肩涂虽启,而运用未宏。吴君之书,全据近出之文字器物以立言,其源出于程君,而精博则逊之。徵君具程君之学识,步吴君之轨躅,又当古文字古器物大出之世,故其规模大于程君,而精博过于吴君。海内新旧学者咸推重君书无异同。"罗振玉认为王国维的研究,其实来源于程瑶田和吴大澂,在规模上大于程瑶田,在精博上胜过吴大澂。王国维的学生吴其昌也有相同的看法:"先生之学,与程易畴,则性质、方法、目的、态度全似,而所见实较让堂为广。与吴清卿,则性质、方法有部分之似,而其他学问,似非愙斋所可望。"②

必须说明的是,王国维重视金石学源流,并不意味着对其他经史小学门类的忽视。他在为友人张孟劬《玉溪生诗年谱会笺》所作的序中说道:"君尝与余论浙东、西学派,谓浙东自梨洲、季野、谢山以迄实斋,其学多长于史;浙西自亭林、定宇以及分流之皖、鲁诸派,其学多长于经。浙东博通,其失也疏;浙西专精,其失也固。"可见王国维对于浙东、浙西学派也有相当的认识。浙东学派是清初以黄宗羲、万斯大、万斯同、全祖望、章学诚、邵晋涵等为代表的经史学派,因这些代表人物均系浙东

---

① 王国维:《东山杂记》之五十八,《王国维全集》第三卷,第380-381页。
② 吴其昌:《王观堂先生学述》,《国学论丛》第一卷第3号,第183页。

人故名。有学者认为:"王国维是浙江海宁人,所以可以说他是史学的浙东学派的殿军。"①

浙东学派的章学诚,提出了"六经皆史"的观点,这开启了不独是王国维更是近代以来学术界流行的"由经入史"倾向。章学诚《文史通义·易教上》曰:

> 六经皆史也。古人不著书,古人未尝离事而言理,六经皆先王之政典也。或曰:《诗》《书》《礼》《乐》《春秋》,则既闻命矣。《易》以道阴阳,愿闻所以为政典,而与史同科之义焉。曰:闻诸夫子之言矣,"夫《易》开物成务,冒天下之道。""知来藏往,吉凶与民同患。"其道盖包政教典章之所不及矣。象天法地,"是兴神物,以前民用",其教盖出政教典章之先矣。②

其《方志立三书议》曰:

> 古无私门之著述,六经皆史也。后世袭用而莫之或废者,惟《春秋》《诗》《礼》三家之流别耳。纪传正史,《春秋》之流别也;掌故典要,官《礼》之流别也;文征诸选,风《诗》之流别也。获麟绝笔以还,后学鲜能全识古人之大体,必积久而后渐推以著也。马《史》班《书》以来,已演《春秋》之绪矣。刘氏《政典》,杜氏《通典》,始演官《礼》之绪焉。吕氏《文鉴》、苏氏《文类》,始演风《诗》之绪焉。并取括代为书,互相资证,无空言也。③

章学诚认为:六经皆史,所谓《诗》《书》《礼》《易》《乐》《春秋》,其实都是古圣先王的正典。后世的纪传体正史,正是《春秋》经的派生;

---

① 陈元晖:《论王国维》,第129页。
② 章学诚著、叶瑛校注:《文史通义校注》,北京:中华书局,1984年,第1页。
③ 章学诚著、叶瑛校注:《文史通义校注》,第572页。

掌故典制，正是《礼经》的流衍；《文选》之文，正是《诗经》国风诸体的留别。章氏的"六经皆史"论，是将经学史学化。

对此，王汎森评论道："以'经'的态度看待道德、礼法、制度事物，跟以进化的观点看待它们相比，有一个根本的不同。以'经'的态度看来，那些道德、礼法、制度、事物是古代圣人有意构作而成的，然而若以进化的眼光看待，则它们都有一个形成的过程，是复杂历史背景下演化的产物，是各种势力交互作用的结果。"① 对于浙东学派来说，与其"宗经"，毋宁尊史，以平等的、历史的眼光来看待往昔的儒家经典，更能见出当时的社会形态和典章制度。然而，章氏虽有"夷经为史"的倾向，但经、史二者的地位在当时仍然有差距。"经学意识与史学意识始终是清学中的两脉，或者应该说是一体的两面，但无论如何，经学毕竟是主，史学是从。经学是优先的，史学是从属的。经学所蕴含的价值体系会隐然支配学术工作，深刻地影响选题、诠释、价值判断，或想在研究中寻求经学式的恒常道理。"② 只有到晚近以来，这种"由经入史"的倾向才真正落实到实践层面："他们讲家法、重条例，比较能够忠实地重建古代文献的历史层次，从某种角度说，即是比较重视学术史的还原。"③ 以史学的眼光看待经学，还原学术史的内在机理，成为近代以来的流行趋势，王国维自概莫能外。

结合王国维的生平考察，这种"由经入史"的趋势就更加明显。据王国维的友人狩野直喜回忆："此后，清朝大革命爆发了，王静安君带着他的家族，与罗叔韫君一起搬到京都，滞留了五六年。其间，与我常常来往。我觉得来京都以后，王君的学问有一些变化。也就是说，他好像重新转向研究中国的经学，要树立新的见地。可能他想改革中国经学研究。比方说，聊天的时候我偶尔提到西洋哲学，王君苦笑说他不懂，总是逃避这个话题。……当时他精细地重读《十三经注疏》、《前后汉书》、

---

① 王汎森：《近代中国的线性历史观》，《近代中国的史家与史学》，上海：复旦大学出版社，2010年，第51页。
② 王汎森：《从经学向史学的过渡》，《近代中国的史家与史学》，第78页。
③ 王汎森：《从经学向史学的过渡》，《近代中国的史家与史学》，第78页。

《三国志》等等，在京都他有很多自由的时间供他精读。"① 王国维的学术趣味，以辛亥革命为界，发生了天翻地覆的转变。由此前的哲学、文学，一变而为经史之学。我们试看几通王国维《致缪荃孙函》，就能略见端倪：

> 1913年2月24日："日读注疏一卷，拟自《三礼》始，以及他经，期以不间断，不知能持久否？"
>
> 1913年11月："今年发温经之兴，将《三礼注疏》圈点一过。"
>
> 1914年7月17日："比年以来拟专治三代之学，因先治古文字，遂览宋人及国朝诸家之说。"②

又1913年6月27日《致铃木虎雄札》曰："近年治礼，旁及古文字，拟著手三代制度之研究。一月前成《明堂庙寝通考》一书，全与旧说不合，唯阮文达《明堂图考》之说略似之。维更从古金文字之证据，通之于宗庙、路寝、燕寝，并视为古宫室之通制。然金文中尚有反对之证据，故其一中一部分不能视为定说耳。"可见王国维在流日期间，是通过温习儒家经典《三礼》入手来治经史之学，并追溯宋人及清朝诸家学说。王氏此时的经史之作，有《明堂庙寝通考》《释币》《秦郡考》《汉郡考》《流沙坠简》《金文著录表》《洛诰解》等。关于学风的变化，王国维自己也有类似的总结。1916年，王国维在离开日本归国的前一天（正月初二），在《丙辰日记》中记道："自辛亥十月寓居京都，至是已五度岁，实计在京都已四岁余。此四年中生活，在一生中最为简单，惟学问则变化滋甚。"③

这种变化，虽然是从经学入手，却不是传统意义上的"宗经"，而是将经学作为史学的材料，我们看此时王氏的著作就能发现。顾颉刚评论道："他对于学术界最大的功绩，便是经书不当作经书（圣道）看而当作史料

---

① 狩野直喜：《回忆王静安君》，《追忆王国维》，第294页。
② 《王国维全集·书信》，第36、37、40页；又《王国维全集》第十五卷，第50、53、55页。麟案：王氏书信二书系年不同，今从《王国维全集》。
③ 王国维：《丙辰日记》，《王国维全集》第十五卷，第911页。

看,圣贤不当作圣贤(超人)看而当作凡人看。"①王国维的学生吴其昌也说:"先生著作之关于经学者、关于小学者、关于金石甲骨文字者、关于宋元通俗文学者、关于西北地理者全部之主旨目的,皆在于史。"并特别强调"先生非经学家"。②

"化经为史"还只是纵向的历史潮流,若从横向考察,我们还不能忽视晚清梁启超所倡导的"新史学"。梁启超在其风靡一时的《新史学》(1902)中,谈到旧史学之六弊:知有朝廷而不知有国家,知有个人而不知有群体,知有陈迹而不知有今务,知有事实而不知有理想,能铺叙而不能别裁,能因袭而不能创作。梁氏据此界定史学,"历史者,叙述进化之现象也","历史者,叙述人群进化之现象也","历史者,叙述人群进化之现象而求得其公理公例者也"。③梁启超"贬斥中国王朝史学的传统,并像福泽谕吉一样宣称需要进行一场'史界革命'"。④梁氏的"新史学"思潮,在当时的史学界具有革命意义,影响极大,王国维自然也濡染其中,其《殷周制度论》抑殷扬周,表彰周代礼乐文化,已经隐含了晚清以来流行的进化论思想。王国维因此被称为"新史学的第二号开山人物"⑤,李泽厚这样评价他的功绩:"如果说梁启超是资产阶级史学的一般理论和方法的倡导者,那么王国维则是这一理论和方法的具体运用者。……梁启超在理论上要求与几千年的封建史学划界线,王国维则在具体研究中履行和实现了这一点。无论从题材的选择,论证的方法,追求的目的,得出的结论,都与传统封建史学确乎迥然不同。他注意从社会制度、经济、文化等等方面探求历史的客观因果,而不同于封建史学的片段考证和帝王家谱。"⑥

---

① 顾颉刚:《悼王静安先生》,《追忆王国维》,第114页。
② 吴其昌:《王观堂先生学述》,《国学论丛》第一卷第3号。
③ 梁启超:《新史学》,《饮冰室合集》第一卷《饮冰室文集之九》,北京:中华书局,1989年,第1-11页。
④ [美]格奥尔格·伊格尔斯、王晴佳、苏普里娅·穆赫吉著:《全球史学史:从18世纪至当代》,杨豫译,北京:北京大学出版社,2011年,第211页。
⑤ 许冠三:《新史学九十年》,长沙:岳麓书社,2003年,第81页。
⑥ 李泽厚:《梁启超王国维简论》,《中国近代思想史论》,北京:生活·读书·新知三联书店,2008年,第436页。

如果我们说王国维的"由经入史",其实反映了学术发展的内在理路,应该说是虽不中亦不远吧。

王国维能取得巨大的学术成就,自然离不开他特殊的机遇。姚名达说:"成学固不易,静安先生所以有如此成就,固由其才识过人,亦由其凭藉弥厚。辛亥以前无论矣,辛亥以后至丙辰,则上虞罗氏之书籍碑版金石甲骨任其观摩也。癸亥甲子,则清宫之古本彝器由其检阅也。乙丑以后至丁卯,则清华学术之图书壹其选择也。计其目见而心习者,实至可惊!人咸以精到许先生,几不知其渊博为有数。"① 罗振玉大云书库的藏书、哈同花园的甲骨、清宫的古本彝器、清华研究院的图书,都能供其搜讨检阅。

但是,更为重要的是王国维本身的学术次第、学术视野成就了他。张广达说:"王国维投身国学研究实际上只有十五年的时间(1912—1927)。在这短短的十五年内,他在研究过程中强调'观其会通','窥其奥窔',由于根柢深固,枝叶遂繁,得以在经学、古文字学、训诂、声韵、名物、甲骨学和商代史、周代青铜器物与金文、周代制度、战国秦汉时代文字演变、汉魏学术、魏蜀石经、汉晋简牍、唐人写卷、古代地理、宋代以来金石学、边疆近代新出碑铭、古代北方民族、辽金元史、西北史地等诸多领域迭有独到的创获。"② 王国维作为"新史学的开山"③,其宋学眼光、汉学基础和以西格中、中西会通的学术次第,无疑起到了决定性作用。

这也正是陈寅恪在《王静安先生遗书序》中所说:

> 一曰取地下之实物与纸上之遗文互相释证。凡属于考古学及上古史之作,如《殷卜辞中所见先公先王考》及《鬼方昆夷猃狁考》等是也。二曰取异族之故书与吾国之旧籍互

---

① 姚名达:《观堂集林批校表》,《国学月报》第二卷第八期"王静安先生纪念号",1927年10月。
② 张广达:《王国维的西学和国学》,《史家、史学与现代学术》,第3页。
③ 郭沫若:《鲁迅与王国维》,《沫若文集》第十二册,北京:人民文学出版社,1959年,第537页。

相补正。凡属于辽金元史事及边疆地理之作,如《萌古考》及《元朝秘史之主因亦儿坚考》等是也。三曰取外来之观念,与固有之材料互相参证。凡属于文艺批评及小说戏曲之作,如《〈红楼梦〉评论》及《宋元戏曲考》、《唐宋大曲考》等是也。此三类之著作,其学术性质固有异同,所用方法亦不尽符会,要皆足以转移一时之风气,而示来者以轨则。吾国他日文史考据之学,范围纵广,途径纵多,恐亦无以远出三类之外。①

陈寅恪强调王国维学术研究中贯彻着比较的方法,实际上已经形成了一种独特的研究范式。

---

① 陈寅恪:《王静安先生遗书序》,《金明馆丛稿二编》,第219页。

作为儒家的史家：陈寅恪学述

⊙ 李成晴

周一良《我所了解的陈寅恪先生》开篇曰：

> 我认识、了解的陈寅恪先生，是否可以用这样十二个字来概括：儒生思想、诗人气质、史家学术。①

周一良显然注意到了陈寅恪先生思想的儒家底色，但他何以不直接概括为"儒家思想"，而是称为"儒生思想"呢？这一方面可能是为了避免在行文上与"史家"犯复，另一方面却也从深微的层面反映出，在周一良的认识里，陈寅恪与那些以承传儒学为志业的儒家（比如近代以来的新儒家）有着某种区别，但在立身运思、行止出处上却又与周秦汉唐的儒生有着精神会通之处。据周一良所述，在西南联大，陈寅恪敦守旧礼，汤用彤精研佛学，冯友兰则留大胡子，人称"冯老道"，三位教授被师生看作"儒释道"的代表②。这在当日固然是轶闻，却也能反映出，在并世之人的眼中，陈寅恪的"主体思想是儒家的"③。

---

① 周一良：《我所了解的陈寅恪先生》，见周一良：《毕竟是书生》，天津：天津人民出版社，2016年，第140页。
② 周一良：《我所了解的陈寅恪先生》，第140页。
③ 周一良：《我所了解的陈寅恪先生》，第140页。

一、关于儒家认定

陈寅恪曾说:"救国经世,尤必以精神之学问为根基。"① 近三十多年以来,学界对陈寅恪的知识分子观和文化观多有关注。许多学者都撰文指出,陈寅恪在"文史之学"的深层有着系统的文化立场和思想主张,李慎之更从陈氏言行中看到了一位"作为思想家的陈寅恪"②。自余英时《陈寅恪的儒学实践》一文出③,学界也开始重点探讨儒家学说对陈寅恪"浃髓沦肌"的内在影响。

如所习知,孔子身后,"儒分为八"(《韩非子·显学》),儒家有经义之儒(或意义阐发,或章句记诵),有事功之儒,有人师之儒:

> 偏于强调"心性"的孟子是在探讨一种学理,而偏于强调"王制"的荀子是在支撑一个文明。④

从孔子到荀子,他们对于儒家内部的分疏都有着"小""大"之辨,孔子高标"女为君子儒,无为小人儒"(《论语·雍也》),荀子则提出"小儒""大儒"之说:"公、修而才,可谓小儒矣。志安公,行安修,知通统类,如是则可谓大儒矣。"王国维去世后,陈寅恪在《王观堂先生挽词》中便用到了"大儒"一词,他称赞胡适推荐王国维的举动是"独为神州惜大儒"。王国维自然是当得起"大儒"称号的。不过,陈寅恪的学术造诣亦可与之并峙,在立场上更是"许我忘年为气类"(《王观堂先生挽词》),却鲜见有人以"大儒"相称。何以故?翻览史籍可以发现,"大儒"之号,一般都是加诸董仲舒、郑康成、王通、朱熹、王阳明、顾炎武诸人名前,这一方面是由于他们在儒学(或说狭义的经学)领域都作出了既具总结性又具开

---

① 吴学昭:《吴宓与陈寅恪》,北京:清华大学出版社,1994年,第85页。
② 李慎之:《独立之精神 自由之思想——论作为思想家的陈寅恪》,《学术界》2000年第5期。
③ 余英时:《陈寅恪的儒学实践》,见余英时:《现代危机与思想人物》,北京:生活·读书·新知三联书店,2005年,第420-452页。
④ 刘东:《世俗儒家与精英儒家》,《光明日报》2016年6月6日。

创性的成绩,另一方面很大原因还由于他们独立不拔、持身严明的风骨。从前一层意义上说,陈寅恪"不敢观三代两汉之书"(《陈垣元西域人华化考序》),他也从没有自我认定作儒家,更没有像同时代的新儒家那样有着成体系的儒学言说①,甚至他一开始的志业都在东方学而不是后来转向的"中古文史之学"——陈寅恪自然不是传统意义上的"大儒"。

尽管如此,当我们试图检视陈寅恪的言传文教时,可能也会有着与周一良近乎同感的判断:陈寅恪的思想底色是儒家——他对儒家思想的恪守实际已达到孔子所说的"造次必于是,颠沛必于是"(《论语·里仁》)的境界,信道之笃,守道之严,世皆共喻。我们又可注意到,尽管周一良在开篇评陈寅恪曰"儒生思想",但在后文中,他便将陈寅恪称作儒家了:"陈先生的文化主流是儒家思想","陈先生代表儒家,他的主体思想是儒家的"。②现当代学人在论及陈寅恪时多称为"通儒",比如程千帆说"寅恪六丈当代通儒,余事为诗"③,余英时也有同样的"通儒"之评④,胡先骕在致吴宗慈函中亦谓:"寅恪淹贯东西古今学术,为吾国今代通儒第一人。"⑤实际上,陈寅恪也一直是以"儒""士"自期的。在送别北大史学系己巳级毕业生留学日本时,他直言"天赋迂儒'自圣狂'"(《北大学院己巳级史学系毕业生赠言》),在《纯阳观梅花》中他也曾感慨"名山讲席无儒士,胜地仙家有劫灰"⑥。"士"在陈寅恪的学说中占有举足轻重的地位,《海宁王先生之碑铭》起首便说:

---

① 当应聘牛津大学讲席教授之时,陈寅恪开出的课表除了中国历史、历史研究法、哲学之外,尚有伦理学,而伦理学很有可能是讲述以《四书》为中心儒家伦理。
② 周一良:《我所了解的陈寅恪先生》,见周一良:《毕竟是书生》,第140页。
③ 程千帆:《〈纪念陈寅恪先生诞辰百年学术论文集〉所载拙文后记》,见程千帆:《俭腹抄》,上海:上海文艺出版社,1998年,第396页。
④ 余英时:《试述陈寅恪的史学三变》,见余英时:《现代危机与思想人物》,第453页。
⑤ 吴宗慈:《陈三立传略》,《国史馆馆刊》1947年第1期。
⑥ 罗孚:《陈寅恪和冼玉清》,《明报月刊》1998年第10期。

> 士之读书治学，盖将以脱心志于俗谛之桎梏，真理因得以发扬。

牛李党争之时，士大夫纵然想要置身局外，也无可能，唯一的两个例外即白居易以"消极被容"，柳仲郢以"行谊见谅"。柳仲郢之父即柳公绰，守节概，重礼法，"有书千卷，不读非圣之书"。柳仲郢"有父风，动修礼法"，在处理会昌五年吴湘狱时，行止无私，亦不倚牛附李，牛党既感其义，李德裕也"知其无私，益重之"。在手写本《唐代政治史略稿》的中篇，陈寅恪先考论了牛李党争局势下的士人遭际，随后笔锋一宕，写下这样一段话：

> 君子读史，见玉溪生与其东川府主升沈荣辱之所由判，深有感于士之处世，外来之变态纵极纷歧，而内行之修谨益不可或阙也。

可见陈寅恪始终是以"士"的身份来进行自我定位的。他在考史的同时，也以古鉴今，拈出"内行修谨"以与同时代的"士"人共勉。现当代学人，也多将陈寅恪目为守望之"士"，比如余英时曰："如果从孔子算起，中国'士'的传统至少已延续了两千五百年，而且流风余韵至今未绝。……孔子所最先揭示的'士志于道'，便已规定了'士'是基本价值的维护者；曾参发挥师教，说得更为明白：'士不可以不弘毅，任重而道远。仁以为己任，不亦重乎？死而后已，不亦远乎？'这一原始教义对后世的'士'发生了深远的影响，而且愈是在'天下无道'的时代也愈显出它的力量。"[①] 唐振常则认为，作为最后的儒家士大夫，陈寅恪"终生守道、乐道、卫道、明道，终至于以身殉道"[②]。袁济喜则称："陈寅恪这种毕生追求的信念实与春秋战国时孔孟所云'士，志于道'何为相似。

---

① 余英时：《士与中国文化》，上海：上海人民出版社，1987年，第2-3页。
② 唐振常：《卓荦孤怀身殉道——〈陈寅恪最后的二十年〉读后》，《史林》1996年第3期，第128页。

这种古典儒家的'知其不可而为之'的坚毅决绝，注定地造就了陈寅恪的悲剧人格。"①故而，明了"儒"与"士"的内在关联，明了陈寅恪所志、所殉之道，很可能是陈寅恪儒家身份认定的重要锁钥。

有意味的是，历史上很多学者文士，尽管不以儒学著作传名百代，却在后世得到"儒家"的定评。比如杜甫，清人刘熙载在《艺概》中强调："少陵一生却只在儒家界内。"②钱穆著《朱子学提纲》则称："在诗人中，亦可分儒释道三派。如谓杜甫是儒家。"③陈寅恪先生，亦可作如是观。

二、家学

陈寅恪童年时，读到庾信《哀江南赋序》"潘岳之文采，始述家风；陆机之辞赋，先陈世德"，深有感于其言。④陈寅恪成长于儒、医传家的大家族中，义宁陈家"以耕读为业……生性耐劳，勤于读书"⑤，"秉清纯之门风"，在民国时即已有"文化贵族"之誉。吴宓《读散原精舍诗笔记》曰：

> 故义宁陈氏一门，实握世运之枢轴，含时代之消息，而为中国文化与学术德教所托命者也。⑥

这一传承于家族的情结，给陈寅恪留下了很深的印记，以至于陈寅恪在指导罗香林撰写论文时，还曾专门谈及客家人的这一"儒素"

---

① 袁济喜：《陈寅恪的守望情结》，见袁济喜：《国学十讲》，北京：中国人民大学出版社，2013年，第92-93页。
② 刘熙载：《艺概》，上海：上海古籍出版社，1978年，第59页。
③ 钱穆：《朱子学提纲》，见钱穆：《朱子新学案》，《钱宾四先生全集》第十一册，台北：联经出版事业股份有限公司，1998年，第8页。
④ 陈寅恪：《寒柳堂记梦未定稿》，见陈寅恪：《寒柳堂集》，北京：生活·读书·新知三联书店，2015年，第185页。
⑤ 罗香林：《回忆陈寅恪师》，见张杰：《追忆陈寅恪》，北京：社会科学文献出版社，1999年，第100页。
⑥ 吴宓：《读散原精舍诗笔记》，见吴宓著、吴学昭整理：《吴宓诗话》，北京：商务印书馆，2005年，第291页。

传统①。

陈寅恪的祖父陈宝箴,"湛深中国礼教,德行具有根本;故谋国施政,忠而不私,知通知变而不夸诬矜躁"②。陈宝箴对家族子弟的教育理念,可以用一句话来概括,那就是"务厚植其所以为立言之本者"③。陈家延聘馆师,才学与名节并重④,这从他写给陈家的馆师廖树蘅的信便可见一斑:

> 尚乞先生日将《四书》、经史等书与为讲解,即示以作人立志之方。此外,古文、时文随时讲解,使义理浸渍,志趣有卓然向上之机,则生意悠然,庶几渐有长进。……学问须识大头脑,当先立其大者,所望从事圣贤,务为有体有用之学。⑤

陈寅恪在《寒柳堂记梦》中有一处自述,道出了幼时儒家经典教育对其"作人立志"的陶铸作用:

> 寅恪幼时读《中庸》至"衣锦尚䌹,恶其文之著也"一节,即铭刻于胸臆。父执姻亲多为当时胜流,但不敢冒昧谒见。偶以机缘,得接其风采,聆其言论,默而识之,但终有限度。⑥

其实,陈寅恪著作中尚有多处类似的幼时追忆,我们也能从中发现,传统儒家经典教育在启人德性问学的同时,也发挥着性情涵育的功能。

陈宝箴读史,主张经世致用,这从其别集中的相关撰著可以覆按。在陈宝箴看来,读史应"以司马氏《资治通鉴》、毕氏《续通鉴》、夏氏

---

① 罗香林:《回忆陈寅恪师》,《追忆陈寅恪》,第100页。
② 吴宓:《读散原精舍诗笔记》,《吴宓诗话》,第291页。
③ 李开军:《义宁陈家的馆师》,见周言:《陈寅恪研究》,北京:九州出版社,2013年,第269页。
④ 李开军:《义宁陈家的馆师》,《陈寅恪研究》,第300页。
⑤ 李开军:《义宁陈家的馆师》,《陈寅恪研究》,第269页。
⑥ 陈寅恪:《寒柳堂记梦未定稿》,《寒柳堂集》,第187页。

《明通鉴》为主,《二十四史》辅之"①。陈寅恪中年研治中古史,尤重《资治通鉴》,这一认识的养成,应当与陈寅恪少时习闻父祖之言有关。吴宓说:"寅恪自谓少未勤读,盖实成于家学,渊孕有自。"②吴宓的这一记载,显然是转述自陈寅恪的某次谈话。

至于陈寅恪之父陈三立(字伯严,号散原),操行见识,尤为清季人杰。徐一士《一士类稿·谈陈三立》曰:

> 昔年北政府盛时,闽赣派诗团优游于江亭后海,或沽上之中原酒楼。往来频数,酬唱无虚。陈则驻景南天,茕茕匡庐钟阜间,冥索狂探,自饶真赏。及戊辰首会迁移,故都荒落,诗人泰半南去,此叟忽尔北来,省其师陈弢庵,得残年小聚之欢。……而其支离突兀,掉臂游行,迥异常人,尤可钦焉。③

所谓"茕茕匡庐钟阜间,冥索狂探,自饶真赏",正足见出陈三立的"独立不惧,遁世而无闷"(《易经·象传》)。陈寅恪在《寒柳堂记梦》中也曾述及此事,称袁世凯入军机后,京城友人"皆令电邀先君北游",而陈三立"复电谓与故旧聚谈,固所乐为,但绝不入帝城。非先得三君誓言,决不启行"④。余英时敏锐地注意到陈寅恪传述此事的心曲:

> 陈寅恪有意借《记梦》昭告后世,他自己的拒不北返是继承了他父亲"绝不入帝城"的"气节"。他平生所实践的精神价值,基本上得力于家传的儒学教养,在这里得到了确实的印证。⑤

陈寅恪所受义宁陈氏之家风影响,尤其在于儒门士大夫的"气节"。

---

① 陈宝箴:《致用精舍学规》,见陈宝箴:《陈宝箴集》(下),北京:中华书局,2003年,第1873-1874页。
② 吴宓:《读散原精舍诗笔记》,见吴宓著、吴学昭整理:《吴宓诗话》,第291页。
③ 徐一士:《一士类稿》,沈阳:辽宁教育出版社,1997年,第97页。
④ 陈寅恪:《寒柳堂集》,第205页。
⑤ 余英时:《陈寅恪的儒学实践》,见余英时:《现代危机与思想人物》,第424页。

看透了晚清民国"五十年腐恶之政治"之后，无论是陈三立还是陈寅恪，他们终其一生都有意与政治中心保持距离。吴宓在1927年6月29日曾记下他与陈寅恪的"著书之约"：

> 相约不入（国民）党，他日党化教育弥漫全国，为保全个人思想精神之自由，只有舍弃学校，另谋生活。艰难固穷，安之而已。①

"固穷"一词，正是儒家君子人格的题中应有之义。

再回到陈三立，我们当可认同如下的判断：陈三立的儒学、事功为诗名所掩。陈三立集中诸体文，触处皆是儒学、经学的论说，其中之精见，并不逊色于并世老儒。散原幼学儒经，长襄维新，坚守"名教之大防""彝伦之系统"（《南昌东湖六忠祠记》），而对"循良雅化之遗迹扫地以尽"（《竹如意馆遗集序》）的局面怀抱深忧。在提及乃父时，陈寅恪认为陈三立负重名于当代很重要的一点便是"气节文章"②。综观散原生平，其愿心志业都在《余过南昌留一日渡江来山中适闻胡御史亦至有任刊豫章丛书之议赋此寄怀》一诗中有了集中的发抒：

> 四海犹存垫角巾，吐胸光怪掩星辰。已迷灵琐招魂地，余作前儒托命人。

"垫角巾"用汉儒郭林宗之典，谓当时尚有人希慕古雅，面对世事的光怪迷离，唯有义命自持、勉作前儒托命之人。陈三立另有一组《感春》诗，被认为是对斯文流转的伤怀之作，其二曰：

> 巍巍孔尼圣，人类信弗叛。劫为万世师，名实反乖谩。起孔在今兹，旧说且点窜。摭彼体合论，差协时中赞。吾欲衰百家，一以公例贯。与之无町畦，万派益输灌。

---

① 吴宓：《吴宓日记》第三册，第363页。
② 陈寅恪：《寒柳堂记梦未定稿》，《寒柳堂集》，第188页。

《史记·孔子世家》曰:"中国言六艺者,折中于孔子。"正是陈三立"吾欲衷百家,一以公例贯"之本。在陈三立看来,孔子儒学具有超越地域、时代藩篱的永恒普世价值;同时,儒家学说在现世也要进行熔裁重铸,以与泰西学说化合,正所谓"起孔在今兹,旧说且点窜"。于此可见,陈三立"作前儒托命人"之说,既有承担的使命感,也有反思的理性精神。这样一种"托命"的自觉意识,深深地影响了陈寅恪,遂使得陈寅恪在《大乘稻芊经随听疏跋》中评论法成和玄奘时说出"沟通东西学术,一代文化所托命之人"的名句。蒋天枢论陈寅恪之治学有四端:以淑世为怀,探索自由之义谛,珍惜传统历史文化,"续命河汾"之向往。"此四者,具见先生之身,实传统历史文化所托命。"① 可以说,散原、青园,父子两代都承传着儒家深远的"托命"情结。

陈寅恪有一句诗,最能显豁地发抒作前儒托命之人的志趣,那就是"吾侪所学关天意"(《挽王静安先生》)。他以传承者自处,也清醒地认识自己身上所担荷的"前儒"寄望:

> 自昔大师巨子,其关系于民族盛衰学术兴废者,不仅在能承续先哲将坠之业,为其托命之人,而尤在能开拓学术之区宇,补前修所未逮。故其著作可以转移一时之风气,而示来者以轨则也。

可以看出,陈寅恪在乃父"前儒托命人"的身份认同基础上,更要志于开拓,使之恢弘广大。明乎此,我们也便能体会陈寅恪于"失明膑足,栖身岭表,已奄奄垂死,将就木矣"之时,口述"此岂寅恪少时所自待"(《赠蒋秉南序》)时的内心沉痛了。概言之,直接承续父祖辈言传身教者,可以说是陈寅恪儒学立场的第一重家学因缘。

陈寅恪有着比较浓厚的高门阀阅意识,对家世的清誉尤为爱惜,这

---

① 蒋天枢:《陈寅恪先生传》,《追忆陈寅恪》,第470页。

可以看作陈寅恪儒学立场的第二重家学因缘①。在《唐代政治史述论稿》中，陈寅恪曾说：

> 夫士族之特点既在其门风之优美，不同于凡庶，而优美之门风实基于学业之因袭……山东士族之所以兴起，实用儒素德业以自矜异，而不因官禄高厚见重于人。降及唐代，历年虽久，而其家风礼法尚有未尽沦替者。②

许冠三指出，陈寅恪阐释历史的通识，主要包括两组概念："一是种族与文化；二是家族和门第。"③正如陈寅恪在中古史研究所一直强调的，中国古代儒门士族尤为重视的是家学渊源、婚宦关系以及闺门礼法，这种传统在晚清的士族家庭也不例外。辛亥以后：

> 陈氏家族与大多数清末士大夫家族一样已经没落，但长期形成的文化教养风习却未衰，不但往来亲属多属旧谊，且陈氏与其兄妹等也均与此类旧门为婚。这种环境与生活习俗的存在，是由于有共同的文化因素所决定，以致成为变化的社会中维系士族家族门风及彼此关系的纽带。④

基于对家学渊源、婚宦关系、闺门礼法的现实体验与思考，陈寅恪将他从这一"家学"基因中传承的研究路径施展得炉火纯青。《宋书·陶潜传》说陶渊明"自以曾祖晋世宰辅，耻复屈身后代，自（宋）高祖王业渐隆，不复肯仕"。陈寅恪认为从这个维度来思考陶渊明的政治主张，最为可信。在论及西晋之乱亡时，陈寅恪厘分儒家大族和法家寒族"两

---

① 刘梦溪：《陈寅恪的学说》（第二版），北京：生活·读书·新知三联书店，2016年，第216-221页。
② 陈寅恪：《唐代政治史述论稿》，上海：上海古籍出版社，1982年，第72-79页。
③ 许冠三：《新史学九十年》，长沙：岳麓书社，2003年，第265页。
④ 王永兴主编：《纪念陈寅恪先生百年诞辰学术论文集》，南昌：江西教育出版社，1994年，第513、514页。

种不同之集团":"礼法为儒家大族之优点,奢侈为其劣点。节俭为法家寒族之优点,放荡为其劣点。"诸如此类,学界所论已备,可以参看。

综览陈寅恪之文化史观,可标举三义:"胡汉之分在文化而不在种族","宗教与政治终不能无所关涉","社会制度乃文化所托"①。陈寅恪特别强调胡汉之分于"文化之关系较重而种族之关系较轻",并用"有教无类"一语来概括中古种族、文化之互动②。前文曾引及,陈寅恪在《寒柳堂记梦》中谈到幼时亲接晚清朝野清流的风采,"聆其言论,默而识之",这可以说是陈寅恪儒学立场的又一重家学因缘。无论是陈宝箴还是陈三立,包括清季清流名臣,对康有为维新派"六经注我"的做法并不认同:

> 先祖、先君见义乌朱鼎甫先生一新《无邪堂答问》驳斥南海《公羊春秋》之说,深以为然。

究其缘故,盖因"南海康先生治今文公羊之学,附会孔子改制以言变法。其与历验世务欲借镜西国以变神州旧法者,本自不同"③。可以想见,陈寅恪从小就在这样的清议熏陶中长大,自然对当时儒臣共识"中体西用"之说有切己的体会。再加上亲历近现代诸多世变,使得陈寅恪对康有为"用夷变夏"的祸果有着清醒的认识。职是之故,当为朱延丰《突厥通考》作序时,陈寅恪重申前论:

> 后来今文公羊之学,递演为改制疑古,流风所被,与

---

① 周一良:《义宁学说之精髓》,《读书》1994年第8期,第91页。
② 罗志田:《陈寅恪文字意趣札记》,《中国文化》2006年第1期,第176页。
③ 陈寅恪曰:"范肯堂撰先祖墓志铭,谓先祖喜康有为之才,而不喜其学也。康南海挽先祖诗云:'公笑吾经学,公羊同卖饼'者,可证也。今日平心论之,井研廖季平、平(原文如此,疑"、平"字衍)及南海初期著述尚能正确说明西汉之今文学。但后来廖氏附会周礼占梦之语;南海应用《华严经》中古代天竺人之宇宙观,支离怪诞,可谓'神游太虚境'矣。至若张南皮《劝学篇》痛斥公羊之学为有取于孔广森之《公羊通义》。其实执约为姚鼐弟子,转工骈文,乃其特长。而《公羊通义》实亦俗书,殊不足道。清代今文公羊学者唯皮锡瑞之著述最善,他家莫及也。"

近四十年间变幻之政治，浪漫之文学，殊有连系。

其中所寓"通古今之变"的感喟，溢于文字之外。在《冯友兰中国哲学史上册审查报告》中，陈寅恪自述"思想囿于咸丰、同治之世，议论近乎湘乡、南皮之间"。在冯友兰看来，"咸丰、同治之间的主要思想斗争，还是曾国藩和太平天国之间的名教和反名教的斗争。曾国藩认为，太平天国叛乱是名教中的'奇变'"，"'中学为体，西学为用'，这就是所谓'湘乡、南皮之间'的议论"。①陈寅恪的"中学为体，西学为用"，表现在以儒家思想为体，信奉三纲六纪；以民主自由为用，坚守学术独立。至于曾国藩，则是清季"对儒家伦理道德能身体力行的士大夫阶层的代表人物"，他镇压太平天国，也是为了维护"太平天国要推翻而他所笃守的孔孟之道"②。陈寅恪的"中体西用"，表层而言承继曾国藩、张之洞之旧说，其深层似与儒家一贯的"严夷夏之大防"古义一脉相承。

陈寅恪论"中体西用"，曾在与吴宓谈话时加以发抒曰："天理（Spiritual Law）人情（Human Law）有一无二，有同无异。下至文章艺术，其中细微曲折之处，高下优劣、是非邪正之判，则吾国旧说与西儒之说，亦处处吻合而不相抵触。"③乃父陈三立也主张"修明吾国立国之道，而辅之以泰西制器之术"（《钟征君墓表》），使之达于"体合"④。

陈寅恪有一名句，"少喜临川新法之新，而老同涑水迂叟之迂"（《读吴其昌撰梁启超传书后》）。自洋务运动、戊戌维新到新文化运动、五四运动，反传统的后果越来越显现。许多有识之士，一改往日激进的主张，退而回归到中国固有的文化基础上，寻求复建更新之法。陈寅恪并非认为传统中国万事万物皆温情美好，相反，他对"下愚而上诈"（《吴宓日记》

---

① 冯友兰：《三松堂全集》第十三卷，郑州：河南人民出版社，1994年，第569页。
② 周一良：《纪念陈寅恪先生》，见周一良：《毕竟是书生》，天津：天津人民出版社，2016年，第123-124页。
③ 卞僧慧：《陈寅恪先生年谱长编（初稿）》，北京：中华书局，2010年，第71页。
④ 杨剑锋：《陈三立文化保守主义思想略论》，《同济大学学报》2010年第1期，第75-76页。

载陈语)的国民性是深有体认的。但他坚持认为,"独立之精神,自由之思想"于个人、于国族都应秉持。吴宓在日记中曾记下,陈寅恪"坚信并力持:必须保有中华民族之独立与自由"①。陈寅恪式的儒家,已经越过了杜甫那样"致君尧舜上"的心结,但"再使风俗淳"的愿心,确是从孔孟到杜甫再到陈寅恪,历代儒家一以贯之的守望。陈寅恪曾经计划撰著《中国历史之教训》,在史中求史识;他推重《资治通鉴》,也是因为此书"是为宋朝的治乱兴衰而作的"②。同样正是基于这样的信念,陈寅恪才会特地撰写《论唐高祖称臣于突厥事》,感叹"初虽效之,终能反之,是固不世出人杰之所为也"。

儒家对传统和道义的守持,与世风相抗,在有的群体看来显得"守旧"甚至"迂腐",当今学者也多以"文化保守主义"目之。当我们回顾陈寅恪的家学因缘之后,便可以理解,陈寅恪何以常用"未树新义,以负如来""守伧僧之旧义""江东旧义雪盈头"之典了。

三、儒学底色与践行

陈寅恪曾自承"不敢观三代两汉之书"(《陈垣元西域人华化考序》),"寅恪平生颇读中华乙部之作,间亦披览天竺释典,然不敢治经"(《杨树达论语疏证序》)。但实际上,他的"三代两汉之书"的功底是很好的。陈寅恪幼年,在侍奉母病的间隙,研读巾箱本《十三经》,尽管经学根底得以夯实,但目力也因此而损耗,终致西南联大时期"七载流离目更昏"(《甲申除夕自成都存仁医院归家后作》)。在《怀念陈寅恪先生》一文中,俞大维曾详细追述陈寅恪对于《十三经》的见解与评点,并说:

> 我们这一代的普通念书的人,不过能背诵"四书"、《诗经》《左传》等书。寅恪先生则不然,他对《十三经》不但

---

① 吴学昭:《吴宓与陈寅恪》,第145页。
② 黄萱:《怀念陈寅恪教授》,见纪念陈寅恪教授国际学术讨论会秘书组编:《纪念陈寅恪教授国际学术讨论会文集》,广州:中山大学出版社,1989年,第70页。

大部分能背诵，而且对每字必求正解。因此，《皇清经解》
及《续皇清经解》，成了他经常看读的书。

据俞大维说，陈寅恪特别重视《礼记》中精粹的篇章，如《大学》《中庸》《礼运》《坊记》等，认为这类儒家经典即便置于世界著作之林，也属最上乘。程千帆也说："陈先生一辈子没讲经学，但他偶尔引用一些经学，也非常内行。如《隋唐制度渊源略论稿》第二章《礼仪》附论《都城建筑》，引了很多《周礼·考工记》即是一例。"①1953年，蒋天枢前往广州看望陈寅恪：

> 时枢方校读《周礼》，语次，师诲之曰："《周礼》中可分为两类：一、编纂时所保存之真旧材料，可取金文及《诗》《书》比证。二、编纂者之理想，可取其同时之文字比证。"

陈寅恪的儒学修养，我们另从《杨树达论语疏证序》《寒柳堂记梦》等文本中也可以窥见一斑。概言之，陈寅恪对儒学史、经学史不但熟稔，且皆能持独立的见解，他"很重视荀子，认为荀子是儒门的正统"；论及宋学，他认为秦以后思想演变历程，"只为一大事因缘，即新儒学之产生及其传衍而已"。论及清代公羊学时则认为孔广森《公羊通义》为俗书，而以皮锡瑞之公羊学著作为正宗等，可窥见一斑。

更进一步说，陈寅恪一生所守持的核心理念，也无不为儒学中最精粹的义理。这样的理念，"一方面在根源上本于儒家之精神，而另一方面又以西方为参照系面呈现出现代的风貌"②。《王观堂先生纪念碑铭》"独

---

① 程章灿等：《老学者的心声——程千帆先生访谈录》，见《程千帆全集》第十五卷，石家庄：河北教育出版社，2000年，第157页。
② 余英时：《陈寅恪的儒学实践》，见余英时：《现代危机与思想人物》，北京：生活·读书·新知三联书店，2005年，第438页。葛志毅也认为，陈寅恪多次提及的"独立之精神，自由之思想"，"此乃融汇中西文化精粹对民族文化传统的重铸更新，是传统文化在他手里的创造性转化之体现"。见葛志毅：《陈寅恪的身世人格及其对中国文化的眷恋崇敬》，《谭史斋论文六编》，哈尔滨：黑龙江人民出版社，2016年，第32页。

立之精神，自由之思想"，字面上似是西学观念的译文，但"一究其底蕴，则其背后的道德动力，基本上是由儒学传统所提供的"①。所以，这十个字一方面证明了儒学在接引西学时所具有的包容与活力，另一方面也用事例证明古儒精神现代性转换的无限可能。

陈寅恪的儒学思想，自然也受同时代学者的影响。陈寅恪《王观堂先生挽词序》曰：

> 吾中国文化之定义，具于《白虎通》三纲六纪之说，其意义为抽象理想最高之境，犹希腊柏拉图所谓 Eidos 者。

在弟子苏景泉看来，此诗"发挥数千年中国传统文化的纲纪仁道"。陈来便撰文指出陈寅恪的《王观堂先生挽词序》受到了冯友兰"伦理概念"说的影响：

> 写于冯友兰上文《中国之社会伦理》发表 4 个月之后，更在冯友兰《名教之分析》10 个月之后……陈寅恪对中国文化意义的理解，其三纲六纪、抽象理想、具体依托之说，应来自冯友兰的思想启发。……1926 年冯友兰已经确立了新实在论的哲学立场，用此立场观察中国文化，必然以柏拉图的理念说去解释伦理概念和理想。②

这个问题，同时代蔡元培、贺麟等学者也曾加以探讨。正如孔子所说："礼云礼云，玉帛云乎哉？乐云乐云，钟鼓云乎哉。"(《论语·阳货》)陈寅恪也认为儒门之礼并非仅仅是外在的形式或规定，而是有着合于人情与仁爱的"抽象理想之通性"。如果综合陈寅恪后期的学说来看，陈寅恪对"三纲六纪"是有层级分疏的，他在《论再生缘》中肯定陈端生对"当日奉为金科玉律之君父夫三纲"的反抗，足见他对"实相"层面的礼教

---

① 余英时：《陈寅恪的儒学实践》，见余英时：《现代危机与思想人物》，第 438 页。
② 陈来：《冯友兰的"伦理概念"说——兼论冯友兰对陈寅恪的影响》，《清华大学学报》2016 年第 2 期，第 40 页。

也是不赞成的。但同时，他又把"三纲六纪"认作抽象意义上中国文化的象征和普遍伦理，认为是具有永恒价值的理念。在陈寅恪看来，这种理念的依托，根在经济制度，脉则在礼制："儒者在古代本为典章学术所寄托之专家"，"法典为儒家学说具体之体现"，"二千年来华夏民族所受儒家学说之影响，最深最巨者，实在制度法律公私生活方面"。在他看来，尽管六朝有"魏晋风度""谈玄旷达"，但"夷考其实，往往笃孝义之行，严家讳之禁，此儒家之教训，故无预于佛老之玄风者也"。有关"社会制度乃文化所托"，陈寅恪在与吴宓谈话时也曾表示，"中国家族伦理之道德制度，发达最早，周公之典章制度实中国上古文明之精华"[①]。"吾人今日追思崔张杨陈悲欢离合之往事，益信社会制度个人情感之冲突，诚如卢梭、王国维之所言。"论者或谓陈寅恪重实证而不重虚理，或亦有见于陈寅恪对思想、文化背后制度的讲求。

值得重视的是，陈寅恪对儒学有着客观冷静的审视，对其长处短处皆不讳言。在与吴宓的对谈中，他曾表示"中国孔孟之教，悉人事之学"[②]，"中国之哲学、美术，远不如希腊，不特科学为逊泰西也。但中国古人，素擅长政治及实践伦理学，与罗马人最相似。其言道德，惟重实用，不究虚理，其长处短处均在此。长处，即修齐治平之旨。短处，即实事之利害得失，观察过明，而乏精深远大之思"[③]。据李璜回忆，陈寅恪在柏林时"究系有头脑分析问题、鞭辟入里的学人，于畅饮淡红酒而高谈天下国家之余，常常提出国家将来致治中之政治、教育、民主等问题：大纲细节，如民主如何使其适合中国国情现状，教育须从普遍征兵制来训练乡愚大众，民生须尽量开发边地与建设新工业等"[④]。刘东在《世俗儒家与精英儒家》一文中提出："如果就儒家自身的结构分化来看，应当是精英

---

① 卞僧慧：《陈寅恪先生年谱长编（初稿）》，第73页。
② 卞僧慧：《陈寅恪先生年谱长编（初稿）》，第73页。
③ 吴学昭：《吴宓与陈寅恪》，第9-10页。
④ 李璜：《忆陈寅恪登恪昆仲》，张杰、杨艳丽编选：《追忆陈寅恪》，北京：社会科学文献出版社，1999年，第15页。

儒家与世俗儒家并存,且在两者之间形成了依托与互动。"① 本文所界定的作为"儒家"的陈寅恪,自然属于"精英儒家"范畴:"身为'精英儒家'的学者,会更加关切儒学的内部问题,更忧心这种学理的不稳定,更要澄清这种学理的模糊之处,从而在需要考验大节时,更有可能为之'舍生取义'。"② 由此可以推导出来的,便是陈寅恪儒家之"知"以外的儒家之"行"的问题。

孔子曾经说过:"始吾于人也,听其言而信其行;今吾于人也,听其言而观其行。"(《论语·公冶长》)这里面蕴含着儒家一以贯之的特质:"即以精神价值的重要性在生活中的实践而不在理论上的思辨。"③ 诚如余英时所论:

> 儒家若干中心价值实早已和他的精神生命融为一体。这是朱熹所说的"沦肌浃髓""切己体验",较之现代社会学家所谓"内化"更为深切而允洽。④

陈寅恪不仅在文化心理上认同儒家,在出处行止上也亲身践行儒学的礼义精神,梁嘉彬曾在回忆文章里说:"寅师之德:温、良、恭、俭、让五字可以括之。"⑤ 陈寅恪在清华,"上课、下课,鞠躬如也"⑥,"刚进教室,他先对黑板点一个头"⑦。在西南联大时期,他"每次上课都用包袱包着一大包书进课堂⑧,然后把要讲的内容有关史料写在黑板上,密密麻麻写满黑板后,已十分疲劳,才坐下来慢慢地宣讲"⑨。甚至在清晨突发失明的时候,首先想到的仍是让女儿去教室告知学生暂时无法上课,以免让

---

① 刘东:《世俗儒家与精英儒家》,《光明日报》2016年6月6日。
② 刘东:《世俗儒家与精英儒家》,《光明日报》2016年6月6日。
③ 余英时:《陈寅恪与儒学实践》,见余英时:《现代危机与思想人物》,第421页。
④ 余英时:《陈寅恪与儒学实践》,见余英时:《现代危机与思想人物》,第424页。
⑤ 梁嘉彬:《陈寅恪师二三事》,《追忆陈寅恪》,第113页。
⑥ 梁嘉彬:《陈寅恪师二三事》,《追忆陈寅恪》,第113页。
⑦ 史天行:《记陈寅恪先生》,《读书通讯》1947年第130期。
⑧ 陈寅恪授课,例皆以包袱区别之。凡佛学,则以黄包袱;文史,则以蓝包袱。
⑨ 胡守为:《陈寅恪传略》,《晋阳学刊》1982年第3期,第29页。

学生空等。对于年青人的过失,则说"过则勿惮改"①,径用《论语》原句。除此之外,周一良在《我所了解的陈寅恪先生》一文中,也举了陈寅恪一些日常细节为证。比如,王观堂挽诗中的儒家本位,对王国维遗体行传统的跪拜礼,侍奉陈三立接待学生站而不坐,等等,皆是"很严格的旧式家庭的礼教",而指导这种礼教行为的思想,则是"儒家思想,孔孟之道"。②从婚姻态度上来看,陈寅恪也注重礼法契约。当吴宓决定与妻子离婚而他求毛彦文时,曾去征询陈寅恪的意见,陈寅恪的态度很坚决:

> 无论如何错误失悔,对正式之妻,不能脱离背弃或丝毫蔑视。应严持道德,悬崖立马,勿存他想。

"严持道德",一方面源自诗书世家的义法,另一方面也反映了陈寅恪自身基于儒家伦理的"自律"。在民国婚姻自由的氛围中,陈寅恪在理性上依然坚守传统的伦理观念,当情感对家庭关系形成冲击时,道德的力量便要起到约束的作用,这正是君子的"止乎礼"。

陈寅恪重视师道尊严,但同时又很尊重学生的独立自主,比如他在荐举罗香林担纲撰著任务时便说:"罗君十年来,著述颇多,斐然可观,自不用旧日教师从旁饶舌,以妨其独立自由之意志也。"③在开设"晋至唐文化史"课程时,陈寅恪特别强调"一定要养成独立精神、自由思想、批评态度"④。黄萱在回忆陈寅恪的文章中特别提及,"他要求自由研究,'决不从时俗为转移'"⑤。他珍视理念层面上的的独立精神、自由思想,并且切实地践行之,典型事例在《陈寅恪的最后二十年》中多有传述,兹不备举。

有一个事例很能反映陈寅恪"儒学践行"层面的孟子风神。1958年

---

① 黄萱:《怀念陈寅恪教授》,《纪念陈寅恪教授国际学术讨论会文集》,第69页。
② 周一良:《我所了解的陈寅恪先生》,见周一良:《毕竟是书生》,天津:天津人民出版社,2016年,第140-142页。
③ 罗香林:《回忆陈寅恪师》,《追忆陈寅恪》,第108页。
④ 蒋天枢:《陈寅恪先生传》,《追忆陈寅恪》,第460页。
⑤ 黄萱:《怀念陈寅恪教授》,《纪念陈寅恪教授国际学术讨论会文集》,第68页。

批判"厚古薄今",陈寅恪遂不再教课,专力著作。黄萱曾劝其复课,陈寅恪说:"是他们不要我的东西,不是我不教的。"① 其中意旨,正与"孟子去齐,三宿而出昼"用意相合:

> 孟子去齐。尹士语人曰:"不识王之不可以为汤武,则是不明也;识其不可,然且至,则是干泽也。千里而见王,不遇故去,三宿而后出昼,是何濡滞也?士则兹不悦。"高子以告。曰:"夫尹士恶知予哉?千里而见王,是予所欲也。不遇故去,岂予所欲哉?予不得已也。予三宿而出昼,于予心犹以为速,王庶几改之!王如改诸,则必反予。夫出昼,而王不予追也,予然后浩然有归志。予虽然,岂舍王哉!王由足用为善,王如用予,则岂徒齐民安?天下之民举安。王庶几改之!予日望之!予岂若是小丈夫然哉?谏于其君而不受,则怒,悻悻然见于其面,去则穷日之力而后宿哉?"尹士闻之,曰:"士诚小人也。"(《孟子·公孙丑下》)

陈寅恪生长义宁陈氏,负清门雅望,出语也典雅蕴藉,尝以为"哀而不怨"尤"深契《诗经》之旨"②。在撰著、序跋等各体文章中,他信手拈来的典故,往往都是对儒学公案的再度激活,《王观堂先生挽词序》《赠蒋秉南序》等皆是其例。

陈寅恪同杜甫一样,"不是儒学经典的注疏者,他对儒学的服膺主要体现于实践,他身体力行地将儒学原则付诸行动"③。陈寅恪《读吴其昌撰梁启超传书后》曰:"忆洪宪称帝之日,余适旅居旧都,其时颂美袁氏功德者,极丑怪之奇观,深感廉耻道尽,至为痛心。"颂美之人,主体都是当时的知识阶层,但既无古儒抗颜力拒之勇,又无史家洞察世道人心

---

① 黄萱:《怀念陈寅恪教授》,《纪念陈寅恪教授国际学术讨论会文集》,第69页。
② 陈寅恪:《致刘永济》,1942年9月23日,《陈寅恪集·书信集》,北京:生活·读书·新知三联书店,2001年,第245页。
③ 莫砺锋、童强:《〈杜甫诗选〉导言》,见《杜甫诗选》卷首,北京:商务印书馆,2018年,第9页。

之明，遂阿谀近谄。后来，陈寅恪写诗批评献九鼎者"九鼎铭辞争讼德，百年粗粝总伤贫"（《癸未春日感赋》），也是痛心于士林独立人格的沦丧。在《元白诗笺证稿·艳诗及悼亡诗》一节，陈氏论曰：

> 纵览史乘，凡士大夫阶级之转移升降，往往与道德标准及社会风习之变迁有关。当其新旧蜕嬗之间际，常呈一纷纭综错之情态，即新道德标准与旧道德标准，新社会风习与旧社会风习并存杂用。各是其是，而互非其非也。斯诚亦事实之无可如何者。虽然，值此道德标准社会风习纷乱变易之时，此转移升降之士大夫阶级之人，有贤不肖拙巧之分别，而其贤者拙者，常感受苦痛，终于消灭而后已。其不肖者巧者，则多享受欢乐，往往富贵荣显，身泰名遂。其故何也？由于善利用或不善利用此两种以上不同之标准及习俗，以应付此环境而已。

正是因为他们处在新旧交替的"过渡人"角色之中[①]，由此与陈寅恪在社会变革中所持的立场合观，便可对陈寅恪的社会道德观有一"了解之同情"了。余英时认为，"由于他的西方学术的深厚修养，陈寅恪在这里已用西方为参照系统而对中国'士'的传统进行了现代的转化"[②]。这种转化，更多的是以一身的践行彰显出的儒家"新命"：

> 陈寅恪以其一贯视民族文化为生命的态度和对传统文化不计成败利钝的呵护，不仅为当代中国知识分子提供了一种具体的价值参照，而且为之具体地展示了一种近于'高

---

① 社会学者冷纳（Daniel Lerner）在"传统者"与"现代人"之间，设定了"过渡人"这个概念，用以指称转型期社会的人。由于"过渡人"生活在"双重价值系统"中，所以常会遭遇到"价值的困窘"，在心理上他对"新"的与"旧"的有一种移情感，同时又对"新"的与"旧"的有一种迎拒之情。参见金耀基：《从传统到现代》，北京：中国人民大学出版社，1999 年，第 77 页。

② 余英时：《现代危机与思想人物》，北京：生活·读书·新知三联书店，2005 年，第 435 页。

贵'，即不失尊严和斯文的生存方式。①

四、师儒

陈三立《补松同年招同蒿叟仁先恪士寻西溪饮交芦庵观所藏卷子》有句曰："揽胜偶师儒，移航接村店。"可见陈三立对彼辈士人，有着"师儒"的身份认同。实际上，从陈寅恪的生平而言，他也以传统意义上的"师儒"自居，对于"续命河汾"存有执着的情结。

陈寅恪在《叶遐庵自香港寄诗询近状赋此答之》中曾说"续命河汾梦亦休"，在《赠蒋秉南序》也说：

> 至若追踪昔贤，幽居疏属之南，汾水之曲，守先哲之遗范，托末契于后生者，则有如方丈蓬莱，渺不可即，徒寄之梦寐，存乎遐想而已。

王通退归乡里，在龙门著述讲学，世传门弟子有魏征、房玄龄、李靖等人，都是唐王朝的开国功臣。此事的真实性历代多有人质疑，陈氏不可能不知道，他在这里引用，是有见于其事未必然，其理未必不然。通过对续命河汾的追认，寅恪先生又一次表达了对"师儒"著述讲学本位的向往。在陈寅恪晚年所处的时局中，"河汾"之志，已难实现，故而他在赠蒋秉南诗中说："俗学阿时似楚咻，可怜无力障东流。河汾洛社同丘貉，此恨绵绵死未休。"洛社指司马光等人的"洛阳耆英会"："此诗致慨于儒家的讲学结社都在'俗学'的洪流之下同归于尽，其所感者深矣。"②陈氏在作函致周一良时也说："《元白诗笺证》分赠诸友，留一纪念，然京洛耆英，河汾都讲，皆尽捐故技，别受新知，又不敌（敢）以陈腐之作，冒昧寄呈。"1962年，陈寅恪腿骨骨折，疼痛昏迷三日，醒来后作《壬寅

---

① 王鹏令：《英雄时代走向凡人时代》，见陈寅恪等著：《四海无人对夕阳：陈寅恪档案》，南昌：江西教育出版社，2018年，第71页。

② 余英时：《陈寅恪的儒学实践》，见余英时：《现代危机与思想人物》，第430页。

小雪夜病榻作》七律,未能释怀的还是"疏属汾南"之事。

在《论韩愈》中,陈寅恪分门标举韩愈在唐代文化史上的地位,首先便强调了韩愈"建立道统证明传授之渊源"的功绩:

> 华夏学术最重传授渊源,盖非此不足以征信于人,观两汉经学传授之记载,即可知也。①

在文末,陈寅恪又强调了韩愈"奖掖后进、开启来学"之深远影响:

> 世传隋末王通讲学河汾,卒开唐代贞观之治,此固未必可信,然退之发起光大唐代古文运动,卒开后来赵宋新儒学新古文之文化运动,史证明确,则不容置疑者也。②

《周礼·地官·大司徒》载:"四曰联师儒,五曰联朋友。"郑玄注曰:"师儒,乡里教以道艺者。"不过,在后世,"师儒"的区位与职守逐渐"上移",是故宋儒胡瑗言:"职教化者在师儒。"田北湖《论文章源流》言:"三代相属,师儒讲授,用能出言有章,苟非专门,谓为鄙野。"总体而言,"师儒"之责任有二,一为"传道授业解惑",二为从事儒家经典的学术研究。

上个百年,有一个比较有力的声音认为,中国的儒家从先秦开始便立于君权、道统的两重屋檐之下,而希腊同时期的知识分子"作为独立的社群是在'轴心时代'首次出现,以超越的代言人的地位而与政治领袖有分庭抗礼之趋势。从此这种传统型的知识分子登上历史舞台,在政治权威之外,有举足轻重的地位"③。实际上,我们在今天重新去看先秦,却能发现不满现状、对时事屡加批判的,正是儒家。张灏又说:

> 大致而言,"轴心时代"以后,在各个主要文明传统里,

---

① 陈寅恪:《论韩愈》,《金明馆丛稿初编》,第319页。
② 陈寅恪:《论韩愈》,《金明馆丛稿初编》,第332页。
③ 张灏:《时代的探索》,台北:联经出版事业股份有限公司,2004年,第23-24页。

传统型的知识分子在知识化（intellectualization）与例行化（routinization）的影响之下，分化为"先知"和"师儒"两个类型，前者追踵"轴心时代"的知识分子的典型，继续本着以超越意识为基础的理念对政治社会的权威发挥不同形式与程度的批判意识，后者却变成各文明传统的经典学术的研究者与传授者，往往不具政治与社会的批判意识。

张氏确实是"大致而言"的，在中国，从古儒那里便形成一个传统，承续道统的儒家士人，往往也同时是传经讲学的师者。即便可能有所偏重，古儒对政治与社会的批判意识是未曾缺位的，也就是说，中国的儒家，本身即是狄百瑞意义上"先知"与张灏意义上"师儒"的集合体。

如果我们回溯孔子的生平，便可发现他实际是事功之儒走不通之后又在晚年回归师儒的本位。他曾自述"志在《春秋》，行在《孝经》"——史学从孔子的时代便是儒门的正业。1930年，陈寅恪撰《吾国学术之现状及清华之职责》，中谓：

> 昔元裕之、危太朴、钱受之、万季野诸人，其品格之隆污，学术之歧异，不可以一概论，然其心意中有一共同观念，即国可亡，而史不可灭。

不可否认，从孔子时代的古儒开始，师儒一直秉持一种"为帝王师"的情结。尽管儒家在很多时候与皇殿威权走得很近，但他们一直没有"让渡"自己师道的尊严和独立的人格。若有"曲学阿世"如公孙弘者，便为秉持古儒精神如辕固生者所不齿。公孙弘见辕固生时，不敢直视，这也是守礼的表现。辕固生大约熟悉公孙弘的为人，便对他说：

> 公孙子，务正学以言，无曲学以阿世。

古儒有一个传统，即义以为上，而不卑躬附庸，在俗子看起来，就显得遗世独立，不太合群。宋代以至民国，很多士人特别推重《儒行》篇，自有其理据。在古儒传统里，推导不出以学媚上的内在理路，反而是独立精神、自由思想等近现代学术的基本原则，颇能与之契合。遗憾的是，辕固生的告诫是没用的，后来公孙弘变其所学，迎合汉帝，于是加官进爵，也为后世为学求售的群体作出了"开示"。

陈寅恪最理想化的人生定位，便是成为一位传道授业的儒门之师，"追踪昔贤，幽居疏属之南，汾水之曲，守先哲之遗范，拖末契于后生"。陈寅恪在寄给杨树达的诗中曾称之为"一代儒宗"（《杨遇夫寄示自寿诗五首即赋一律祝之》）；在为杨树达《积微居小学金石论丛续稿》所拟的序言中，陈寅恪期待他"天而不欲遂废斯文也，则国家必将尊礼先生，以为国老儒宗，使弘宣我华夏民族之文化于京师太学。其时纵有入梦之青山，宁复容先生高隐耶？然则白发者，国老之象征。浮名者，亦儒宗所应具"。他对杨树达的期待，又未尝不是对自我的期许。

在陈寅恪看来，大学之教当"求通解及剖析吾民族所承受文化之内容，为一种人文主义之教育"。按照传统的标准，"陈寅恪无疑为当代中国知识分子展现了一种近于'圣贤'的理想人格"①。这种人格，梁启超称作"学者的人格"："所谓'学者的人格'者，为学问而学问，断不以学问供学问以外之手段。故其性耿介，其志专一，虽若不周于世用，然每一时代文化之进展，必赖此等人。"②正如白璧德所指出的，孔子所倡导的主要是身教（exemplification），其具体的成就是造成一个值得敬仰和效法的人格③，这也是师儒作为"师"的自律以及作为"儒"的自我成就。

五、"文化夷齐"的忧患意识

俞樾应会试而咏"花落春仍在"，大为曾国藩所知赏，这已经是晚清士林里的一则经典轶事。在冯友兰看来，这句诗是晚清民国时期很多士

---

① 王鹏令：《英雄时代走向凡人时代》，见陈寅恪等著：《四海无人对夕阳：陈寅恪档案》，第 71 页。
② 梁启超：《清代学术概论》，上海：商务印书馆，1944 年，第 197 页
③ 余英时：《陈寅恪的儒学实践》，见余英时：《现代危机与思想人物》，第 421 页。

人共同心境的象征：

> 静安先生闻国民革命军将至北京，以为花落而春亦亡矣；不忍见春之亡，故自沉于水，一瞑不视也。寅恪先生见解放军已至北京，亦以为花落而春亦亡矣，故突然出走，常往不返也。其义亦一也。一者何？仁也。爱国家，爱民族，爱文化，此不忍见之心所由生也。不忍，即仁也。孔子门人问于孔子曰："伯夷、叔齐怨乎？"孔子回答说："求仁而得仁，又何怨。"静安先生、寅恪先生即当代文化上之夷齐也。①

吴宓曾称陈寅恪为"文化遗民"，周一良表示特别认同。孙郁在《"遗民"陈寅恪》中也认为陈寅恪对独立、自由的坚守，"颇有点儒家'杀身成仁'之态，细说起来，是民族的良知，其态颇为感人"②。国民革命军的北伐，不只对王国维的心态产生强烈冲击，于陈寅恪、吴宓等人，也不啻为学术自由的压力。1927年6月29日，吴宓《日记》载：

> 夕，陈寅恪来。谈大局改变后一身之计划。寅恪赞成宓之前议，力劝宓勿任学校教员。隐居读书，以作文售稿自活。肆力于学，谢绝人事，专心致志若干年。不以应酬及杂务扰其心、乱其思、费其时，则进益必多而功效殊大云。

"隐居读书"一语颇值得细加品味。陈寅恪曾与张荫麟讨论龚自珍的《汉朝儒生行》本事问题，已为学界所熟知的公案。龚自珍指出，古今统治阶层对于文士之控制约有两途："约束之，羁縻之。"对于这样的手腕，陈寅恪、吴宓无疑是很能看透的。职是之故，我们从陈寅恪的诗文、行止中，会时常感受到一种紧迫感，这表现为其年轻时对"文儒冗散"局

---

① 冯友兰：《三松堂全集》第13卷，郑州：河南人民出版社，1994年，第570页。
② 孙郁：《"遗民"陈寅恪》，见传瑞：《名人批判名人》，长春：时代文艺出版社，1999年，第372页。

面的关注①、对"隐居读书"的强调，同样也表现为晚年对"盖棺有期，出版无日"的无奈。在20世纪30年代，傅斯年曾比较陈寅恪与罗常培的治学取径说："寅恪能在清华闭门，故文章源源而至。莘田较'近人情'，寅恪之生活非其所能。……寅恪能'关门闭户，拒人于千里之外'，莘田不能也。"②

有批评者认为，陈寅恪"那种'遗民'式的老态，那种与某些旧儒学之风颇为合一的美学情调，似乎在把人引向一种沉寂、衰朽"③。一百多年来，中国故有之儒士气节，日变而日损，少数曾经还努力护持"旧儒学之风"者，外化之表象，也许不无执拗、保守，但其内在的忧患心曲，却尤其值得后来之人存应有的"了解之同情"。

如果我们要为文化遗民贴几张标签的话，那么比较显明的一张可能是双眉紧锁的忧思。陈寅恪《赠蒋秉南序》曰：

> 当读是集时，朝野尚称苟安，寅恪独怀辛有、索靖之忧。

又《柳如是别传》曰：

> 寅恪少时家居江宁头条巷，是时海内尚称乂安，而识者知其将变。寅恪虽年在童幼，然亦有所感触，因欲纵观所未见之书，以释幽忧之思。

"辛有之忧"之典出自《左传》："辛有适伊川，见被发而祭于野者，曰：'不及百年，此其戎乎？其礼先亡矣！'"古人特别强调见微知著，当辛有来到洛阳南部的伊川，看到有被发祭于野的现象。被发是夷狄之俗，《论语》中孔子说："微管仲，吾其被发左衽矣。"可以和此处的"被发"互证。果然，到了鲁僖公二十二年，秦晋就把陆浑之戎迁到了伊

---

① 陈寅恪：《致浦江清》，《陈寅恪集·书信集》，北京：生活·读书·新知三联书店，2001年，第167页。
② 傅斯年：《致胡适》，约1937年5月27日，收入耿云志编：《胡适遗稿及秘藏书信》，合肥：黄山书社，1994年，第37册，第426页。
③ 孙郁：《"遗民"陈寅恪》，见传瑞：《名人批判名人》，第372页。

川①。"索靖之忧"的典故见于《晋书》："靖有先识远量，知天下将乱，指洛阳宫门铜驼，叹曰：'会见汝在荆棘中耳？'"此即典故"荆棘铜驼"的来源。

儒家自有乐处，名教自有乐地，但与之并生的，是儒门深重的忧患意识。《周易·系辞下》曰："作《易》者，其有忧患乎？"《论语·卫灵公》孔子曰："君子忧道不忧贫。"牟宗三专论儒门之忧曰：

> 圣人焉得无忧患之心？他所抱憾所担忧的，不是万物的不能生育，而是万物生育之不得其所。这样的忧患意识，逐渐伸张扩大，最后凝成悲天悯人的观念。悲悯是理想主义者才有的感情。②

在牟宗三看来，"中国哲学之重道德性是根源于忧患的意识"③。由忧患而悲悯，由悲悯而深情。儒家中人，往往富于感情，就好比被梁启超评价为"情圣"的杜甫，有着"一种由近及远、由亲及疏的自然的情感流动"④。陈寅恪的学术著作、诗作，也往往有着哀感流露，比如其从《再生缘》中，"发现了一个平凡女子为人所不见的内心世界，说明他具有一颗深入幽微的同情心"⑤。如果我们翻阅陈寅恪的诗集，便更能感受到他诗中因忧患意识而生发的郁孤之气："怅望千秋意未平"，"青山青史入梦多"。

从 20 世纪 30 年代中期开始，陈寅恪主动放弃西北史地、佛经以及中亚语言文字之研究，专攻中古以降之文化历史：

> 寅恪平生治学，不甘逐队随人，而为牛后。年来自审所知，实限于禹域以内，故仅守老氏损之又损之义，捐弃故

---

① 历史的动人之处在于，伊川这个地方，尽管曾经历了陆浑戎的涤荡，但 1600 多年后，这里又出了程颢、程颐两位大儒。
② 牟宗三：《中国哲学的特质》，上海：上海古籍出版社，2007 年，第 12 页。
③ 牟宗三：《中国哲学的特质》，第 11 页。
④ 莫砺锋、童强：《〈杜甫诗选〉导言》，见《杜甫诗选》卷首，北京：商务印书馆，2018 年，第 1 页。
⑤ 王元化：《简论道德继承》，《学术月刊》1996 年第 9 期，第 21 页。

技。凡塞表殊族之史事，不复敢上下议论于其间。

正如王永兴所论，其师转变的真正原因与中华民族濒临危急，面临亡国灭种有着重大关系。出身传统士大夫家庭的陈寅恪，修齐治平的理想抱负一直蛰伏在他的心底，而传统文化中如忠孝节义等"春秋大义"的浸淫，在他心灵深处当比普通民众更为剧烈，一旦遭遇实际社会情形，则其反应也更为激进①。

陈寅恪"对国家民族爱护之深"与"本于理性而明辨是非善恶之切"②，都给交游之人留下了很深的印象。陈寅恪从儒家传统中得到滋养，又把一生的行止化作忧患与求证，成为一方基石，构筑着中国儒家士人的操守与自持，这正如陆键东在《陈寅恪的最后二十年》中所论，陈寅恪"为后世的中国学人提供了一种在文化苦恋及极浓的忧患意识煎熬下生命长青的典范"。

六、余论

陈寅恪身形瘦削，也不高大，但双目深邃而有神采，鼻梁高挺，在清华园中被学生认作甘地式的人物：

> 有一天便服乘凉，有一个新来的学生告诉同学说："我今天看到一个人真像甘地。"寅恪先生听到，亦为莞尔。③

不过，陈寅恪给同时学人的印象，没有所谓腐儒的头巾气。据仓石武四郎《述学斋日记》所载，"陈氏论如利刃断乱麻"；吉川幸次郎也评价陈寅恪"很敏锐"④。姚士鳌在1924年给母校汇报留学情况的信中，称

---

① 王永兴：《陈寅恪先生史学述略稿》，北京：北京大学出版社，1998年。
② 李璜：《忆陈寅恪登恪昆仲》，见张杰、杨艳丽编选：《追忆陈寅恪》，第15页。
③ 劳榦：《忆陈寅恪先生》，《追忆陈寅恪》，第95页。
④ 胡守为：《陈寅恪传略》，《晋阳学刊》1982年第3期，第30页。

赞陈寅恪"志趣纯洁,强识多闻"①,这是当时国内公开发表的第一篇有关陈寅恪的重要介绍。在那个时候,陈寅恪的立身操守并没有外现,故而留给时人的印象多在识见之敏锐,学问之渊博。假如世事太平,山河清晏,陈寅恪终其一生从事学问著述,我们今天所能读到的陈集当远远不止这13种。由于1937年以后"神州雾塞",陈寅恪又身遭失明膑足之难,风刀霜剑的逼迫,反而激发出了陈氏身上所潜在的儒家"舍生取义"的义命之感。鲁迅曾说,我们从古以来,"有为民请命的人,有舍身求法的人……虽是等于为帝王将相作家谱的所谓'正史',也往往掩不住他们的光耀,这就是中国的脊梁"②。如果说"舍身求法"多见于佛门的话,那么,"为民请命"则多在儒门,而陈寅恪的行止,堪称集"为民请命""舍身求法"于一身。只不过,他所请之"命",为民族独立自由之意志;他所求之"法",则为儒家之"儒行"。陈寅恪身上的不妥协态度,构筑着儒学在任何一个前所未有的时代的自律与自守。甚至可以说,陈寅恪作为人的本身,意义重于儒家的一派学说。

终其一生,陈寅恪对儒家、儒学都怀有发自内心的敬意。据金岳霖传述,一位荷兰访客曾对陈寅恪说:"孔夫子是一个伟大的人物。"陈寅恪"连忙说Ja ja ja"③。蒋天枢编竟《陈寅恪先生编年事辑》,感慨地说:"先生对于历史文化,爱护之若性命。早岁游历欧美各国时,仍潜心旧籍,孜孜不辍,经史多能暗诵。其见闻之广远逾前辈张文襄;顾其论学实与南皮同调。《观堂先生挽词》所谓'中西体用资循诱'者是也。"且谓"此宗旨终生不变"④。1961年8月,老友吴宓远道赴穗,探望陈寅恪,二人作竟夕之谈。在日记中,吴宓记下了陈寅恪晚年"以义命自持"的思想,二人在寒柳斜照中取以互勉的,仍是浸润儒家精义的"安居自守,乐其

---

① 桑兵:《陈寅恪与清华研究院》,《历史研究》1998年第4期,第133页。
② 鲁迅:《中国人失掉自信力了吗》,收入《且介亭杂文》,北京:人民文学出版社,2005年,第122页。
③ 金岳霖:《哲意的沉思》,天津:百花文艺出版社,2000年,第62页。
④ 蒋天枢:《陈寅恪先生编年事辑》,上海:上海古籍出版社,1977年,第188页。

所乐。不降志,不辱身"。读陈寅恪事略至吴宓的这段日记,忽有杜诗"居然成濩落,白首甘契阔"之感:

> 寅恪兄之思想与主张,毫未改变,仍遵守昔年"中学为体,西学为用"之说……确信中国孔子儒道之正大,有裨于全世界……我辈本此信仰,故虽危行言殆,但屹立不动,决不从时俗为转移。①

---

① 吴宓:《吴宓日记续编》第五册,1961年8月30日、9月1日条,北京:生活·读书·新知三联书店,2006年,第160页。

附：陈寅恪先生言行录

弁言

言行录者，记大儒之嘉言懿行暨后学追怀与夫士林评骘者也。其体滥觞于《论语》，光大于《世说》，记言记行，各任心裁。又《汉书·艺文志》谓"左史记言，右史记事。事为《春秋》，言为《尚书》"，是语类者，承《尚书》之遗风；事类者，接《春秋》之脉绪，其有关国史者岂浅鲜哉？迄于宋世，斯体大昌，《安定先生言行录》，记胡瑗也；《了斋陈先生言行录》，记陈瓘也；《尹和靖先生言行录》，记尹焞也。至于《五朝名臣言行录》《三朝名臣言行录》，成于朱子晦翁之手，《皇朝道学名臣言行录》，出自李幼武之笔，则最录一代人物之讲谈行止，峣然为后世所宗。

故清华国学研究院导师、史家陈寅恪先生，秉《礼记》孔门之儒行，承义宁陈氏之家风，史识超拔，操守特立，遂为近百年学人之垂范。其言其行，蒋天枢、卞僧慧之年谱，汪荣祖、陆键东之评传，略备之矣。思有述作，转惭腹俭。且惜近世学术、文章屡变其体，士之没也，略无碑传学案之纂辑，然学行之记、追怀之篇，间出报章之间，中颇有可采者。爰仿昔者世说、言行录之义例，分门纂集，附缀出处，庶几为读先生著述之梯航乎？起"德行"，讫"师道"，计十七门。

德行

五四运动后，陈寅恪与吴宓论出处曰："孔子尝为委吏乘田，而其事均治。抱关击柝者流，孟子亦盛称之。又如顾亭林，生平极善经商，以致富。凡此皆谋生之正道。我侪虽事学问，而决不可倚学问以谋生，道德尤不济饥寒。要当于学问道德以外，另求谋生之地。经商最妙，Honest means of living（谋生之正道）。若作官以及作教员等，决不能用我所学，只能随人敷衍，自侪于高等流氓，误己误人，问心不安。"（吴宓《吴宓日记》）

陈寅恪与吴宓在哈佛，议立国防会，入夜，同宴波士顿城东升楼，席间谈国事，又几于共洒新亭之泪矣。（吴学昭《吴宓与陈寅恪》增补本）

陈寅恪语吴宓言:"学德不如人,此实吾之大耻;娶妻不如人,又何耻之有?"(吴学昭《吴宓与陈寅恪》增补本)

1946年,王永兴至清华任陈寅恪助手,每日往来,需乘班车。后清华为王氏分配住房于颜家花园,王报知陈寅恪,陈唯言最爱颜家花园之白皮松。后王于清华档案见陈寅恪致梅贻琦函,即专为王氏住所事,乃叹曰:"呜呼!施人以德泽而终生无言,此真乃厚德载物也。"(王永兴《种花留与后来人——陈寅恪先生在清华二三事》)

陈寅恪于唐代诗人,尤推重韩偓,且作《韩翰林集札记》,盖以其不事朱温,推重其气节。(王永兴《一代宗师陈寅恪先生》)

李璜曰:"我近年历阅学术界之纪念陈氏者,大抵集中于其用力学问之勤,学识之富,著作之精,而甚少提及其对国家民族爱护之深与其本于理性,而明辨是非善恶之切。酒酣耳热,顿露激昂,我亲见之,不似象牙塔中人,此其所以后来写就吊王观堂先生之挽词而能哀感如此动人也!"(李璜《忆陈寅恪登恪昆仲》)

陈寅恪留学瑞士,时辛亥革命起,心念家人安危,遂有归国之念。观瑞士雪山,有诗曰:"车窗凝望惊叹久,乡愁万里飞空来。"(汪荣祖《陈寅恪评传》)

吴宓欲与陈心一离婚,陈寅恪诫之曰:"无论如何错误失悔,对于正式之妻,不能脱离背弃或丝毫蔑视。应严持道德,悬崖立马,勿存他想。"(吴学昭《吴宓与陈寅恪》增补本)

1946年,陈寅恪北归清华园,冬日天寒,常发心脏病,乃将所藏东方语言学书籍悉数售与北大东语系,以买煤取暖。有笔名"天吁"者,作《生查子》词以叹之:"铮铮国士名,矻矻寒窗苦。生事困樵薪,珍袭归书贾。燎原战火燃,断续炊烟舞。何异又焚书,风教委尘土。"(刘明华《独立寒秋:陈寅恪的读书生活》)

周积明论史学"二陈"曰:"陈寅恪与邓之诚对于人格和理想的坚守,以及与陈垣的分道扬镳,贯穿了由传统纲常名教化育而成的坚守、迂执及其所关联的文化精神。正是这种文化精神曾经孕育了中国传统文人的

浩然正气。微此正气，知识分子无可立于天地之间。"（周积明《邓之诚与二陈[陈垣、陈寅恪]——读〈邓之诚文史札记〉札记》）

言语

陈寅恪言："窃疑中国自今日以后……真能于思想上自成系统，有所创获者，必须一方面吸收输入外来之学说，一方面不忘本民族之地位。此二种相反而适相成之态度，乃道教之真精神，新儒家之旧途径，而二千年吾民族与他民族思想接触史之所昭示者也。"（陈寅恪《冯友兰〈中国哲学史〉下册审查报告》）

赵元任与陈寅恪论雅俗，陈言："熟就是俗。"（杨步伟、赵元任《忆寅恪》）

陈寅恪论《太平广记》之史料价值曰："小说亦可作参考，因其虽无个性的真实，但有通性的真实。"（张杰、杨燕丽编选《追忆陈寅恪》）

陈寅恪《挽王静安先生》诗曰："吾侪所学关天意，并世相知妒道真。"（陈寅恪《陈寅恪集·诗集》）

陈寅恪言："诗若不是有两个意思，便不是好诗。"（黄萱《怀念陈寅恪教授——在十四年工作中的点滴回忆》）

陈寅恪论《马氏文通》曰："今于印欧系之语言中，将其规则之属于世界语言公律者，除去不论。其他属于某种语言之特性者，若亦同视为天经地义，金科玉律，按条逐句，一一施诸不同系之汉文，有不合者，即指为不通。呜呼！文通，文通，何其不通如是耶？"（陈寅恪《与刘叔雅论国文试题书》）

许世瑛论陈寅恪之学曰："新而不怪，奇而不邪。"（许世瑛《敬悼陈寅恪老师》）

文学

徐葆耕尝谓，陈寅恪以学者著称，但其内心深层依然是诗人。（周一良《从〈陈寅恪诗集〉看陈寅恪先生》）

陈三立诗曰："凭栏一片风云气，来作神州袖手人。"（《赠梁启超》）

陈三立尝携子陈寅恪、陈登恪、孙封怀泛舟燕子矶，寻十二洞，至三台洞而还。归作诗，有句曰："归帆湿秋拂芦苇，霏红西照衔山妍。暝邀灯火市声动，笑能兴尽肝肠牵。"（陈三立著，李开军校点《散原精舍诗文集》）

陈寅恪母俞明诗，能诗书，并习礼，晓大谊，陈寅恪之诗学，半自萱堂授之。（汪荣祖《陈寅恪评传》）

罗振玉见陈寅恪《王观堂先生挽词序》，评曰："辞理并茂，为哀挽诸作之冠。"（罗振玉《罗雪堂先生寄陈寅恪书》）

民国二十一年（1932），刘文典请陈寅恪命招生试题，其一为对对子，上联曰"孙行者"。一时颇招非议，陈寅恪乃撰《与刘叔雅论国文试题书》，详释其义。（蒋天枢《陈寅恪先生传》）

陈寅恪论古之骈文曰："六朝及天水一代思想最为自由，故文章亦臻上乘，其骈俪之文遂亦无敌于数千年之间矣。若就六朝长篇骈俪之文言之，当以庾子山《哀江南赋》为第一。若就赵宋四六之文言之，当以汪彦章代皇太后告天下手书（《浮溪集》一三）为第一。"（陈寅恪《论再生缘》）

陈寅恪论中国诗曰："中国诗与外国诗不同之处，是它多具备时、地、人等特点，有很大的史料价值，可用来研究历史并补历史书籍之缺。"（黄萱《怀念陈寅恪教授——在十四年工作中的点滴回忆》）

程千帆论陈寅恪之诗曰："寅恪六丈，当代通儒，余事为诗，亦复词采华茂，气骨清峻，而尤工于七言。古体掩有香山、梅村之长，今体则取法少陵及玉溪、冬郎之所则效少陵者。晚经浩劫，所存仅寥寥百十篇，而于近百年中时运推移，人情变幻，莫不寓焉。"（程千帆《俭腹抄》）

陈声聪《兼于阁诗话》论陈寅恪诗曰："雅健雄深，则有玉溪之窈渺与冬郎之绵丽。"（陈声聪《兼于阁诗话》）

谭凯光论陈寅恪之诗学研究曰："陈氏以洞明的史眼解诗，深切绝俗，因此对于诗的见解恒与常人不同。"（谭凯光《再谈史学权威陈寅恪》）

陈寅恪评吴宓《落花诗》曰："作诗能免滑字最难。若欲矫此病，宋人诗不可不留意。因宋人学唐，与吾人学昔人诗，均同一经验。"（陈寅

恪《雨生落花诗评》)

家学

吴宓《读散原精舍诗笔记》论陈三立曰:"先生一家三世,宓夙敬佩,尊之为中国近世之模范人家。盖右铭公受知于曾文正公,为维新事业之前导及中心人物,而又湛深中国礼教,德行具有根本;故谋国施政,忠而不私,知通知变而不夸诬矜躁,为晚清大吏中之麟凤。先生父子,秉清纯之门风,学问识解,惟取其上,而无锦衣纨绔之习,所谓'文化之贵族',非富贵人之骄奢荒淫。降及衡恪、寅恪一辈,犹然如此。诚所谓君子之泽也。"(吴学昭《吴宓与陈寅恪》增补本)

吴宓曰:"义宁陈氏一门,实握世运之枢轴,含时代之消息,而为中国文化与学术德教所托命者也。寅恪自谓少未勤读,盖实成于家学,渊孕有自。"(吴学昭《吴宓与陈寅恪》增补本)

陈寅恪初生时,适九十老人熊鹤村来,陈宝箴遂为取字曰"鹤寿"。(陈流求、陈小彭、陈美延《也同欢乐也同愁——忆父亲陈寅恪母亲唐筼》)

冯友兰论陈寅恪言:"静安先生与寅恪先生为研究、了解中国传统文化之两大学者,一则自沉,一则突走,其意一也。静安先生闻国民革命军将至北京,以为花落而春意亡矣;不忍见春之亡,故自沉于水,一瞑不视也。寅恪先生见解放军已至北京,亦以为花落而春意亡矣,故突然出走,常往不返也。其义亦一也。一者何?仁也。爱国家,爱民族,爱文化,此不忍见之心所由生也。不忍,即仁也。孔子门人问于孔子曰:'伯夷、叔齐怨乎?'孔子回答说:'求仁而得仁,又何怨。'静安先生、寅恪先生即当代文化上之夷齐也。"(冯友兰《怀念陈寅恪先生》)

陈寅恪考取官费留日生,陈三立亲往上海吴淞口送行,且赋七绝二首曰:"风虐云昏卷怒潮,东西楼舶竞联镳。忍看雁底凭栏处,隔尽波声万帕招。""游队分明杂两儿,扶桑初日照临之。送行余亦自崖返,海水浇胸吐与谁?"(陈流求、陈小彭、陈美延《也同欢乐也同愁——忆父亲陈寅恪母亲唐筼》)

汪荣祖论陈寅恪曰："很多人称陈先生为教授，为一爱国主义者等等，在我心目中，他是一通儒，通儒有别于专家学者。今日环顾中外，专家学者比比皆是，而通儒绝鲜。他也是一个伟大的人文主义者(a great humanist)。这包涵他所具有的人文品质与人文素养，他在人文学中已达通儒的境界，而其人品，尤表现出高贵的书生风骨，令人有'心向往之而不能至'的感慨。"（汪荣祖《在纪念陈寅恪教授国际学术讨论会闭幕式上的发言》）

陈寅恪曰："余少喜临川新法之新，而老同涑水迂叟之迂。盖验以人心之厚薄，民生之荣悴，则知五十年来，如车轮之逆转，似有合于所谓退化论之说者。"（陈寅恪《读吴其昌撰梁启超传书后》）

陈封雄忆陈寅恪言："寅恪叔爱书成癖，为买书宁可节衣缩食，一掷千金而不惜。每年春节，他必须逛游北京琉璃厂书摊，曾带我去过两次。他一到书摊便流连忘返，如醉如痴。我当时才11岁，跟着他转，觉得无趣，且又苦又累，以后就再不想跟他去玩了。"（修水县政协文史资料委员会编《一门四杰——修水陈宝箴、陈三立、陈衡恪、陈寅恪史料》）

陈寅恪幼时即解好学，遇冬湿冷，深夜棉衣不能御寒，乃裹棉絮读书。夏天多蚊，遂木桶装水，双脚浸于水中，以避蚊虫叮咬。黄夜点小油灯，温书至夜半，而目力亦因之受损。（汪荣祖《读史三编》）

陈寅恪论士族曰："所谓士族者，其初并不专用其先代高官厚禄为其唯一之表征，而实以家学及礼法等标异于其他诸姓……士族之特点既在其门风之优美，不同于凡庶，而优美之门风实基于学业之因袭。"（陈寅恪《唐代政治史述论稿》）

罗香林之父去世，陈寅恪赠挽联曰："惜公抱经世才而未竟其用，有子治专门学能不负所期。"（陈寅恪《挽罗幼珊先生》）

识鉴

陈寅恪五岁时，值族有婚宴，群儿嬉闹，唯寅恪一人离群默坐，俨有所思。（陈流求、陈小彭、陈美延《也同欢乐也同愁——忆父亲陈寅恪

母亲唐篔》)

陈寅恪论学，每言"在史中求史识"。(俞大维《怀念陈寅恪先生》)

陈寅恪《王观堂先生挽词序》曰："吾中国文化之定义，具于《白虎通》三纲六纪之说，其意义为抽象理想最高之境，犹希腊柏拉图所谓 Eidos 者。"(陈寅恪《陈寅恪集·诗集》)

陈寅恪曰："忆洪宪称帝之日，余适旅居旧都。其时颂美袁氏功德者，极丑怪之奇观，深感廉耻道尽，至为痛心。"(陈寅恪《读吴其昌撰梁启超传书后》)

钱锺书在西南联大，叶公超、陈福田每进言于梅贻琦，不满多端，殊无公平爱才之意。后陈福田果欲不聘钱锺书，吴宓闻之，斥为妾妇之道，且憾人之度量不广，各存学校之町畦，不重人才。陈寅恪为之解曰："不可强合，合反不如离。"吴宓坚持公议，于清华外文系系务会议请钱锺书回联大。忌之者明示反对，但卒通过。迨 1941 年 6 月，外文系教员悉得聘书，而陈福田私扣钱锺书聘书不发，至十月下旬，自檀香山归，始过上海，商钱锺书回联大。钱知其虚套也，乃辞让，陈闻之，无一句挽留。(吴学昭《吴宓与陈寅恪》增补本)

陈寅恪与吴宓论国民性曰："此后若中国之实业发达，生计优裕，财源浚辟，则中国人经商营业之长技，可得其用；而中国人，当可为世界之富商。然若冀中国人以学问、美术等之造诣胜人，则决难必也。夫国家如个人然，苟其性专重实事，则处世一切必周备，而研究人群中关系之学必发达。故中国孔孟之教，悉人事之学。而佛教则未能大行于中国。尤有说者，专趋实用者，则乏远虑，利己营私，而难以团结，谋长久之公益。即人事一方，亦有不足。"(吴宓《吴宓日记》)

陈寅恪论佛教曰："释迦之教义，无父无君，与吾国传统之学说、存在之制度，无一不相冲突。输入之后，若久不变易，则决难保持。是以佛教学说能于吾国思想史上，发生重大久远之影响者，皆经国人吸收改造之过程。其忠实输入不改本来面目者，若玄奘唯识之学，虽震动一时之人心，而卒归于消沉歇绝。近虽有人焉，欲燃其死灰，疑终不能复振。

其故匪他,以性质与环境互相方圆凿枘,势不得不然也。"(陈寅恪《冯友兰〈中国哲学史〉审查报告》)

陈寅恪曰:"李唐一族之所以崛兴,盖取塞外野蛮精悍之血,注入中原文化颓废之躯,旧染既除,新机重启,扩大恢张,遂能别创空前之世局。故欲通解李唐一代三百年之全史,其民族问题为最要之关键。"(陈寅恪《李唐氏族之推测后记》)

陈寅恪《论韩愈》曰:"退之首先发现《小戴记》中《大学》一篇,阐明其说,抽象之心性与具体之政治社会组织可以融会无碍,即尽量谈心说性,兼能济世安民,虽相反而实相成,天竺为体,华夏为用,退之于此以奠定后来宋代新儒学之基础,退之固是不世出之人杰,若不受新禅宗之影响,恐亦不克臻此。"(陈寅恪《金明馆丛稿初编》)

周一良论陈寅恪之考证言:"陈先生谈问题总讲出个道理来,亦即不仅细致周密地考证出某事之'然',而且常常讲出其'所以然',听起来就有深度,说服力更强。"(周一良《纪念陈寅恪先生》)

九一八事变后,刘永济自沈阳至北平,与陈寅恪偕游北海天王堂,陈有句曰:"空文自古无长策,大患吾今有此身。"(陈寅恪《陈寅恪集·诗集》)

陈寅恪论宋儒曰:"宋儒若程若朱,皆深通佛教者,既喜其义理之高明详尽,足以救中国之缺失,而又忧其用夷变夏也。乃求得两全之法,避其名而居其实,取其珠而还其椟。采佛理之精粹以之注解四书五经,名为阐明古学,实则吸收异教。声言尊孔辟佛,实则佛之义理,已浸渍濡染。与儒教之宗传,合而为一。此先儒爱国济世之苦心,至可尊敬而曲谅之者也。"(吴学昭《吴宓与陈寅恪》增补本)

陈寅恪曰:"纵览史乘,凡士大夫阶级之转移升降,往往与道德标准及社会风习之变迁有关。当其新旧蜕嬗之间际,常呈一纷纭错综之情态,即新道德标准与旧道德标准,新社会风习与旧社会风习并存杂用。各是其是,而互非其非也。斯诚亦事实之无可如何者。虽然,值此道德标准社会风习纷乱变易之时,此转移升降之士大夫阶级之人,又有贤不肖拙巧之分别,而其贤者拙者,常感受苦痛,终于消灭而后已。其不肖者巧者,则多享受欢乐，往往富贵荣显，身泰名遂。其故何也？由于善利用或不善利用此两种以上不同之标准及习俗，以应付此环境而已。譬如市肆之中，新旧不同之度量衡并存杂用，则巧诈不肖之徒，以长大重之度量衡购入，而以短小轻之度量衡售出。其贤而拙者之所为适与之相反。于是两者之得失成败，即决定于是矣。"（陈寅恪《元白诗笺证稿》）

陈寅恪初见蒋介石，深觉其人不足有为，遂赋《庚辰暮春重庆夜归作》曰："食蛤那知天下事，看花愁近最高楼。"（蒋天枢《陈寅恪先生传》）

陈寅恪《邓广铭宋史职官志考证序》曰："吾国近年之学术，如考古历史文艺及思想史等，以世局激荡及外缘薰习之故，咸有显著之变迁。将来所止之境，今固未敢断论。惟可一言以蔽之曰：宋代学术之复兴，或新宋学之建立是已。华夏民族之文化，历数千载之演进，造极于赵宋之世。后渐衰微，终必复振。譬诸冬季之树木，虽已凋落，而本根未死，阳春气暖，萌芽日长，及至盛夏，枝叶扶疏，亭亭如车盖，又可庇荫百十人矣。"（陈寅恪《金明馆丛稿二编》）

陈寅恪言："凡解释一字即是作一部文化史。"（陈寅恪《致沈兼士》）

相知

陈寅恪游学哈佛，随名师蓝曼（Charles Rockwell Lanman，1850—1941）研修梵文、巴利文，深为知赏。蓝曼尝于1921年2月17日作函致哈佛校长罗威尔言："在过去的几年里，我教过几个优秀的学生，有的是从日本来的，有的是从中国来的，目前我正在指导两名出众的优秀研究生：一名是上海来的陈Tschen，另一名是'北都'（一般称北京）来的汤用彤。他们对我真有启发，我衷心希望我们能有许多这样精神高尚而且抱负不凡的人，来活跃我们本国的大批学生。我深信，他们两人都对中国的前途会有卓越的贡献。"（陈流求、陈小彭、陈美延《也同欢乐也同愁——忆父亲陈寅恪母亲唐篔》）

蔡鸿生谓："清人陆崑言：'言之所及在古，心之所伤在今'，正寅恪先生之谓也。"（蔡鸿生《陈寅恪：志在求真的一代宗师》）

陈寅恪失明，属书"他生未卜此生休"。陈君葆闻之，乃为四诗写赠陈氏曰："高楼风雨送行舟，惜别伤春感旧游。书至可堪肠断句，他生未卜此生休。／他生未卜此生休，太息人间有莫愁。江月山花浑漫与，长安西望几经秋。／梦想明时笑许由，他生未卜此生休。空教有地埋英骨，何处江田为鹤谋。／朱节龙廷千载后，挽颓谁是擎钩手。他生未卜此生休，剩水残山重回首。"（罗孚《陈君葆与许地山陈寅恪》）

陈寅恪至清华园，居工字厅，与王国维识趣特契，时共话旧事。及静安自沉，陈挽诗有"回思寒夜话明昌，相对南冠泣数行"句，正谓此也。（蒋天枢《陈寅恪先生传》）

陈寅恪又尝集子美、义山诗为联以赠吴宓曰："新雨不来旧雨往，他生未卜此生休。"（雍国泰《我所知道的陈寅恪先生》）

许地山喜于寺院读书撰文，及殁，陈寅恪为挽联曰："人事极烦劳，高斋延客，萧寺属文，心力暗殚浑未觉；乱离相倚托，娇女寄庑，病妻求药，年时回忆倍伤神。"（何培金《中国抗战楹联大观》）

唐长孺治学，私淑陈寅恪，尝寄呈《魏晋南北朝史论丛》请政。陈复书曰："寅恪于时贤论史之文多不敢苟同，独诵尊作，辄为心折。"后唐长孺有诗曰："掩卷心惭赏誉偏，讲堂著籍恨无缘。他年若撰渊源录，教外何妨有别传。"（唐长孺墨迹，藏中山大学陈寅恪纪念馆）

金毓黻读陈寅恪两《稿》，叹曰："往在四川，值陈氏《隋唐制度渊源略论》《唐代政治史述论》二书出版，诚知其佳，但只购藏而未一读，实缘当日专治宋辽金史，未暇及此故也。岁月荏苒，不觉已过十有四年，直至今日始知取读，惟有相知恨晚而已。古人有相距咫尺而未尝谋面者，有卒然相遇而交臂失之者，余于陈君，无乃类似。"（谢泳《金毓黻对陈寅恪的评价》）

傅璇琮论陈寅恪之古典文学研究言："他是既把以往人类的创造作为自然的历史进程，加以科学的认知，而又要求对这种进程应该具备超越于狭隘功利是非的博大的胸怀，而加以了解，以最终达到人类对其自身创造的文明能有一种充满理性光辉的同情。——这，就是贯串在他大部

分著作中的可以称为文化史批评的学术体系。"(傅璇琮《一种文化史的批评——兼谈陈寅恪的古典文学研究》)

余英时论陈寅恪言:"他的著作特别对读者有吸引力。能做到这一点,有先决条件,就是所赖以立足的学术必须是能正面承担苦难的学术,不是花花草草的学术。陈寅恪的学术具有文化承担力,他告诉人们一种境界,知道怎么活。《赠蒋秉南序》说自己'默念平生固未尝侮食自矜,曲学阿世,似可告慰友朋',并特地标举欧阳修撰《五代史》'贬斥势利,尊崇气节',就是为他心目中的学者境界下了一个界说。"(刘梦溪《为了文化与社会的重建——余英时教授访谈录》)

陈寅恪失明,其妻唐筼晨夕护理,且多方为寻营养滋补之物。吴宓叹曰:"深佩筼对寅恪爱护之忠诚及其处事之明达。"(吴学昭《吴宓与陈寅恪》增补本)

赏誉

吴宓曰:"宓于民国八年在美国哈佛大学得识陈寅恪。当时即惊其博学,而服其卓识,驰书国内诸友谓:'合中西新旧各种学问而统论之,吾必以寅恪为全中国最博学之人。'今时阅十五、六载,行历三洲,广交当世之士,吾仍坚持此言,且喜众之同于吾言。寅恪虽系吾友而实吾师。"(吴宓《空轩诗话》)

夏承焘读陈寅恪《唐代政治史述论稿》,叹曰:"陈君有史识,不愧一代大师,其功力之勤,亦不可及,惜其失明。"(楼培《夏承焘与陈寅恪——以〈天风阁学词日记〉为线索》)

王钟翰评陈寅恪曰:"先生之经师人师,两者兼而有之,洎海内外史学界之一代宗师也。"(王钟翰《陈寅恪先生杂忆》)

傅斯年论陈寅恪学问曰:"三百年来,一人而已。"(陈哲三《陈寅恪先生轶事及其著作》)

金毓黻论陈寅恪之史学曰:"近来作家往往胸中先持一成见,曲引古籍以证成其说,合则引用不惮其烦,不合则避而不谈,违史家实事求是

之旨，吾所不取。窃谓陈氏治唐史最能通贯，且引证以明之，是以绩效炳然，诚近来史家之杰。"（谢泳《金毓黻对陈寅恪的评价》）

夏承焘读陈寅恪论陶渊明文，叹曰："此君为文皆多新意。"（楼培《夏承焘与陈寅恪——以〈天风阁学词日记〉为线索》）

周一良、俞大纲旁听陈寅恪之授课，叹言："就如看了一场著名武生杨小楼的拿手好戏，感到异常'过瘾'。"（周一良《纪念陈寅恪先生》）

陈寅恪、唐篔夫妇合葬庐山，何兆武曰："一代哲人魂归故里，'由时间进入了永恒'。"（何兆武《与陈寅恪先生相关的两件事》）

陈寅恪论王静安之学曰："博矣，精矣，几若无涯岸之可望，辙迹之可寻。"周一良曰："正夫子自道也。"（周一良《纪念陈寅恪先生》）

陈寅恪失明后，喜听读张恨水小说，谓其生活气息浓郁，尤其旧京风貌、社会百态，都描绘得细致生动。（陈流求、陈小彭、陈美延《也同欢乐也同愁——忆父亲陈寅恪母亲唐篔》）

杨树达赠陈寅恪诗曰："朋交独畏陈夫子，万卷罗胸不肯忘。"（周一良《纪念陈寅恪先生》）

胡适论陈寅恪曰："寅恪遗传甚厚，读书甚细心，工力甚精，为我国史学界一大重镇。今两目都废，真是学术界一大损失。"（谢泳《胡适与陈寅恪》）

张荫麟留学归国，陈寅恪作札与傅斯年曰："张君为清华近年学生品学俱佳者中之第一人，弟尝谓庚子赔款之成绩，或即在此一人之身也。"（陈寅恪《与傅斯年书》）

陈寅恪《寄傅斯年》诗曰："今生事业余田舍，天下英雄独使君。"（陈寅恪《陈寅恪集·诗集》）

吴宓语人曰："陈先生学问渊博，能与外国教授上下其议论，堪称学侣。虽无正式著作发表，仅就 1923 年 8 月《学衡》杂志第 20 期所节录的《与妹书》一文来看，虽寥寥数百字，也足觇其学问之广而深，识见之高而远。"（吴学昭《吴宓与陈寅恪》增补本）

黄萱言："寅师以失明的晚年，不惮辛苦，经之营之，钩稽沉隐，以

成此稿。其坚毅之精神，真有惊天地泣鬼神的气概。"（王永兴《一代宗师陈寅恪先生》）

品藻

傅斯年语毛子水言："在柏林有两位中国留学生是我国最有希望的读书种子：一是陈寅恪，一是俞大维。"（毛子水《记陈寅恪先生》）

白璧德语吴宓曰："东西各国之儒者，Humanists 应联为一气，协力行事，则淑世易俗之功或可冀成。故于中国学生在此者，如张（鑫海）、汤（锡予）、楼（光来）、陈（寅恪）及吴宓等，期望至殷。"（吴学昭《吴宓与陈寅恪》增补本）

陈寅恪在清华，授课时每有教授若吴宓、浦江清等旁听，故学生呼陈氏曰"教授之教授"。（苏景泉《三位大师与两幅名联》）

胡适论陈寅恪曰："寅恪治史学，当然是今日最渊博、最有识见、最能用材料的人。但他的文章实在写得不高明，标点尤赖，不足为法。"（胡适《胡适的日记》）

季羡林忆陈寅恪言："他的分析细入毫发，如剥蕉叶，愈剥愈细愈剥愈深，然而一本实事求是的精神，不武断，不夸大，不歪曲，不断章取义。他仿佛引导我们走在山阴道上，盘旋曲折，山重水复，柳暗花明，最终豁然开朗，把我们引上阳关大道。读他的文章，听他的课，简直是一种享受，无法比拟的享受。在中外众多学者中，能给我这种享受的，国外只有亨利希·吕德斯，在国内只有陈师一人。"（季羡林《回忆陈寅恪先生》）

西南联大文史教授有"儒释道"之目：陈寅恪，儒生也；汤用彤，释教也；冯友兰蓄须，人称"冯老道"，道家也。（周一良《我所了解的陈寅恪先生》）

金毓黻函卞孝萱曰："现世以治隋、唐史名家者，前推陈寅恪、岑仲勉二氏，皆能殚见洽闻。而陈氏尤为通博，所著《隋唐制度渊源略论》《唐代政治史述论》最为独出冠时。"（谢泳《金毓黻对陈寅恪的评价》）

张国刚言："与陈寅恪相比，岑仲勉的特点是较少提出宏观历史架构，

偏重于在具体史料辨证或史事上的实证分析。"（李培、张阿娜《他的学问清冷却能传之久远》）

蔡鸿生引拜伦语以评价陈寅恪言："他的学理到处流传，这对他的骨灰倒是一种慰安。"（蔡鸿生《陈寅恪：志在求真的一代宗师》）

何兆武言："成千上万人的咆哮，今天早已成为过去，而唯此盲叟的文字却清音独远。"（何兆武《与陈寅恪先生相关的两件事》）

陈寅恪《王观堂先生挽词》有句曰："鲁连黄鹞绩溪胡，独为神州惜大儒。学院遂闻传绝业，园林差喜适幽居。"（陈寅恪《陈寅恪集·诗集》）

抗战前，陈寅恪与京华友朋论学往来，颇有精进投契之乐。钱穆尝追忆当时学风曰："世局虽艰，而安和黾勉，各自埋首，著述有成，趣味无倦。果使战祸不起，积之岁月，中国学术界终必有一新风貌出现。天不佑我中华，虽他日疆土统一，而学术界则神耗气竭，光彩无存。言念及之，真使人有不堪回首之感。"（钱穆《八十忆双亲·师友杂忆》）

余英时言："通人之学给人以远大的眼光，不会为眼前的苦难所挫折，不是一遇到困难就感到天地道断。若爱因斯坦、司马迁、顾炎武、陈寅恪，皆通人也。"（刘梦溪《为了文化与社会的重建——余英时教授访谈录》）

王小波《积极的结论（三）》曰："说到陈教授（陈寅恪），我们知道，他穷毕生精力，考究了一部并不重要的话本《再生缘》。想到这件事，我并不感到振奋，只是有点伤感。"（王小波《沉默的大多数》）

1924 年，姚从吾致函朱希祖曰："陈君寅恪，江西人，习语言学，能畅读日、美、法、德文，并通希伯来、拉丁、土耳其、西夏、蒙古、西藏、满洲等十余种文字。近专攻毗邻中国各民族之语言，尤致力于西藏文。印度古经典，中土未全译或未译者，西藏文多已译出。印度经典散亡，西洋学者治印度学者，多依据中国人之记载，实在重要部分，多存西藏文书中，就中关涉文学美术者亦甚多。陈君欲依据西人最近编著之西藏文书目录，从事翻译，此实学术界之伟业。陈先生志趣纯洁，强识多闻，他日之成就当不可限量也。又陈先生博学多识，于援庵先生所著之《元也里可温考》《摩尼教入中国考》《火袄教考》、张亮丞先生新译之《马可

李罗游记》均有极中肯之批评。"（卞僧慧《陈寅恪先生年谱长编》）

陈寅恪于战时应牛津之特聘，主讲东方汉学，全欧汉学家云集于奥格司佛城，女史学家陈衡哲评之曰："欧美任何汉学家，除伯希和、斯文·赫定、沙畹等极少数人外，鲜有能听得懂寅恪先生之讲者。不过，寅公接受牛津特别讲座之荣誉聘请，至少可以使今日欧美认识汉学有多么个深度，亦大有益于世界学术界也。"（蒋天枢《陈寅恪先生传》）

容止

《清华周刊·教授印象记》述陈寅恪曰："清华园内有趣的人物真多，但其中最有趣的，要算陈寅恪先生了。你们中谁有好奇心的，可以在秋末冬初的一天，先找一找功课表上有《唐诗校释》或《佛经翻译文学》等科目的钟点，然后站在三院教室的过道上等一等。上课铃响后，你们将看见一位里面穿着皮袍，外面罩以蓝布大褂青布马褂，头上戴一顶两边有遮耳的皮帽，腿上盖着棉裤，足下蹬着棉鞋，走路一高一下，相貌稀奇古怪的纯粹国货式老先生从对面彳亍而来，这就是陈寅恪先生了。"（李孝迁、任虎《近代中国史家学记·上》）

陈寅恪身材瘦削，亦不高大，而双目有神采，鼻梁高耸，见者偶言："我今天看到一个人真像甘地。"（劳榦《忆陈寅恪先生》）

阁厂状陈寅恪之形象言："秋深了，园中的落叶洒满在地上，当西风萧萧、钟声隐隐的时候，你看见在课堂外甬道上，或者去西院的途中，一位身体瘦弱，戴皮帽，穿灰布棉袄，悄悄走着，腋下夹有一大包书的人，那就是陈先生了。谁不知道面目穿着像书贾似的人，而有高深的学术和道德的修缮。"（阁厂《陈寅恪的治学方法及其为人》）

民国间，有学子于报章撰《陈寅恪教授轶事》曰："先生身材不满五尺，体重不到一百磅，面部狭长，两颧微微的高起，皮肤有些苍白色，带上了一副银丝眼镜，里面藏着了两只没有精神的眼睛，头发永远是蓬乱着的。在他的身上是绝对找不到一点外国货的，蓝布大袍，老布鞋，陈先生也不用教授皮包而仅用一块老布包袱，内面包的书是些木板书，不是

《大藏经》，便是《二十四史》《资治通鉴》。"（《明灯道声非常时期合刊》）

陈寅恪在西南联大，尝拄黄藤手杖，登临山水之间。晚岁寓居岭南，赋诗咏之曰："忆昔走滇南，黄虬助非小。时方遭国难，神瘁形愈槁。携持偶登临，聊复豁怀抱。摩挲劲节间，烦忧为一扫。"（陈寅恪《陈寅恪集·诗集》）

伤逝

陈寅恪《忆故居》诗并序曰："寒家有先人之敝庐二：一曰靖庐，在南昌之西山，门悬先祖所撰联曰：'天恩与松菊，人境托蓬瀛。'一曰松门别墅，在庐山之牯岭，前有巨石，先君题'虎守松门'四大字。今卧病成都，慨然东望，暮境苍茫。因忆平生故居，赋此一诗，庶亲朋览之者，得知予此时之情绪也。渺渺钟声出远方，依依林影万鸦藏。一生负气成今日，四海无人对夕阳。破碎山河迎胜利，残余岁月送凄凉。松门松菊何年梦，且认他乡作故乡。"（陈寅恪《陈寅恪集·诗集》）

1928年春，陈寅恪与俞平伯共读韦庄《秦妇吟》，且嘱俞氏楷书一幅，悬于壁间。后俞氏偶检尘封，得此小册，叹曰："几度沧桑，先后将五十载。寅恪久已下世，虽有愚见，就正无由，诚不胜回车腹痛之悲，悬剑空垅之恨矣。"（俞平伯《读陈寅恪〈秦妇吟校笺〉》）

1936年，冯国瑞重返清华园，追思当年国学研究院盛况，作《古月堂感赋呈陈（寅恪）吴（雨生）两先生》七古曰："清华水木城西冠，弦诵燕京对海甸。旧筑惟余古月堂，池馆照来犹昔艳。深红先上海棠枝，沉碧初凉藕花池。小山丛桂留人夜，香雪玻璃滑冰时。曲苑作厅象工字，锦茵绣幔张座次。文会选胜间晨夕，鸾刀缕切许薄醉。忆昔中元佳节至，学院宏开来多士。新会（梁任公师）海宁（王静安师）与义宁（陈寅恪师），王陆经筵说义利。司业更有泾阳吴（吴雨生师），朴学华辞勤墨朱。门墙跻列问奇字，龙象一时尽大儒。残照欲收讲院阴，月斜堂上夜坐深。感遇微知伏挺志，升堂最苦郑玄心。当时耳热正酒酣，前席生徒共笑谈。杨柳笛中歌《出塞》，《桃花扇》底《哀江南》（一日夜集，任公师唱《桃花扇·哀江南》一曲，同学各有和歌，余独不谙。临洮司秋沄唱秦腔，皆大笑。）逾年丁卯炽赤焰，危巢相守愁幕燕。堂前置酒作离筵，眼底之人皆星散。可怜佳节又端午，重吊汨罗帝子渚（谓静安师自沉昆明湖事）。旧苑哀词万寿山，寝门同哭孔尼父。贱子西归国事纷，梁木悲折暮云昏（谓任公师）。苦从别后梦关塞，更惜索居断知闻。重来大似辽东鹤，亭榭全非况城郭。一堂岢然仍幽邃，苔痕欲认感萧索。西苑旧居幸未改（寅恪师宅，近静安师旧居），堂连荷声馆犹在（雨生师所住藤影荷声馆在胡堂西，十年来未移居也）。翻夸座上多春风，讵识门前有沧海。当头月好送残年，唱酬往往见佳篇。清光莫斫吴刚斧，故物难存陈寔毡。太息吾曹成苟活，早晚太学群诣阙。弦歌欲托缥缈间，今人不见古时月。古月今月两茫茫，痴绝李侯问太苍。今人古月同流水，往事难忘古月堂。"（吴学昭《吴宓与陈寅恪》增补本）

陈寅恪挽王国维曰："十七年家国久魂消，犹余剩水残山，留与累臣供一死；五千卷牙签新手触，待检玄文奇字，谬承遗命倍伤神。"（陈寅恪《陈寅恪集·诗集》）

颜虚心尝师事陈寅恪，告谭凯光言："他身体质弱，又受了一次刺激，不再买书籍，那是痛心事的。他家里藏书很丰富，在江西的乡间，赣南盗匪盘踞，蔑视民族文化遗产，陈氏家藏的珍贵书籍尽被烧尽，他不愿回忆那摧残文化的痛心事，以后他不买书的动机是从那时起的。陈氏很沉默，这沉默并非清静，他以一身系中国文化之精纯，感于世变之不常，自然返怀唐代的强盛、文明，有个无限的胸襟。"（谭凯光《史学权威陈寅恪》）

抗战中，陈寅恪双目失明，郁悒低沉，乃属陈三立友人林山腴书义山诗集联："今日不知明日事，他生未卜此生休。"林曰："君自有千秋之业，何言此生休耶？"谢以不能书，且多方温慰之。陈复集东坡诗句曰："闭目此生新活计，安心是药更无方。"（陈流求、陈小彭、陈美延《也同欢乐也同愁——忆父亲陈寅恪母亲唐篔》）

陈寅恪《吴氏园海棠二首》之二曰："读史早知今日事，对花还忆去

年人。"（陈寅恪《陈寅恪集·诗集》）

陈寅恪既失明，王钟翰往探视，陈语之曰："我之目疾非药石所可医治者矣！因韶龄嗜书，无书不观，夜以继日。旧日既无电灯，又无洋烛，只用小油灯，藏之于被褥之中，而且四周放下蚊帐，以免灯光外露，防家人知晓也。加以清季多光纸石印缩印本之书，字既细小，且模糊不清，对目力最有损伤。而有时阅读，爱不释手，竟至通宵达旦。久而久之，形成了高度近视，视网膜剥离，成为不可幸免之事也！"（王钟翰《陈寅恪先生杂忆》）

张荫麟殁，时陈寅恪良丰山居，乃作挽诗，有句曰："共谈学术惊河汉，与叙交情忘岁年。"（陈寅恪《陈寅恪集·诗集》）

陈寅恪赴英伦医治眼疾无效，将归国写定《元白诗笺证》，付美延读之，赋诗云："眼昏到此眼昏旋，辜负西来万里缘。杜老花枝迷雾影，米家图画满云烟。余生所欠为何物？后世相知有别传。归写香山新乐府，女婴学诵待他年。"沈祖棻读之增感，成《浣溪沙》词曰："哀乐人间奈此情，聊凭蠹管写新声，何年洛诵待娇婴。未定相知期后世，已教结习误今生，有涯难遣况时名！"（沈祖棻《涉江词》）

陈寅恪著《论〈再生缘〉》成，叹曰："衰病流离，撰文授学，身虽同于赵庄负鼓之盲翁，事则等于广州弹弦之瞽女。荣启期之乐，未解其何乐；汪容甫之幸，亦不知其何幸也。"（陈寅恪《论〈再生缘〉》）

俞大纲读陈寅恪《论〈再生缘〉》，叹曰："姻连中表，谊属师生。闻弦辨音，具知危苦。地变天荒，人间何世。春寒凄冷，揽涕读之。"载入《寥音阁诗话》。（周一良《从〈陈寅恪诗集〉看陈寅恪先生》）

陈寅恪尝手栽盆花，壬午元旦，云昏雾湿之际，赋诗曰："寂寞盆花也自开，移根犹忆手亲栽。云昏雾湿春仍好，金躅元兴梦未回。乞米至今余断帖，埋名从古是奇才。劫灰满眼堪愁绝，坐守寒灰更可哀。"（陈寅恪《壬午元旦对盆花感赋》）

吴宓暮年，归陕西泾阳，独卧病榻，诵陈寅恪《王观堂先生挽词》，涕泪横流，久之乃舒。（刘梦溪《晚年的吴宓与陈寅恪》）

栖逸

陈寅恪留学归国,就聘清华国学研究院,吴宓赋赠曰:"经年瀛海盼音尘,握手犹思异国春。独步羡君成绝学,低头愧我逐庸人。冲天逸鹤依云表,堕溷残英怨水滨。灿灿池荷开正好,名园合与寄吟身。"(吴宓《吴宓诗集》)

吴宓滞于友朋托办及学校团体之事,陈寅恪尝劝之曰:"宜谢绝人事,努力为学读书,以成一已之专著。"(吴学昭《吴宓与陈寅恪》增补本)

1927年6月,吴宓日记曰:"陈寅恪来,谈大局改变后一身之计划。寅恪赞成宓之前议,力劝宓勿任学校教员。隐居读书,以作文售稿自活,肆力于学,谢绝人事,专心致志若干年。不以应酬及杂务扰其心,乱其思,费其时,则进益多而功效殊大云。又与寅恪相约不入(国民)党。他日党化教育弥漫全国,为保全个人思想精神之自由,只有舍弃学校另谋生活。艰难固穷,安之而已。"(吴宓《吴宓日记》)

1934年,傅斯年致函胡适曰:"寅恪能在清华闭门,故文章源源而至。"(傅斯年《致胡适》)

1929年,北大史学系诸生毕业,陈寅恪赠诗曰:"天赋迂儒自圣狂,读书不肯为人忙。平生所学宁堪赠,独此区区是秘方。"(陈寅恪《陈寅恪集·诗集》)

抗战后,陈寅恪北归清华园,时事日非,眼又不见,遂名书斋曰"不见为净之室"。(蒋天枢《陈寅恪先生传》)

陈寅恪《阅报戏作二绝》之一曰:"自由共道文人笔,最是文人不自由。"(陈寅恪《陈寅恪集·诗集》)

排调

吴南轩接掌清华,寻获学生恶感,激起风潮。吴乃决意南归天津,且誓不再来。教职员往车站送别,陈寅恪吟诗曰:"画图省识春风面,环珮空归月夜魂。"或问其意所在,答言:"吾从未与他相识,而认识他最早的乃在报纸所见刊载他的照片,故云'画图省识春风面'。"同人大笑。(谭

凯光《再谈史学权威陈寅恪》）

赵元任辞哈佛大学教职归国，举陈寅恪以自代，陈回函言："我不想再到哈佛，我对美国留恋的只是波士顿中国饭馆醉香楼的龙虾。"（杨步伟、赵元任《忆寅恪》）

商务印书馆编印国学丛书，征求全国学者意见，开列"国学丛书一百种"书单。函至，陈寅恪于书单下书"误人丛书一百种"。（谭凯光《再谈史学权威陈寅恪》）

1944年，国民参政会组织延安视察团，傅斯年与焉，陈寅恪函曰："闻彼处有新刊中国史数种，希为弟致之，或竟向林、范诸人索取可乎？'求之与抑与之与'。纵有误读，亦有邢子才误书思之、亦是一适之妙也。"（陈寅恪《陈寅恪集·书信集》）

陈寅恪在重庆，与诸生跑警报，有"见机而作，入土为安"之谐语。（蒋天枢《陈寅恪先生传》）

陈寅恪客座川大，课毕，有生问："杨贵妃体形肥胖，究竟体重若干？"陈答曰："135磅。"（雍国泰《我所知道的陈寅恪先生》）

杨步伟言："那时在德国的学生们大多数玩得乱的不得了，他们说只有孟真和寅恪两个人是'宁国府大门前的一对石狮子'。"（杨步伟《杂记赵家》）

梁启超、王国维同为清华研究院导师，一日，研究院诸生在陈宅，陈笑言："我有个联送给你们：'南海圣人再传弟子，大清皇帝同学少年。'"（蒋天枢《陈寅恪先生传》）

风义

蓝文徵言："清华国学研究院，治学与做人并重，各位先生传业态度的庄严恳挚，诸同学问道心志的诚敬殷切，穆然有鹅湖、鹿洞遗风。每当春秋佳日，随侍诸师，徜徉湖山，俯仰吟啸，无限春风舞雩之乐。"（蓝文徵《清华大学国学研究院始末》）

王国维自沉，清华国学研究院诸生行三鞠躬礼，陈寅恪后至，遂行

三跪九叩大礼。时姜亮夫在侧，叹曰："情义深浅，在一举一动之间也。"（姜亮夫《忆清华国学研究院》）

陈寅恪为陈垣《明季滇黔佛教考》制序曰："昔晋永嘉之乱，支愍度始欲过江，与一伧道人为侣。谋曰，用旧义往江东，恐不办得食，便共立心无义。既而此道人不成渡，愍度果讲义积年。后此道人寄语愍度云，心无义那可立，治此计，权救饥耳。无为遂负如来也。忆丁丑之秋，寅恪别先生于燕京，及抵长沙，而金陵瓦解。乃南驰苍梧瘴海，转徙于滇池洱海之区，亦将三岁矣。此三岁中，天下之变无穷。先生讲学著书于东北风尘之际，寅恪入城乞食于西南天地之间，南北相望，幸俱未树新义，以负如来。"（陈寅恪《陈垣明季滇黔佛教考序》）

陈寅恪至成都，谒林思进，以谊属父执，行跪拜礼，且赠联曰："天下文章莫大乎是，一时贤士皆从之游。"（彭华《陈寅恪在成都[1943—1945]》）

1961年，吴宓间关千里，赴广州探望陈寅恪。临别，陈赠诗曰："问疾宁辞蜀道难，相逢握手泪汍澜。暮年一晤非容易，应作生离死别看。"（陈寅恪《陈寅恪集·诗集》）

陈寅恪于人事评骘，每置身事外，凡参与中研院评议会，皆一言不发。尝语邓广铭言："在任何一次评议会的记录本上，决不会找得到我的一次发言。"邓答言："正如徐庶进曹营。"（邓广铭《在纪念陈寅恪教授国际学术讨论会闭幕式上的发言》）

汪篯为陈寅恪助手，有时就自己研究的问题请教陈先生，陈言："你研究的问题，应该我来问你，怎么你还来问我？"（胡戟《试述陈寅恪先生对士族等问题的开拓性研究[附言：被"逐出师门"后的汪篯先生]》）

蔡元培病逝，中央研究院拟新选院长。陈寅恪扶病往重庆与会，且言"此行只为投胡适先生一票"，盖谓其坚持学术之独立自由也。（陈流求、陈小彭、陈美延《也同欢乐也同愁——忆父亲陈寅恪母亲唐篔》）

陈寅恪《赠蒋秉南序》曰："清光绪之季年，寅恪家居白下，一日偶检架上旧书，见有易堂九子集，取而读之，不甚喜其文，唯深羡其事。

以为魏丘诸子值明清嬗蜕之际，犹能兄弟戚友保聚一地，相与从容讲文论学于乾撼坤岌之际，不谓为天下至乐大幸，不可也。当读是集时，朝野尚称苟安，寅恪独怀辛有索靖之忧，果未及十稔，神州沸腾，寰宇纷扰。寅恪亦以求学之故，奔走东西洋数万里，终无所成。凡历数十年，遭逢世界大战者二，内战更不胜计。其后失明膑足，栖身岭表，已奄奄垂死，将就木矣。默念平生固未尝侮食自矜，曲学阿世，似可告慰友朋。至若追踪昔贤，幽居疏属之南，汾水之曲，守先哲之遗范，托末契于后生者，则有如方丈蓬莱，渺不可即，徒寄之梦寐，存乎遐想而已。呜呼！此岂寅恪少时所自待及异日他人所望于寅恪者哉？虽然，欧阳永叔少学韩昌黎之文，晚撰五代史记，作义儿、冯道诸传，贬斥势利，尊崇气节，遂一匡五代之浇漓，返之淳正。故天水一朝之文化，竟为我民族遗留之瑰宝。孰谓空文于治道学术无裨益耶？蒋子秉南远来问疾，聊师古人朋友赠言之意，草此奉贻，庶可共相策勉云尔。甲辰夏五，七十五叟陈寅恪书于广州金明馆。"（陈寅恪《寒柳堂集》）

论学

周一良曰："义宁学说之精髓，暨其为人为学约而言之，盖有三端：史家学识，儒生思想，诗人气质也。"（周一良《义宁学说之精髓》）

蒋天枢论陈寅恪之学曰："先生于学，既渊且广；先生之思，既敏且锐；犀利烛牛渚之奸，闳通照一代之后。综括先生治学之特色约有四端：一曰，以淑世为怀。笃信白氏'文章合为时而著，歌诗合为事而作'（《与元九书》）之旨。二曰，探索自由之义谛。义见《王观堂先生纪念碑铭》及《论再生缘》。三曰，珍惜传统历史文化。此意则文诗中随地见之，而'迂叟当年感慨深，贞元醉汉托微吟'，'东皇若教柔枝起，老大犹能秉烛游'之句，尤为澹荡移情。四曰，'河汾续命'之向往。此虽仅于赠叶遐庵诗、《赠蒋秉南序》中偶一发之，实往来心目中之要事。由此四者，具见先生之身实传统历史文化所托命。"（蒋天枢《陈寅恪先生传》）

李坚在广西大学，尝选修陈寅恪"唐代政治史"课，且述其首课曰：

"记得他第一次上课,专讲关于他的历史观和治学方法问题。他首先强调历史是一门科学,是可以通过科学方法和历史事实加以印证的。他不同意黑格尔把历史说成是人类理性或精神的自由发展;也不赞成把人类历史发展过程刻板地分为五种社会形态。他认为人类历史从整体看,是统一的,存在因果关系,有其轨迹可寻;从部分看,它又是多样性的,世界上决无完全相同的历史现象重演。因其有轨迹可寻,故研究历史可以垂教于后世;又因其是多样性的,故不存在放之四海而皆准的必然规律。"(李坚《陈寅恪二三事》)

余英时论陈寅恪言:"在欧洲、日本那么多年,主要为的是两件事:一是接触原始资料,二是掌握治学工具,特别是语言工具。"(刘梦溪《为了文化与社会的重建——余英时教授访谈录》)

石泉、李涵论陈寅恪之学言:"他善于从极普通的史料中,发现别人所未发现的问题,而不靠掌握珍稀罕见的材料取胜。"(陈流求、陈小彭、陈美延《也同欢乐也同愁——忆父亲陈寅恪母亲唐篔》)

高阳论陈寅恪以诗证史为"双山一手",盖谓白香山为表,李义山为里也。(刘舒曼《诗书继世 文史淹通——杂忆卞孝萱》)

姜亮夫肄业清华国学研究院,尝忆曰:"寅恪先生广博深邃的学问,使我一辈子也摸探不着他的底。他的最大特点:每一种研究都有思想作指导。听他的课,要结合若干篇文章后才悟到他对这一类问题的思想。"(姜亮夫《忆清华国学研究院》)

陈寅恪常言:"读书须先识字。"盖承高邮二王之说也。(俞大维《怀念陈寅恪先生》)

陈寅恪论读史曰:"读史者于地域之方位,种族之区别,尤应特加注意也。"(陈寅恪《李德裕贬死年月及归葬传说辨证》)

陈寅恪论唐史曰:"种族文化问题为李唐一代史事关键之所在。"(陈寅恪《唐代政治史述论稿》)

陈寅恪论北朝胡汉问题曰:"汉人与胡人之分别,在北朝时代文化较血统尤为重要。凡汉化之人即目为汉人,胡化之人即目为胡人,其血统

如何，在所不论。"（陈寅恪《唐代政治史述论稿》）

陈寅恪评《资治通鉴》乃专为宋朝治乱兴衰而作，故必得用真材料，存真理以为政治服务。（黄萱《怀念陈寅恪教授——在十四年工作中的点滴回忆》）

1926年秋，吴宓访陈寅恪，谈为学立论之标准曰："全，通，宜。"（吴学昭《吴宓与陈寅恪》增补本）

蒋天枢论义宁之学曰："先生治学方法，用思之细密极于毫芒。虽沿袭清人治学途径，实汇中西治学方法而一之。"（张杰、杨燕丽编选《追忆陈寅恪》）

陈寅恪自述所用考证方法，先确定"时"与"地"，然后核以人事，合则是，否则非。"时"与"地"之交叉点，犹如解析几何之Cartesian point（笛卡尔直角坐标系OXY下的坐标，简称"直角坐标"）。（蒋天枢《陈寅恪先生传》）

一清华学子名"阁厂"者，尝于《大学新闻周报》评陈寅恪曰："陈先生治国学的方法，可谓'纯粹科学化'，有人直称之为'证几何'。他为探讨某一个问题，所引来的证据，条条都是铁一般的事实。"复论其史学言："他对于一姓皇帝的兴亡，并不措意，一朝群臣的得失，也不留心，他只注重'何以能产生这样的朝代？''何以这个时间内的政治、经济、文化要发生必然的变化？''这朝代的统治者是怎样的民族？''这民族的来源如何？'把上面的几种问题解答之后，整个国家的演变和整个民族的消息，已经了如指掌了。"（阁厂《陈寅恪的治学方法及其为人》）

余英时言："钱穆先生《国史新论》谓：'余之所论每若守旧，而余持论之出发点，则实求维新。'这和陈寅恪的观点如出一辙。"（刘梦溪《为了文化与社会的重建——余英时教授访谈录》）

陈寅恪尝论："非通梵、藏等文，不能明中国文字之源流音义，不能读《尔雅》及《说文》。"（吴宓《吴宓日记》）

民国间，笔名"银心"者，于《风下》撰文评陈寅恪言："我们对于魏晋六朝隋唐五代的历史能够有较透彻而且清楚的了解，在许多方面都

是应当感谢陈先生的。"（银心《一位认真的学者：史学教授陈寅恪》）

陈寅恪尝论曰："佛经者，小说之母也。"（王晓杰《佛经者，小说之母也——陈寅恪小说研究一瞥》）

吴宓在哈佛，日记曰："哈佛中国学生，读书最多者，当推陈君寅恪，及其表弟俞君大维。两君读书多，而购书亦多。到此不及半载，而新购之书籍，亦充橱盈笥，得数百卷。陈君及梅君，皆屡劝宓购书。回国之后，西文书籍，杳乎难得，非自购不可。而此时不零星随机购置，则将来恐亦无力及此。故宓决以每月膳宿杂费之余资，并节省所得者，不多为无益之事，而专用于购书，先购最精要之籍，以次类及。自本月起，即实行焉。"（吴学昭《吴宓与陈寅恪》增补本）

乱离

吴学昭《吴宓与陈寅恪》言："寅恪伯父理性强，修养深，能够很好控制自己内心的痛苦，只在感时抒怀的吟咏中，才有所流露。然羁旅千里，思家之苦，及对家人的无限牵挂，却无时不铭刻心上，难以释怀。一日，偶去西门外集市，见一苗族妇女身背一个小女孩，脸圆圆，眼大大。寅恪伯父因小孩很像他可爱的小女儿美延，就盯着看，跟着走；那妇女以为他对小孩有什么歹心，赶快离去。"（吴学昭《吴宓与陈寅恪》增补本）

陈寅恪在西南联大，居青云街靛花巷三号，号"青园学舍"。时同住者有傅斯年、罗常培、汤用彤、姚从吾、郑天挺、邓广铭诸人，而联大诸生，常往请益，颇得弦歌不辍之境。王明肄业北大文科所，尝于《自传》言："仿佛有古代书院教学的亲切感。"（吴学昭《吴宓与陈寅恪》增补本）

清华南渡，陈寅恪游蒙自南湖，慨然赋《南湖即景》诗曰："风物居然似旧京，荷花海子忆升平。桥边鬓影还明灭，楼外歌声杂醉醒。南渡自应思往事，北归端恐待来生。黄河难塞黄金尽，日暮人间几万程。"（陈寅恪《陈寅恪集·诗集》）

1941年，陈寅恪滞留香港，一日，顶发一丛忽大变白，作函与傅斯年曰："此忧愁所致也。"（陈寅恪《致傅斯年》）

太平洋战起，陈寅恪在香港，进不得赴英伦，退不得返昆明，遂患怔忡之症。因致函傅斯年，叹曰："素忧亡国，今则知国命必较身命为长。"（陈寅恪《陈寅恪集·书信集》）

1944年，陈寅恪避难至成都，一日谒杜甫草堂，有诗曰："少陵祠宇未全倾，流落能来奠此觥。一树枯楠吹欲倒，千竿恶竹斩还生。人心已渐忘离乱，天意真难见太平。归倚小车浑似醉，暮鸦哀角满江城。"（陈流求、陈小彭、陈美延《也同欢乐也同愁——忆父亲陈寅恪母亲唐篔》）

戊寅七夕，唐篔偕诸女滞留香港，时陈寅恪在蒙自，夜中无眠，乃赋诗曰："银汉横窗照客愁，凉宵无睡思悠悠。人间从古伤离别，真信人间不自由。"（陈寅恪《戊寅蒙自七夕》）

1941年，香港沦陷，国民政府派专机赴港，救援学人，名重如陈寅恪、何香凝、茅盾等，皆未得乘机，而孔祥熙夫人宋霭龄并女儿、随从等，牵洋犬登机。吴晗闻之，怒曰："南宋亡国前有个蟋蟀宰相（贾似道），今天又出了一个飞狗院长（孔祥熙），真是无独有偶呵！"联大学生亦贴壁报曰："此次风闻由香港以飞机运狗者，又系孔贼之妇！致使抗战物资、国家硕老，困于港九，沦于敌手而不得救。"（邹文靖《国家之败，多由官邪——回忆西南联大的"讨孔"运动》）

陈寅恪离香港，陈君葆赋诗赠别曰："白云一片去悠悠，春色天涯独倚楼。尚有欲归人未得，鹧鸪声里送行舟。"（罗孚《陈君葆与许地山陈寅恪》）

陈寅恪语王钟翰言："二三十年代中，我刚从国外回国，专心致志于元史，用力最勤。我的《元史》一书，并不是一部很好板本的书。我读过好几遍，每有一点心得，就批于书眉，蝇头细楷，密密麻麻，丹铅殆遍，可惜卢沟桥事变起，我携之南迁。谁知批过好几遍的这部书，托运至重庆附近时，竟毁于兵荒马乱、炮火空炸之中。我今老矣，无暇重温旧业，只好期诸后贤了。"（王钟翰《陈寅恪先生杂忆》）

陈寅恪曰："回忆前在绝岛，苍黄逃死之际，取一巾箱坊本《建炎以来系年要录》，抱持诵读。其汴京围困屈降诸卷，所述人事利害之回环，国论是非之纷错,殆极世态诡变之至奇。然其中颇复有不甚可解者,乃取当日身历目睹之事,以相印证,则忽豁然心通意会。平生读史凡四十年,从无似此亲切有味之快感,而死亡饥饿之苦,遂亦置诸度量之外矣。"(陈寅恪《陈述〈辽史补注〉序》)

陈寅恪《坊本建炎以来系年要录跋》曰:"辛巳冬无意中于书肆廉价买得此书。不数日而世界大战起,于万国兵戈饥寒疾病之中,以此书消日,遂匆匆读一过。昔日家藏殿本及学校所藏之本虽远胜于此本之讹脱,然当时读此书犹是太平之世,故不及今日读此之亲切有味也。"(陈寅恪《坊本建炎以来系年要录跋》)

陈隆恪闻陈寅恪携眷自香港脱险至桂林,遥寄五律曰:"蝉雀相乘劫,恢恢食报才。穷愁羁我在,辛苦识君来。正气吞狂贼,余生息祸胎。危邦占剥复,未许后人哀。"(吴定宇《学人魂·陈寅恪传》)

1946年,陈寅恪往英美诊治眼疾未效,胡适日记曰:"上面附贴的是陈寅恪兄在英国治眼的最后意见书,是世界第一流眼科专家 Sir Steward Duke-Elder 写的。他的船(Priam)由英国来,明天到纽约,将由巴拿马运河回国。我曾电劝他在此小住,请 Columbia 的眼科专家一验,看看有无挽救之方。他请熊式一把此意见书寄来,我今天托 Mrs.Hartman 送到 Columbia 的 Eye Institute,请 Dr.McNie 与同院专家协商。他们都说,Duke-Elder 尚且无法,我们如何能补救?我请全汉升兄带一信送到船上,把这个恶消息告诉他。我写此信,很觉悲哀,回想到三十年前我看 Forbes-Robertson 演 Kipling's 名剧'The Light that Failed',不胜感叹。"(谢泳《胡适与陈寅恪》)

1946年秋,陈寅恪与兄妹亲友相聚于南京萨家湾俞大维宅,乱后重逢,悲喜交集。寅恪每于饭后言:"我们一道去'煮粥'吧。"于是择一静谧之室,六人围坐,共话家常。后陈小从追忆及此,有诗曰:"劫余重聚萨家湾,雁序依然鬓已斑。收拾十年离乱苦,声声煮粥话团鸳。"(陈小从《庭闻忆述》)

1948年戊子阳历12月15日,陈寅恪于北平中南海公园勤政殿门前乘车,至南苑搭飞机赴南京,途中口占乱离永诀之诗曰:"临老三回值乱离,蔡威泪尽血犹垂。众生颠倒诚何说?残命维持转自疑。去眼池台成永诀,销魂巷陌记当时。北归一梦原知短,如此匆匆更可悲。"(陈寅恪《陈寅恪集·诗集》)

陈寅恪暮年,屡受批斗,被迫交代,几至心力瘁竭,叹言:"我现在譬如在死囚牢。"(蒋天枢《陈寅恪先生传》)

心曲

王国维自沉昆明湖,陈寅恪撰《海宁王先生之碑铭》曰:"海宁王先生自沉后二年,清华研究院同人咸怀思不能自已。其弟子受先生之陶冶煦育者有年,尤思有以永其念,佥曰宜铭之贞珉,以昭示于无竟。因以刻石之辞命寅恪,数辞不获已,谨举先生之志事以普告天下后世。其词曰:士之读书治学,盖将以脱心志于俗谛之桎梏,真理因得以发扬。思想而不自由,毋宁死耳。斯古今仁圣所同殉之精义,夫岂庸鄙之敢望?先生以一死见其独立自由之意志,非所论于一人之恩怨,一姓之兴亡。呜呼!树兹石于讲舍,系哀思而不忘;表哲人之奇节,诉真宰之茫茫。来世不可知者也。先生之著述,或有时而不章;先生之学说,或有时而可商;惟此独立之精神,自由之思想,历千万祀,与天壤而同久,共三光而永光。"(陈寅恪《金明馆丛稿二编》)

陈寅恪自况曰:"寅恪平生为不古不今之学,思想囿于咸丰同治之世,议论近乎湘乡南皮之间。"(陈寅恪《冯友兰中国哲学史下册审查报告》)

陈寅恪序陈垣书曰:"寅恪不敢观三代两汉之书,而喜谈中古以降民族文化之史。"(陈寅恪《元西域人华化考序》)

陈寅恪平生志愿为著成"中国通史",及"中国历史的教训"。(俞大维《怀念陈寅恪先生》)

陈寅恪自述撰著《柳如是别传》之心史曰:"披寻钱柳之篇什于残阙毁禁之余,往往窥见其孤怀遗恨,有可以令人感泣而不能自已者焉。夫三户亡秦之志,九章哀郢之辞,即发自当日之士大夫,犹应珍惜引申,以表彰我民族独立之精神,自由之思想。何况出于婉娈倚门之少女,绸缪鼓瑟之小妇,而又为当时迂腐者所深诋,后世轻薄者所厚诬之人哉!"(陈寅恪《柳如是别传》)

陈寅恪尝语蔡鸿生言:"我作的三本书,《略论稿》《述论稿》《笺证稿》,都叫'稿',就是准备以后还要改。"(蔡鸿生《"颂红妆"颂》)

卢沟桥变起,陈寅恪随校南迁昆明,大病几死。稍愈之后,披览报纸广告,见有鬻旧书者,驱车往观。鬻书主人出所藏书,实皆劣陋之本,无一可购者。当时主人接待殷勤,殊难酬其意,陈乃询之曰:"此诸书外,尚有他物欲售否?"主人踌躇良久,应曰:"曩岁旅居常熟白茆港钱氏旧园,拾得园中红豆树所结子一粒,常以自随。今尚在囊中,愿以此豆奉赠。"寅恪闻之大喜,遂付重值,藉塞其望。自得此豆后,至栖居岭南,忽忽二十年,虽藏置箧笥,亦若存若亡,不复省视。然自此遂重读钱牧斋集,不仅藉以温旧梦,寄遐思,亦欲自验所学之深浅也。(陈寅恪《柳如是别传》)

陈寅恪居成都华西坝,牛津一讲师来访,请赴英讲学,陈婉谢之,顾谓石泉言:"狐死正首丘,我老了,愿意死在中国。"(石泉、李涵《追忆先师寅恪先生》)

抗战胜利,陈寅恪北归清华园,丁亥春日赋诗曰:"葱葱佳气古幽州,隔世重来泪不收。桃观已非前度树,藁街长是最高楼。名园北监仍多士,老父东城有独忧。惆怅念年眠食地,一春残梦上心头。"(陈寅恪《陈寅恪集·诗集》)

陈寅恪失明,集东坡句为联曰:"闭目此生新活计,安心是药更无方。"请杨度之女杨云慧书之,裱而悬挂。(吴宓《吴宓日记》)

陈寅恪自述撰著《论〈再生缘〉》之动因曰:"承平豢养,无所用心,忖文章之得失,兴窈窕之哀思,聊作无益之事,以遣有涯之生云尔。"(陈寅恪《论〈再生缘〉》)

陈寅恪晚岁著书,考订钱柳因缘诗,比之于郑所南之《心史》也。尝

赋诗曰："珍重承天井中水，人间唯此是安流。"（陈寅恪《陈寅恪集·诗集》）

陈寅恪晚年答学生问，每以杭州为故乡，《和朱少滨》诗亦曰："粤湿燕寒俱所畏，钱唐真合是吾乡。"（贝司《一面之缘——回忆陈寅恪先生》）

陈寅恪晚岁积十年之力，撰《柳如是别传》成，《稿竟说偈》曰："奇女气销，三百载下。孰发幽光，陈最良也。嗟陈教授，越教越哑。丽香闹学，皋比决舍。无事转忙，燃脂暝写。成册万言，如瓶水泻。怒骂嬉笑，亦俚亦雅。非旧非新，童牛角马。刻意伤春，贮泪盈把。痛哭古人，留赠来者。"时钱谦益、柳如是逝世三百年也。（蒋天枢《陈寅恪先生传》）

师道

蒋天枢曰："先生漂泊西南，备历艰困，当流亡逃死之际，犹虚怀若谷，奖掖后学，孳孳不倦，其以文化自肩、河汾自承之情伟矣。"（蒋天枢《师门往事杂录》）

翁同文忆陈寅恪授课西南联大曰："寅恪师上课，入教室后，即打开所携包袱翻书，将主要资料写上黑板，使学生抄录，然后归座讲解，声音既不高，又往往闭目发言。若是看惯表演，只会欣赏作秀的人，不知集中精神注意所讲内容，自然不觉有味。惟若注意讲解，领悟内容，就知他闭目发言，乃凝神运思的方式或模范，对学生也有激发思想的作用。"（袁国友《陈寅恪任教西南联大的基本史实考说》）

王永兴追忆助教生涯言："1947年1月中，清华庶务科通知我说，分配给我三间住房，在西校门外喇嘛庙（即颜家花园），要我去成府找颜惠庆的管家，由他领我去看房子。这是颜家的一处房屋，清华租来作为教师住房。庶务科的通知使我感到十分意外，且迷惑不解，我没有向学校申请住房，历史系和雷海宗先生也没有向我说过住房的事。但我还是踏雪去看了房子，一所大花园内的三间宽敞大瓦房，在西校门附近。不久，我搬入新居。同时向先生禀报并形容这所花园的情景：花园的前半部，也就是我的住房所在，是一处松林，还有几棵高大的白皮松；花园的后半部是坍塌的殿堂，周围杂乱生着很多花草树木。先生告我，英法联军侵入北京火烧圆明园，延烧了喇嘛庙后半部，高大殿堂坍塌了。颜惠庆买了喇嘛庙，所以又名颜家花园。先生又说：他曾去过颜家花园，很喜欢那几棵白皮松。"（王永兴《种花留与后来人——陈寅恪先生在清华二三事》）

张宗和修读陈寅恪"魏晋南北朝史"课，结课报告请同学代撰。陈阅之，课上怒斥言："这种人我看不起他，没有道德，东抄西袭，怎么说到唐代去了？"（刘火雄《〈张宗和日记〉中的清华园往事》）

陈寅恪授课有"四不讲"之说："前人讲过的，我不讲；近人讲过的，我不讲；外国人讲过的，我不讲；我自己过去讲过的，也不讲。现在只讲未曾有人讲过的。"（张家康《陈寅恪在清华国学研究院》）

陈寅恪为杨树达著述制序曰："呜呼！自剖判以来，生民之祸乱，至今日而极矣。物极必反，自然之理也。一旦忽易阴森惨酷之世界，而为清朗和平之宙合，天而不欲遂丧斯文也，则国家必将尊礼先生，以为国老儒宗，使弘宣我华夏民族之文化于京师太学。其时纵有入梦之青山，宁复容先生高隐耶？然则白发者，国老之象征。浮名者，亦儒宗所应具，斯诚可喜之兆也。又何叹哉？又何叹哉？"（陈寅恪《积微居小学金石论丛续稿序》）

1944年，陈寅恪讲学于成都燕京大学。一日冷雾，双目失明，住存仁医院。时燕京大学诸生陪护，男生值夜班，女生值白班，殷殷护持。燕大校长梅贻宝来探视，陈寅恪言："未料你们教会学校，倒还师道犹存。"梅答言："能得陈公这样一语评鉴，更是我从事大学教育五十年的最高奖饰。"（陈流求、陈小彭、陈美延《也同欢乐也同愁——忆父亲陈寅恪母亲唐篔》）

王永兴言："从1946年到1948年，先生备课讲课时，我始终在他身边，为他读《通鉴》和多种史籍，检视史料，他口授我抄写讲课纲要，上课时我在黑板上写史料。一字之误，他都不放过。每讲完一次课，先生极为劳累，他用他的生命去做他认为应做之事，他认为平常事。"（王永兴《种花留与后来人——陈寅恪先生在清华二三事》）

抗战后，陈寅恪归清华园，居新南院五十三号。时双目失明，雷海宗劝可暂停开课，专注研究。陈寅恪笑言："我是教书匠，不教书怎么能叫教书匠呢？我要开课。至于个人研究，那是次要的事情。我每个月薪水不少，怎么能光拿钱不干活呢？"（王永兴《在纪念陈寅恪教授国际学术讨论会闭幕式上的发言》）

陈寅恪在岭南，叶恭绰自香港寄诗询近状，陈答诗有句曰："招魂楚泽心虽在，续命河汾梦亦休。"（陈寅恪《陈寅恪集·诗集》）

"文革"中，陈寅恪在中山大学，失明膑足，红卫兵仍欲舁至大礼堂批斗，弟子刘节请代之，或问其感受，答言："能代替老师挨批斗，是我的光荣。"（蒋天枢《陈寅恪先生传》）

华忱之尝受业陈寅恪之门，暮年追忆旧事，曰："绛帐春风。"（华忱之《绛帐春风忆旧年——记陈寅恪师讲学二三事》）

参考文献

[1] 周一良：《毕竟是书生》，天津：天津人民出版社，2016年。

[2] 吴学昭：《吴宓与陈寅恪》，北京：清华大学出版社，1994年。

[3] 李慎之：《独立之精神 自由之思想——论作为思想家的陈寅恪》，《学术界》，2000年第5期。

[4] 余英时：《现代危机与思想人物》，北京：生活·读书·新知三联书店，2005年。

[5] 刘东：《世俗儒家与精英儒家》，《光明日报》2016年6月6日。

[6] 周一良：《毕竟是书生》，天津：天津人民出版社，2016年。

[7] 程千帆：《俭腹抄》，上海：上海文艺出版社，1998年。

[8] 余英时：《现代危机与思想人物》，北京：生活·读书·新知三联书店，2005年。

[9] 吴宗慈：《陈三立传略》，《国史馆馆刊》1947年第1期。

[10] 罗孚：《陈寅恪和冼玉清》，《明报月刊》1998年第10期。

[11] 唐振常：《卓荦孤怀身殉道——〈陈寅恪最后的二十年〉读后》，《史

林》1996 年第 3 期。

[12] 袁济喜：《国学十讲》，北京：中国人民大学出版社，2013 年。

[13] 刘熙载：《艺概》，上海：上海古籍出版社，1978 年。

[14] 钱穆：《朱子新学案》，《钱宾四先生全集》第 11 册，台北：联经出版事业股份有限公司，1998 年。

[15] 陈寅恪：《寒柳堂集》，北京：生活·读书·新知三联书店，2015 年。

[16] 张杰：《追忆陈寅恪》，北京：社科文献出版社，1999 年。

[17] 吴宓著、吴学昭整理：《吴宓诗话》，北京：商务印书馆，2005 年。

[18] 周言：《陈寅恪研究》，北京：九州出版社，2013 年。

[19] 陈宝箴：《陈宝箴集》，北京：中华书局，2003 年。

[20] 徐一士：《一士类稿》，沈阳：辽宁教育出版社，1997 年。

[21] 陈寅恪：《唐代政治史述论稿》，上海：上海古籍出版社，1982 年。

[22] 王永兴主编：《纪念陈寅恪先生百年诞辰学术论文集》，南昌：江西教育出版社，1994 年。

[23] 周一良：《义宁学说之精髓》，《读书》1994 年第 8 期。

[24] 罗志田：《陈寅恪文字意趣札记》，《中国文化》第 22 期。

[25] 冯友兰：《三松堂全集》，郑州：河南人民出版社，1994 年。

[26] 卞僧慧：《陈寅恪先生年谱长编（初稿）》，北京：中华书局，2010 年。

[27] 杨剑锋：《陈三立文化保守主义思想略论》，《同济大学学报》2010 年第 1 期。

[28] 葛志毅：《陈寅恪的身世人格及其对中国文化的眷恋崇敬》，《谭史斋论文六编》，哈尔滨：黑龙江人民出版社，2016 年。

[29] 陈来：《冯友兰的"伦理概念"说——兼论冯友兰对陈寅恪的影响》，《清华大学学报》2016 年第 2 期。

[30] 史天行：《记陈寅恪先生》，《读书通讯》1947 年第 130 期。

[31] 胡守为：《陈寅恪传略》，《晋阳学刊》1982 年第 3 期。

[32] 纪念陈寅恪教授国际学术讨论会秘书组编：《纪念陈寅恪教授国际学术讨论会文集》，广州：中山大学出版社，1989 年。

[33] 莫砺锋、童强:《〈杜甫诗选〉导言》,见《杜甫诗选》卷首,北京:商务印书馆,2018年。

[34] 金耀基:《从传统到现代》,北京:中国人民大学出版社,1999年。

[35] 王鹏令:《英雄时代走向凡人时代》,见《四海无人对夕阳——陈寅恪档案》,南昌:江西教育出版社,2018年。

[36] 张灏:《时代的探索》,台北:联经出版事业股份有限公司,2004年。

[37] 梁启超:《清代学术概论》,上海:商务印书馆,1944年。

[38] 孙郁:《"遗民"陈寅恪》,见传瑞:《名人批判名人》,长春:时代文艺出版社,1999年。

[39] 耿云志编:《胡适遗稿及秘藏书信》,合肥:黄山书社,1994年

[40] 牟宗三:《中国哲学的特质》,上海:上海古籍出版社,2007年。

[41] 王元化:《简论道德继承》,《学术月刊》1996年第9期。

[42] 王永兴:《陈寅恪先生史学述略稿》,北京:北京大学出版社,1998年。

[43] 李璜:《忆陈寅恪登恪昆仲》,见张杰、杨艳丽编选:《追忆陈寅恪》,北京:社会科学文献出版社,1999年。

[44] 桑兵:《陈寅恪与清华研究院》,《历史研究》1998年第4期。

[45] 金岳霖:《哲意的沉思》,天津:百花文艺出版社,2000年。

理论与实际并重的语言学家：赵元任述评

◉ 孟晓妍

一、从传统到现代变革语境中的中国语言学

中国传统语文学（小学）是从古典文献的阅读、注释、考证和语言材料的汇集、编撰开始的，其发展经历了漫长的过程。在这个过程中，中国传统语文学的主要功用是明经致用，为经学研究的基础和附庸。这个附属地位使得中国传统语文学长期以文字的个体分析为重点，关注的主要内容是文字的意义。比如，中国传统语文学在分析解释古代文献中文字的涵义时，或通过研究其读音因声求义，或通过剖析字的结构以形索义，或直接探索字的本义、引申义，进而由相互印证以确定文字的实际意义，甚或通过文本的对照、校勘，以确定某文本中的衍文、讹误、脱字等情况，诸如此类的方面还有很多，在此不加赘述。但统而言之，可以说中国传统语文学侧重于探究经典文献中的文字意义。

古人极其看重诗书经典的社会教化作用，而传统语文学则是明晓古代经典文献微言大义的工具和津梁，他们因此看中传统语文学的作用。我们说中国传统语文学古来就缺乏系统、专门的研究论述，但并不能绝对地说在传统语文学领域中就没有语言学研究的内容要素。这些内容要素，都淹没在文献的释义、标音、纂集、校勘等工作中了。传统语文学

历经两千多年的发展，到了清代，尤其是乾嘉时期，达到研究的高峰。清儒在文字学、音韵学、训诂学等传统语文学诸领域皆取得了后人难以企及的辉煌成就。而此时，中国的传统语文学也开始发生了一些转变。这些转变都是具有划时代意义的。

清代的音韵学研究也已开始从文字转向了声音，注重形义并重，有了构拟音值的尝试。其间对虚词的研究也取得了突出成就，已具备了语法学的一些观念。方言研究上也有了一些发展，重视对实际方言词汇的考证，记录了一些活的方言口语。再加上19世纪末20世纪初，西学东渐，中西交涉日渐频繁，一般外国的传教士和外交家，由于实际需要，也开始用记音法记录汉语方言，编撰字典、词典。殷墟甲骨文和敦煌韵书残卷被发掘，王国维、罗振玉等前贤将古文字学作为一门专门领域进行研究，又紧密结合历史学、考古学等学科，使古文字学逐渐形成一门独立的学科。随着1898年马建忠撰写的《马氏文通》问世，中国语法研究也进入了一个新的阶段。这样，中国传统语文学以文字、个体分析为对象，偏重考释的研究方法和作为经学附庸的地位开始被撼动。

而中国传统语文学真正摆脱经学的附庸，逐渐转变为一门独立的学问——语言文字学，乃始于章太炎。太炎先生认为："学问之道，不但当求文字，文字用表语言，当进而求之语言。"① 他认识到文字只是有声语言的记录，不同的字形往往会掩盖语言内部的音义关系，他所撰的《文始》突破了字形的束缚，直接从音义联系上研究词族关系。例如，传统的语言文学家把"贯、关、环"看作毫无关联的三个字，而章太炎则从音义联系上指出这三个词实际上属于一个词族。这种以音义关系的研究取代形义关系研究的方法，体现了传统语言文字研究方向的转变。

1906年，章太炎在《国粹学报》第2卷第12、13号上发表了《论语言文字之学》。他在文中说：

> 自许叔重创作《说文解字》，专以字形为主，而音韵训

---

① 诸祖耿：《记本师章公自述自学之功夫及志向》，《制言》1936年第25期。

诂属焉。前乎此者，则有《尔雅》《小尔雅》《方言》；后乎此者，则有《释名》《广韵》，皆以雅话为主，而与字形无涉。《释名》专以声音为训，其他则否。又自李登作《声类》，韦昭、孙炎作反切，至陆法言乃有《切韵》之作，凡分二百六韵。今之《广韵》就《切韵》增润者，此皆以音为主，而训诂属焉，其于字形略不一道。合此三种，乃成语言文字之学。此固非儿童占毕所能尽者，然犹名为小学，则以袭用古称，便于指示，其实当名语言文字之学，方为确切。①

章太炎定名"语言文字之学"，且指出，"今欲知国学，则不得不先知语言文字。此语言文字之学，古称小学"，"小学之用，非专以通经而已"。他把"语言文字之学"从经学之中分离出来，这一定名实际为以后"语言文字之学"的发展开辟了一条新的途径。章太炎的弟子黄侃也明确指出："夫所谓学者，有系统条理，而可以因简驭繁之法也。明其理而得其法，虽字不能遍识，义不能遍晓，亦得谓之学。不得其理与法，虽字书罗胸，亦不得名学。"②

章黄学派明确指明"语言文字之学"应作为一门独立学科进行研究，一直到提倡白话文的以言文一致、国语统一为标志的现代语文运动，中国的语言文字研究才开始出现重大的转变，即已不仅仅单纯地、分散地分析客观存在的有关文字、音韵、训诂的素材，而是旨在揭示并分析这些素材所构成的体系、结构、模式和规律，即黄侃所指明的"明其理""得其法"，其目的是建立起一个完整的语言理论的体系，发现其本身的内在规律，力求科学地阐明汉语的特点和演变的系统，系联其发展的历史，探明其发展演变之所以然。

以上勾勒的是中国有清一代语言文字之学的发展脉络与变化之征，

---

① 章太炎：《论语言文字之学》，见《国粹学报》1906年第2卷第12期（总第24期）。
② 黄焯整理、黄侃述：《文字声韵训诂笔记》，上海：上海古籍出版社，1983年，第2页。

这是中国语言学发展到一定阶段的必然趋势，随着中国与西方的文化与学术交流，中国语言学的发展，还有待新的飞跃与突破。

那么此时西方语言学界是何种境况？西方传统语文学到现代语言学的演变经历了何种变化？这种变化为中国现代语言学的建立提供了哪些理论支持？

西方语言学是从哲学的从属地位中独立出来的，它以历史比较法的成熟为标志。1786年英国学者琼斯（Sir William Jones，1746—1794）在对梵语作了深入的研究以后，指出梵语同拉丁语和希腊语之间存在着非常有系统的对应关系，他认为这不可能是巧合，这种关系非常强大，任何语义学家如果把这三种语言放在一起考察，都不可能不相信它们本是同根生的，只是这条根也许已经不复存在了。语言学家把这个共同的语言起源称为印欧语系。1814年，丹麦语言学家拉斯克（Rasmus kristian Rask，1787—1832）撰写了第一部古冰岛语和古英语语法，并通过系统比较建立了音素对应，他也因此被称为历史比较语言学的创始人之一。他认为，要找出语言的亲属关系，必须用一定的方法去考察它们的结构。拉斯克从语音的演变找语言间的亲属关系，实际上大体解决了印欧语辅音变化规律问题，这个成就后来为德国语言学家格林（Jacob Grimm，1785—1863）所继承，成为有名的"格林定律"。

19世纪初欧洲语言学家寻找印欧语的共同来源，开始把语言作为独立的研究对象，并且使用专门的研究方法——历史比较法，语言学从此进入了一个新的阶段。事实上，比较研究的方法强有力地推动了语言学的发展。此时历史比较语言学的主流是研究彼此有亲缘关系的语言，语言学家或采用系属比较的方法，以建立共同的原始共同语，或使用分析对比的方法，不局限于谱系上有联系的语言之间的对比，而对分属不同谱系的语言也进行对比分析，扩大语言比较的范围，对语言的特点有了更加深刻的认识。

历史比较语言学家对他们研究的突破性进展非常得意。用系属比较方法建立共同原始母语的德国新语法学派语言学家保罗（H. Paul，

1846—1921）在 1870 年公然宣称："只有研究语言历史的语言学才是科学，其他的研究都不是科学。"师从瑞士语言学家索绪尔（Ferdinand de Saussure，1857—1913）的法国语言学家梅耶（Antoine Meillet，1866—1936）也曾认为："比较研究是语言学家用来建立语言史的唯一有效的工具。"尽管这些论断在今天看来是有失偏颇的。

对历史比较语言学进行大力纠正，并建立起现代语言学的是瑞士语言学家索绪尔，他的学生根据他的讲课笔记整理而成《普通语言学教程》一书，于 1916 年出版，这本著作被视为现代语言学的"圣经"。他的学说标志着现代语言学的诞生，也为欧美结构主义语言学的产生奠定了理论基础。

到了 19 世纪末，在欧洲受过训练的语言学家在美洲大陆上记录、学习、整理、研究印第安人语言。他们不是按照欧洲的语言模式去描写印第安人的语言，而是从所得资料中整理出语音结构和句子结构，由此便产生了结构分析的方法论和描写语言学。在美国，以布龙菲尔德（Leonard Bloomfield，1887—1949）为首的美国结构语言学派（又称美国描写语言学派），比较注重语言结构的描写。20 世纪结构主义语言学在国际上长期处于主导地位。尽管西方的历史比较语言学已经有了半个多世纪的研究，现代语言学已经开始形成和发展，"五四"以前的中国传统语文学仍然坚持着自己的学术传统和研究视域，没有受到很大的冲击和影响。处于中西文化、思想和学术交汇时期的中国，正期待着学习、借鉴西方语言学理论并形成具有现代科学体系的现代语言学理论的人物的出现。

正是在这样的历史背景下，中国语言学学术发展史上具有开山之影响力的赵元任先生，承担起了开创中国语言学新局面的历史使命。学贯中西的赵元任先生，创造性、建设性地承担起了改革和发展中国语言学的重任，使中国传统语文学实现了向现代语言学的具有独立体系和科学特质的历史转变，赵元任先生也从而成为影响后世的当之无愧的语言学大家。

本文旨在梳理在当时伟大的历史变革和学术交融中赵元任先生的学术思想的发展脉络，评述他对中国语言学研究与发展的杰出贡献，指明赵元任先生学术思想及其成就对当今学术研究乃至大学教育的意义与启示。

二、赵元任先生的语言学成就

赵元任（1892—1982），祖籍江苏常州阳湖，生于天津紫竹林。1910年，赵元任以第二名的优异成绩通过清华庚子赔款赴美留学考试，9月进入美国康奈尔大学主修数学。他极具语言天赋，幼年随家人搬迁的过程中已经学会了河北话、常州话、苏州话等。15岁时，赵元任到南京的江南高等学堂预科学习，跟同一房间的同学互学方言，又学会了福州话。在康奈尔大学学习期间，赵元任不仅在数学、物理等方面成绩出色，他还选修了哲学、语言学、语音学、逻辑学等课程，学习国际音标和现代语音学理论知识。赵元任也仍然保持着自己学习方言的习惯，随时随地学习方言。

1915年，赵元任进入哈佛大学研究生院主修哲学。攻读博士学位期间，赵元任继续学习语言学课程，他选修了格兰德（Charles H. Grandgent）教授的语言学，又选修了梵语，还经常去麻省理工学院听中国朋友讲方言，并向他们学习。1918年赵元任获得博士学位后，获得哈佛谢尔登博士后旅行研究奖学金（Sheldon Traveling Fellowship），到芝加哥大学和伯克利加州大学又继续哲学和语言的专业学习和研究。赵元任对于从事语言学的研究兴趣越来越浓，这一点可以从他的日记及后来的回忆中反映出来。

> 此时对中国语言问题发生浓厚兴趣，"thought something about problems of Chinese language"（2月15日日记），"talk reformatting Chinese with Ping and Chow（秉志和周仁）"（1914年7月10日）。①
>
> 与唐钺（擘黄，Y. Tang）等人讨论中国语言问题，认

---

① 赵新那、黄培云编：《赵元任年谱》，北京：商务印书馆，1998年，第74页。

为自己最适合做这方面的工作，自己一生的工作也许将是国际语言，中国语言，中国音乐和认识论。(Talked with Y. Tang etc. about problem of Chinese Language…I am peculiarly fit for doing something here. Perhaps my life work would be International Language; Chinese Language; Chinese music; and epistemology.)（1915年5月16日）①

"I might as well be a philologist as anything else.（我索性作个语言学家比任何其他都好。）"（1916年元月）②

1925年清华国学研究院成立之后，年仅26岁的赵元任先生与梁启超、王国维、陈寅恪一同被聘为清华国学导师，《研究院章程》规定，研究方法注重个人自修，教授专任指导，教学方式分"普通演讲"及"专题研究"。普通演讲即课堂讲授，为国学基本课程；专题研究是学生在教授指定的研究范围内，自由选定研究课题，经教授确定后，可定时向自己选定的授业导师请教。清华国学研究院第一年，赵元任开出的普通演讲有：方言学、普通语言学、音韵学等，指导学员进行的专题研究范围是中国音韵学、中国乐谱乐调、中国现代方言等。赵元任讲授中国音韵学的方法与传统讲授的方法有所不同。他的讲授更侧重于历史比较法、实验语音研究法等西方现代科学理论在汉语史研究中的运用，这种研究方法在科学性上比清代的音韵学家高出一筹。国学大师姜亮夫曾经回忆赵元任当年在国学研究院的授课："他讲声韵学，讲法和我在成都高师听的课完全是两回事。……赵先生讲的是描写语言学（用印度、欧罗巴语系的发音方法运用到汉语的声韵学中来），不过我还是认真听，……赵先生之力，是我一生学问基础的关键。他使我知道研究语言学可分为两个大类，这两大类应互相关联、互相依存，就是语言考古学和描写语言学。"③

---

① 赵新那、黄培云编：《赵元任年谱》，第78页。
② 赵新那、黄培云编：《赵元任年谱》，第82页。
③ 姜亮夫：《忆清华国学研究院》，见《姜亮夫文集》，昆明：云南人民出版社，1999年，第176-178页。

理科出身的赵元任，将自然科学的研究方法应用于语言学的研究，使中国语言学逐渐走上独立、科学、系统、完备的道路。在语言学的众多研究领域中，语音学是天赋异禀的赵元任一生较早关注、较多关注的领域，运用实验语音学的理论和方法对语音学进行科学研究，更成为他后来从事的方言调查研究的基础。

（一）赵元任先生对中国语音学的贡献

中国语音学是赵元任较早进入的一个领域，从《赵元任年谱》中的记述来看，1925年之前，赵元任的兴趣中心是在语音学研究上的，此阶段语音学方面的代表性著述主要有《中国语言的问题》（1916）、《官话字译音法》（1921）、《国语留声片课本》（甲种，1922）、《中国言语字调底实验研究法》（1922）、《国音新诗韵》（1923）、《国语留声片课本》（乙种，1923）、《再论注音字母译音法》（1923）、《语音的物理成素》（1924）。

汉语语音的研究主要从历史语音学和静态语音学两个方面进行。历史语音学的研究重点在汉语的语音的演变及其规律方面，而静态语音学的研究主要是就某一时期汉语语音的特点进行的。赵元任在这两个方面都有贡献。著名音韵学家张世禄说："赵元任先生是我国采用新观点新方法新材料研究汉语音韵的前驱者之一。"①

1915年，赵元任阅读了大量的语言学著作，并且多次与胡适讨论中国语言的问题。到了1916年，他与胡适用英语共同写就了《中国语言的问题》，发表在《中国留美学生月刊》（*The Chinese Students' Monthly*）上。其中（一）、（二）、（四）为赵元任所写。他凭着对西方现代语言学的理解，概括出他早期的语言观和对中国语言文字改革的看法。

赵元任所写的这三篇文章为：（一）《中国语言学的科学研究》，（二）《中国语音学》，（四）《设想的改革》。文章的核心内容以科学的、历史的方法进行语言分析研究，这一原则也是赵元任终生所践行的。写

---

① 张世禄：《治学严谨的语言学家赵元任先生》，《语文杂志》1983年第1期，第3页。

这三篇文章时，历史比较语言学的方法和国际音标记音的方法在西方语言研究中已经被普遍使用，许多西方语言学家坚持用历史比较语言学的方法对口头语言（而不是书面语言）进行研究，认为语言是人类文化活动的一部分，他们关心当代语言，甚至方言。赵元任接受了这些西方语言学的理论方法，以此来思考中国语言学。《中国语言的问题》是赵元任从事语言学研究的起点，从此，赵元任开始全面地思考中国语言学的发展。这几篇文章涵盖了语言学多个方面的研究，而这些方面赵元任后来均有深入研究，且取得了卓越的成就。在《中国语言的问题》中，赵元任撰写《中国语音学》专文来讨论一些重要语音事实，语音学的研究为后来赵元任进行方言调查实践打下了坚实的基础。

在《中国语言学的科学研究》一文中，赵元任明确提出，中国语言研究一方面应进行科学分析，建立起标准化的系统，以此为基础，对语音、文字、词汇、语法等诸多方面结合中国语言的历史和现状展开深入的分析研究，另一方面应该以系统改革的方式作建设性的工作。在"科学的研究"这个部分，赵元任把研究题目分为四类：语音；方言语法和俗语；语源学，包括汉字研究；书面语语法和成语。对于语音的研究，赵元任在这篇文章中提出了进行研究的理论和方法，又在《中国语音学》一文中进行了更加详细的说明。他认为最主要的问题是同一个词在不同方言间发音差别很大，这些差别接触多了似乎存在着类似"格里姆定律"（即前面所述的"格林定律"）的东西。他认为与其他科学的归纳法一样，普遍规律的归纳不应该根据少数例子草率地做出来。他在文章中说：

> 中国语音学的研究必须放在科学的基础上。首先，它应该是历史的。《康熙字典》提供的语音大约有一千年了，江浙各省保留了最古老的声母，广东保留了最古老的韵母，这些事在受过教育的人里应该是常识，然而他们却不知道。我们也应该熟悉西方的语言学，既为了获得类推的方法也为了追溯实际的历史渊源。其次，它必须是经验的。清晰的观察和实际用法统计的研究必能提供判断和评论传统观念的基

础。第三，它应该是分析的。在这方面，我们应该熟悉一般生理的和实验的语音学。我们要运用能准确描写所命名的概念的术语。我们也要使用能最适合我们所研究的语音的表音系统。例如，不想今天也还流行的把某些音叫做"阴"而其他某些音叫做"阳"，其实我们只要区别一种是单纯的元音而另一种是由元音后边跟一个鼻辅音组成的复合音就行了。又比如，值得钦佩的"反切系统"对于语音的科学研究也是不足的，因为他分析地不够。①

赵元任在这段话中提出了中国语音学研究的三个方面：历史的，经验的，分析的。在《中国语音学》一文中，又详细论述了中国语音学的一些重要语言事实，但是指明是要引起兴趣而不是建立系统。赵元任从音类对实际的音、带音的辅音和不带音的辅音、韵母、声调、术语和标音几个方面来介绍中国语音学的这些语言事实，在前四个方面，他结合中国各地方言的发音情况说明这几项语言事实的存在。他认为，国际标音系统是一个简单省力的系统，但是用于汉语时还需要作适当的修改。赵元任比较了国际标音系统和叶斯柏森的系统，指出国际音标的系统"可能是用于发音字典最好的一种，而后者更适用于语音学的细致的研究"。关于声调的标记，在赵元任看来，最好的标记是图形标记，而研究声调，则可以把实际的声调录在留声机唱片上，根据它绘制语调的曲线，以时间作横坐标，音高作纵坐标。

赵元任在《中国语言的问题》中提出的问题是客观的，尽管这些论述还只是提纲挈领性质的，但是已经引起了当时语言学界的关注。1921年，赵元任为著名哲学家罗素在华演讲担任翻译期间与地质学家丁文江多次会面，丁文江将瑞典汉学家高本汉（Bernhard Karlgren）所赠的法文原版著作《中国音韵学研究》（*Études sur la Phonologie Chinoise*）前三卷转送给赵元任，认为该书对赵元任会更有用处，并希望赵元任能翻译

---

① 赵元任：《赵元任语言学论文集》，北京：商务印书馆，2002年，第671-672页。

它。《中国音韵学研究》的确引起了赵元任的兴趣,据《赵元任年谱》记述,他在日记中多次提到阅读高本汉所著的《中国音韵学研究》(read Karlgren's Phonologie Chinoise)。

据《赵元任年谱》记载,从1922年开始,赵元任在哈佛大学开设中国语言课,他的研究重点也逐渐转向了语言学与语音学。1922—1925年,赵元任对中国语言文字的改革投入热情,撰写多篇论文,并于1924年去欧洲考察一年,拜访著名的语言学专家学者,并参观他们的语音实验室。《赵元任年谱》记载:

> 访问英国著名语言学家Lloyd James, Daniel Jones和Stephen Jones等。Daniel Jones(与巴黎的Paul Passy)是国际语音协会(International Phonetic Association)的创始人,也是"Phoneme [(语)音素,或音位]"一词的发明人。Stephen Jones则在实验语音学工作方面有出色成就,元任参观了他的语音实验室。日记载,7月18日访问Jones教授,教授强烈地建议元任留在英国("went to see Prof. Jones who strongly advised me to stay here")。7月22日拜访C. K. Ogden教授。9月28日—11月1日再次回到英国进修,听Scripture, James, Jones等教授的课,并在语音实验室从事实验工作,Stephen Jones教授介绍Kymograph仪器在语音学研究中的应用,这种仪器在当时是比较先进的。

> 夏,在德国约住一个半月,在此期间曾几次去瑞典哥特堡(Göteborg),访问汉学家高本汉(Bernhard Karlgren)。

> 在德国期间,曾到汉堡(Hamburg)访问著名语音学家海因尼兹(Wilhelm Heinitz),参观其设备精良齐全的语音实验室。该实验室是当时语音实验中心之一。

> 在巴黎期间还拜访了语言界的Paul Pelliot和Jean Rousselot教授。Rousselot教授建议元任到巴黎大学学习。

> 旅欧期间主要是在法国,元任曾在巴黎大学注册听课。

当时西方的著名汉学家一般集中在法国,如 Paul Pelliot, Henri Maspero, Hubert Octave Permot, Joseph Vendryes 等,凡在巴黎大学开学者,元任必往聆听,不在巴黎者也必设法前去请教。

由于英法之间只隔一个英吉利海峡,交通便利,元任还常去英国访问、参观、听课、参加学术活动。据《杂记赵家》第四章介绍,只 1924 年下半年横渡英吉利海峡就超过十一次。①

赵元任与国际语言学家的频繁接触和交流,深化了他对语言学特别是语音学研究的理解,赵元任在巴黎大学所听的语言课,不仅使他获得了更多的语言理论知识,还得到了许多实际的语音学练习。这一时期,赵元任继《中国语言的问题》之后,写了专门论述语音理论和方法的文章《中国言语字调底实验研究法》和《语音的物理成素》。这两篇文章一方面介绍了实验语音学对于语音研究的科学性,另一方面提出跨学科研究的重要性。

赵元任用跨学科的方法——将物理的常识应用到语音现象上——进行语音学研究,使语音学研究的结论更加准确,后来赵元任所从事的语言学研究不仅结合西方现代语言学的理论和方法,也运用自然学科的理论和研究方法探讨语言现象,这种用跨学科的方法来研究语音的方法推进了中国语音学的科学研究。

前文我们已经提到瑞典语言学家高本汉的《中国音韵学研究》,这本书引起了赵元任的兴趣,进而影响了他对中国语音学、方言学的研究。《中国音韵学研究》的中文译本在 1940 年正式出版,然而事实上从 1921 年赵元任在瑞典哥特堡与高本汉初次见时,就已经谈及翻译《中国音韵学研究》一事。1928 年,赵元任与高本汉商定将此书翻译成中文并出版。随后,另两位语言学家罗常培和李方桂也加入到翻译队伍中来,三人商

---

① 赵新那、黄培云编:《赵元任年谱》,第 125-128 页。

议了五条译法：(1)将全书作一忠实能读之翻译；(2)改其错误；(3)加入新材料；(4)改用国际音标注音；(5)一部分重编。其目的是一方面让中国的读者能够看到欧洲人用历史比较法研究隋唐的音韵，一方面以译注校正高本汉的若干错误。书中的第一卷"古代汉语"和第二卷"现代方言的描写语音学"由赵元任口译，用留声机录音，罗常培对照原书听写成文。改编和加译者注的地方，关于语音学和方言材料的由赵元任担任。傅斯年在《中国音韵学研究·序》中曾介绍此书出版后在中国语言学界的震动：

> 瑞典高本汉先生所著之《中国音韵学研究》，始刊于民国四年，至十五年而完成。在其前三卷出版后，顿引起列国治汉学者之绝大兴趣，我国人士治语文之学能读法文者，亦无不引为学术上之幸事。盖其综合西方学人方音研究之方法与我国历来相传反切等韵之学，实具承前启后之大力量，而开汉学进展上之一大关键也。以斯年所闻，友人中欲此书译本流传中土者，先后有赵元任先生，刘半农先生，胡适之先生；斯年虽于此学无所能，其愿此书之吸收于汉土，亦未敢后人也。①

高本汉根据系联方法建立起中古音系（切韵音系）的音类框架，并将其作为构拟对象，把中国境内的30多个方言点的读音和几种域外方言的音值作为比较的材料，全面地构拟出了中古音系的声母、韵母系统，其中采用的方法是典型的历史比较法，由此可以看出高本汉在本书中运用的是语文学和历史比较法相结合的方法。这种结合是方法论上的一个进步，两种方法各有运用的领域，各自揭示了古音的一个方面。

不过，从根本上说，高本汉考订古音的方法是以语文学的方法为基础，历史比较法作为补充。但是，就是这作为补充的历史比较法给中

---

① [瑞典]高本汉著，赵元任、罗常培、李方桂合译：《中国音韵学研究·傅斯年序》，见《李方桂全集12》，北京：清华大学出版社，2007年。

国音韵研究带来了崭新的气象，将之引向一个广阔的领域。在书中，方言与外语借词对重建中古音系起了很重要的作用，例如，据二等肴韵在广州方言中的独立，确立了它在音系中的地位；据越南借词中读音的分立分开了喻三和喻四。构拟中国古音是系统地研究现代方言的起点，在此之后，把中国方言的语音进行描写说明，最终用音韵学的研究指明现代方言怎样从古音演变出来。

这部著作在理论方法上的开拓性贡献毋庸赘言，但是著述中也不乏音值、声调等方面的舛误。赵元任曾对高本汉的著述提出不少修改意见。比如，1930年，赵元任同高本汉以书信的方式讨论臻摄的入声栉韵"瑟"字音值。高本汉在回信中详细解释了构拟"瑟"字音值的过程，并且说明了"瑟"字在域外方音和客家话中读音的复杂性，最后与赵元任商讨修正了"瑟"字的音值。[①]1941年，赵元任在《汉语中古音中辨字与不辨字的区别》(*Distinctive and Non-distinctive Distinctions in Ancient Chinese*)一文中第一次把音位学理论运用于中国音韵学，并向高本汉提出修改"幽黝幼"三韵的音值的意见。1954年，高本汉接受这一意见，对音值进行了相应修改。

高本汉的《中国音韵学研究》中所运用的历史比较语言学的方法和田野调查的方法，对赵元任的研究更有直接的影响。后来，赵元任从事方言调查研究时，在1928年出版的《现代吴语的研究》中还将自己对方音的研究情况与高本汉所做的研究进行了十个方面的对比。

除翻译《中国音韵学研究》外，赵元任还翻译了高本汉的《高本汉的谐声说》和《上古中国音当中的几个问题》，这些文章成为中国学者讨论上古音有重要参考价值的著述。

赵元任对于中国语音学研究的另一贡献在于五度值标调法的创制和《音位标音法的多能性》的发表。

早在1927年，赵元任就向国际语音协会提出过五度值标调法。1928

---

① 赵元任：《关于臻栉韵的讨论》，见《赵元任语言学论文集》，北京：商务印书馆，2002年，第359页。

年《现代吴语的研究》出版之后，赵元任于 1930 年在国际语音协会 IPA 会刊《语音学教师》（*Le Maître Phoné-tique*）上发表《一套标调的字母》，创制出一套五度声调符号，也就是五度值标调法。中国古代的标调，唐时在字的四角点四声，宋时以点代圈，亦称"四角圈声发"。古时的这些标调法虽然可以标明调类，但是如果用于描写语音的实际调值时，就显得不足。赵元任早期把声调曲线画在五线谱图上的方法记录调值，成为五度值标调法的雏形。《现代吴语的研究》中，赵元任即采用了声调线和音乐简谱的方法记录调值。五度值标调法在后来的实验过程中逐步完善，最终明确以五度标尺的方式来标注调值。

1934 年赵元任撰写了《音位标音法的多能性》，这篇文章得到了国际学术界的广泛好评，成为音位学理论的经典之作。

文章从"音位的定义""影响音系的音位答案的因素""音质标音和音位标音"三章论述了根据语音材料归纳音位系统时的答案不是唯一的，是可以有多种可能方式的答案的。赵元任根据自己调查的经验，提出音质标音法的必要性，以及音质标音法不仅有用且必不可少的五种情况：（1）当称述某一种语言中某一个字的音时，其中所指的音素，音位标音法可以不必标，但称述时必须提到的；（2）在比较方言学中提出词或音的形式；（3）指出音变的苗头或残迹；（4）在得出合适的音位系统之前不偏不倚地考虑一种语言的总特征；（5）为教学时辨别虽同音位但音质相差很远的音。

这篇文章得到了语言学界的高度评价，语言学家裴斯评论说：

> 我们很难想到有比赵元任的这篇文章更好的对早期音位学具有指导意义的单篇论文了。……赵元任和他的论文最令人感兴趣的一点是他的论文可以用这两岸读者的任何一种方式阅读。我把这一点看作是他有非凡的天才和没有任何偏见的证明。我也曾听人用一句简单的话来解释这一点："赵元任什么事情都不会做得不好"，这仿佛是说，他的著作始终能使任何一个读者都感到满意。这一说法就我所知要么是

千真万确，要么是接近千真万确。①

赵元任根据自己多年方言调查时听音记音的经验，撰写出《音位标音法的多能性》一文，在肯定布龙菲尔德音位观点中合理成分的同时，批评其过分强调音位标音法的机械和片面的观点，公允地提出自己的看法。这一文章在国际语言学界引起强烈反响，他的音位理论为各国语言学家广泛引用。

（二）赵元任先生在方言调查研究领域的杰出成就

赵元任在《我的中国方言田野工作》（My field Work on the Chinese Dialects）中介绍：在美国上学时，虽然主修数学和哲学，但在语言问题上从没丧失过兴趣，也从来没停止过活动（"I actually never lost interest or ceased my activities in matters linguistics"）。② 从1925年起就正式以中国语言学及语音学为自己学术上的主攻方向了（"…and as early as 1925, when I began to teach Chinese phonology in the Tsing Hua Research Institute, I was officially, if not completely, concentrating on work on the Chinese Language"）。③ 此后赵元任将主要精力投入到语言学研究中。从事国语运动、推广国语罗马字仍然是赵元任关注的问题，他多次参与"国语罗马字拼音法式"的讨论，并且成为稿本拟定的执笔人。到1938年去美国，赵元任对中国语言学的重大贡献是带领中国语言学同仁进行了十多年的方言调查研究，制订方言调查表格、建立语音实验室，并将历史比较语言学和实验语音学的理论方法得以充分利用。

方言学是语言学的主要分支学科之一，方言调查是从事语言研究的基本功。汉语方言纷繁复杂，如果只是像记流水账一样机械繁琐地做平面描写，是不会有很大价值的，只有抓住差异才能使研究更深入，认识

---

① 赵元任：《音位标音法的多能性》译文后附注，见《赵元任语言学论文集》，第794-795页。
② 赵新那、黄培云编：《赵元任年谱》，北京：商务印书馆，2001年，第145页。
③ 赵新那、黄培云编：《赵元任年谱》，第133页。

更进步。方言调查的主要手段是记音,当方言研究进入到词汇、语法研究阶段时,要求就会比语音调查的记音更高。

1927年,赵元任在清华国学研究院任教期间,进行了第一次有计划的方言调查研究——吴语的调查研究,并撰写了《现代吴语的研究》一书。赵元任从小便对方言有着浓厚的兴趣,在迁居和留学时随处学习各地方言,陪罗素到中国各地演讲时也掌握了不少方言的特点。但是这些方言的学习和掌握并不是研究性的,缺乏系统性,随机性也比较强。1927年,赵元任进行了一次真正有计划、有目的、系统性的方言调查,这次调查遍及江苏、浙江22处方言区域,历时两个半月。出发前,赵元任花了一个月做准备工作,拟定江浙音表和词汇表,考虑并准备了包括所有声母、韵母和声调的单字例字表,包括75项日常词汇,56种文法和文体助词,还有《北风跟太阳的故事》等作为发音材料。在调查吴语时,由于没有配备录音设备,赵元任等人为了准确记录音调,随身带着一个滑动音调管,用来与发音人声调相配,以达到准确记录音调的目的。对于这次方言调查的目的和方法,赵元任在《现代吴语的研究》序文和调查说明中进行了明确的交代。在序文中,赵元任指出:"高本汉的所得的材料可以够使他考定隋、唐时代的古音的大概,但是假如要做中国的方言志,那还得要许多人许多年有系统的调查跟研究才做得好呐。"高本汉以汉语方言某些字的读音佐证并构拟中古音,而赵元任以研究方言本身为目的去研究方言。

《现代吴语的研究》采用了声调线和音乐简谱的方法记录调值,这也是后来五度值标调法的基础。审辨调值是借助渐变音高管,由耳朵进行估定声调的高低抑扬。简谱记调法不拘泥于主音的音高,比五线谱要灵活。

《中国大百科全书·语言文字》中评价《现代吴语的研究》为"中国第一部应用现代语言学方法调查研究吴方言的著作"。"赵元任最先使用国际音标记录汉语方言,语音分析深入细致,并能联系古代音韵观察汉语的古今变化,使错综复杂的语言现象得到了科学合理的解释。各地声韵调和词语的异同都用表格的形式表示，便于对照，一目了然。"①《现代吴语的研究》是中国20世纪第一部用国际音标方式描写方言的重要著作，书中运用的现代语言学理论和田野调查的方法成为中国方言研究的新路径。语言学家张世禄指出："五四运动前后，西方现代语言理论输入我国以后，赵元任先生首先运用现代方言的观点与方法发表了《现代吴语的研究》……《现代吴语的研究》是现代汉语方言学正式诞生的标志。赵先生的实践，奠定了汉语方言学发展的基础。"②

《现代吴语的研究》是中国方言学起步阶段的代表性著作。从赵元任方言调查开始，中国方言调查逐渐走向一门真正意义上独立的学科。1928年8月赵元任接受中央研究院的聘请，到历史语言研究所主持语言组的工作。《赵元任年谱》中记载："元任接受了中研院史语所聘请，主持语言组的工作。他认为语言学是他最大的兴趣，史语所语言组的工作将是他毕生的事业。"③

1928—1938年，赵元任主持了几次大规模的方言调查。1928—1929年，赵元任进行了两广的方言调查，得到的材料很多，主要成果体现在1947年出版的《粤语入门》中。1934年7月，赵元任、罗常培、杨时逢一同调查了徽州六县的方言。杨时逢回忆，这次调查"安徽府所属的六县，因交通不便，所以语言比较复杂，各县四乡都调查一过"④。

1935年5—6月，赵元任同李方桂、杨时逢调查江西九江、南昌、吉安和赣州等地方言，对57个点的方言进行录音，一共录了80多张留声片。

1935年10月，赵元任同丁声树、杨时逢、葛毅卿到湖南调查方言，这次调查使用了赵元任自己设计的专门扩音器。一共调查了75个点，录

---

① 《中国大百科全书·语言文字》，北京：中国大百科全书出版社，1988年，第421页。
② 张世禄：《治学严谨的语言学家赵元任先生》，《语文杂志》1983年第1期，第3页。
③ 赵新那、黄培云编：《赵元任年谱》，北京：商务印书馆，2001年，第155页。
④ 杨时逢：《追思姑父——赵元任先生》，《传记文学》第40卷第4期，1982年。

了144张留声片。同年12月，赵元任带领杨时逢、丁声树做钟祥方言调查。钟祥方言调查研究的起因是钟祥县准备修志，李博父（史语所李济的父亲）请赵元任提供方言材料，于是赵元任等人调查了县城和县西北长寿店的方言。《钟祥方言记》1936年写成，1937年在湖北《钟祥县志》第十二、十三章以简易本形式发表。赵元任在《钟祥方言记》序文中说："钟祥居湖北的正中心，方言是西南官话之一种，比武汉派的湖北话又多带一点普通话的色彩。现在给钟祥语言作一个较详细的记录跟分析，差不多就是把中国中省中部的代表语言记下来了。"赵元任认为，"做了一个比较详细的方言记，成为一个单刊，或者可以给人做一个其他方言记录的样本"。

王力评价道："《钟祥方言记》比起《现代吴语的研究》来，在方法上有了明显的进步。第一，著者把'语音'和'音韵'分开了：'语音'只是客观的描写，'音韵'则是声、韵、调相互间的关系；第二，著作拿前两章来作纯粹静态的研究，基本上不涉及历史。这样，描写语言学的性质就较浓厚。"①

《钟祥方言记》在某种程度上也成为当时一些语言学家进行方言调查的范本。"罗常培关于方言调查的著作有《厦门音系》（1931）和《临川音系》（1936）。《厦门音系》第一章是绪论，第二章是语音的分析，第三章是本地的音韵，第四章是比较的音韵，第五章是特殊词汇，第六章是标音举例。从第二章到第四章，完全是《钟祥方言记》的架子。"②

1936年春，赵元任、杨时逢、丁声树、吴宗济、董同龢等人进行了湖北方言调查，使用了专门扩音器，一共录音150张留声片。《湖北方言调查报告》由五人共同完成，于1938年写成，1948年出版，这是中国第一部有方言地图的著作。这次记音用了一种打破常规的办法：

---

① 王力：《中国语言学史》，太原：山西人民出版社，1981年，第202页。
② 王力：《中国语言学史》，第202页。在《中国语言学史》中，对这段话以脚注的形式有补充说明——赵元任《钟祥方言记》的序里说："……或者可以给人做一个其他方言记录的样本吧。"

> 按一般作方言调查的办法（如法国跟意瑞方言调查），初次记录应该用严式音标，全凭临时所听得的读音记下，不管音位的系统一致不一致，待整理的时候再归纳成各音位。这次用一个折中的办法。我们把声调的类数（有无入声，有无阴阳去，一共几声）先用少数几十个例子求出它的系统来，并且听熟了各调的约值，听到能遇字就认得出是这方言的某调……以后记音的时候，就只须把调类记出……至于声母韵母，为求把可能的声韵先听一遍，先记一遍预拟的声韵表，然后再记详细的单字表。①

对于湖北方言调查记音的方法，赵元任还特别强调了"留声片的音档"，由于这次调查灌制了留声片存档，因此方便了调查之后的复核。在这次记音中，赵元任等人运用了异同比较法：

> 笔记当中一个极有用的方法是异同比较法、多数人不知道双声叠韵同调是怎么回事，但是一百个人有九十九个说得出两个字是不是同音（包括调）。所以有时遇到三点中某点有问题时，我们就找两点相同的字来问同音不同音。如果同音，第三点就答复了。例如我要问声母分不分"尖团"（即有无 tɕi, tsi 等分别），就要拿同韵同调的"姜将，喜洗"等字来比异同。如果要问韵母分不分 ən, əŋ，就要拿同声同调的"镇政，根庚"等字来比异同。问入声归不归阳平，就问"一夷，福扶"等字来比异同。②

湖北方言调查是中央研究院历史语言所进行的第六次方言调查，这次调查是在江西和湖南方言调查的基础上进行的，分属于历史语言学构拟的全国方言调查计划，其目的是"少数人在几年之内，给全国方言做

---

① 赵元任等：《湖北方言调查报告》，上海：商务印书馆，1948年，第32页。
② 赵元任等：《湖北方言调查报告》，第32-33页。

一个粗略的初次调查,并且灌制全国的代表音档,所调查的地方要多到能够画得出方言地图来,每处所调查的材料要少到能够在几年之内就完成这计划"①。因此,综合报告设"湖北特点及概说"和"湖北方言地图"。报告以方言调查点为准绘制方言地图。点与点的分界"用一种跟方框子用意相同而形状看上去较醒目的办法,就是把所有的相近的调查点,大致平分它们的距离而画成界线"②,每幅方言地图都用这些平分调查点的分界线,一直到增加了调查点再修改地图为止。

《现代吴语的研究》和《湖北方言调查报告》是两次大规模系统性的方言调查。比较而言,《湖北方言调查报告》无论是扩音设备的使用还是描写语言学、比较研究等调查方法的运用,乃至最后方言地图的绘制,从方言调查的角度来说,都有了长足的进步,取得了突破性的进展,《湖北方言调查报告》还制作了音档留存,为以后的方言研究和比较做了准备工作。有评论指出:

> 它(《湖北方言调查报告》)是我国 1949 年以前最大规模的一次涉及全省范围的方言调查,是我国建国以前汉语方言调查研究中篇幅最大学术价值很高的一部著作,也是第一次采用地理图示法进行方言地理学研究的著作,是创造集体调查模式的第一次成功的尝试。无论是对方言调查工作还是编写调查报告集,它都具有普遍的指导意义。它是 20 世纪 30—40 年代汉语方言区域性调查的代表作。③

在这些大规模的方言调查之外,赵元任进行了不少单点调查,并撰写了专门的文章,《钟祥方言记》是其中之一,还有《南京音系》《中山方言》《台山语料》《绩溪岭北音系》《绩溪岭北方言》《常州方言》《广西瑶歌记音》等。赵元任在《南京音系》中特别指出两种方言研究:一

---

① 赵元任等:《湖北方言调查报告》,序。
② 赵元任等:《湖北方言调查报告》,第 1571 页。
③ 苏金智:《赵元任学术思想评传》,北京:北京图书馆出版社,1999 年,第 95 页。

种是语音学的研究,英文译作 Phonetics;一种是音韵的研究,英文译作 Phonology。语音学的研究是把所研究的方言里的语音(包括声调)分析出来,并且考定同一个音在什么情形下有什么变化(例如同化作用、轻音的影响等);音韵的研究是要问这方言里有什么声母、韵母和声调,拼出来有哪些字音(例如 g、k、h 跟 i 拼不拼),什么字属于哪一类(本地的音韵学),还要问它的分类法跟别的方言有什么异同(比较音韵学),还有跟古音音系分合的情况(历史的音韵学)。但是,赵元任强调说,语音学的研究和音韵学的研究不是绝对对立的,研究方音时是可以同时运用的。

但无论是《现代吴语的研究》还是《湖北方言调查报告》,都具有较浓的历史语言学味道,不是纯粹的描写语言学,缺少纯然静态的描写。从这一点可以看出瑞典汉学家高本汉对汉语方言调查的影响。王力曾提出:"搞描写语言学的人在著作中应该尽可能不涉及历史语言学,但是他们必须具备历史语言学的知识,然后描写语言学才搞得好。"①

方言调查材料的丰富使赵元任对纷繁多样的汉语方言的认识逐步深化起来。1935 年,赵元任发表《中国方言当中爆发音的种类》,文章讨论了包括北京在内的汉语方言爆发音在发音方法上的各种不同特点,对爆发音进行归类,总结出了十类爆发音,并进一步说明这些爆发音的不同特点会导致他们在语流中产生音变。1954 年,赵元任发表《方言记录汇总汉字的功用》,文章论述了方言调查中汉字使用的十项原则,并以北京话和常州话为例,以"狐假虎威"的故事为底本,详细说明这十项原则的具体应用。1967 年,赵元任发表《吴语对比的若干方面》。

赵元任也是较早进入方言语法研究领域的语言学家。他撰写的《北京、苏州、常州语助词研究》发表于 1926 年《清华学报》第三卷第二期上,这是一篇赵元任早年运用描写语言学的方法比较分析北京、苏州、常州三处方言语助词的论述,在这篇文章中,赵元任对北京、苏州、常州的十种语助词用法进行了详细的归纳描写,原文用注音字母与国语罗马字

---

① 王力:《中国语言学史》,太原:山西人民出版社,1981 年,第 203 页。

记北京音,用吴语音韵罗马字记苏州音和常州音,这三处方言材料的调查是基于赵元任所知道的,以及所遇见的这三处地方的人,并没有做大范围的调查。语言学家余霭芹指出:

> 赵元任一九二六年关于北京、苏州、常州语助词的文章可算是方言比较语法的鼻祖。后来虽然出现了不少有关个别方言语法的文章,其中也有涉及和普通话的比较的,但始终还没有概括各大方言的综合比较研究。①

方言语法的调查难度要在语音、词汇的基础上才能进行,难度比较大,赵元任曾住在北京两年、苏州一年、常州七年多,他的语言天赋使他在此期间掌握了这三种方言的基本语音、词汇、语法特点,因此,他能够对三种方言的语助词进行清晰的横向比较研究。这在方言语法研究方面具有一定的指导意义。

在语言学界,赵元任的名字是跟中国方言学发展的历史联系在一起的,赵元任对方言调查理论和方法运用的首创之功使中国方言学的建立有了坚实的基础。方言调查是中国方言学发展的基础,记音是方言调查的基本手段,保证调查的科学性、准确性才能做出正确的方言调查报告,这不仅需要灵敏的耳朵,更依赖语音设备的支持。语音实验室就成为进行方言调查的必备条件。赵元任1924年去欧洲考察时,除拜访语言学专家学者外,还参观了他们的语音实验室。1925年回国任清华国学研究院导师后,赵元任也多次购买语言学仪器,筹建实验语音室。时任清华国学研究院筹备处主任的吴宓在日记中曾记录赵元任任国学研究院导师期间所购仪器。

1925年7月27日:
下午,赵元任先生来(一)发电C. F. Palmer,命以

---

① 余霭芹:《汉语方言语法的比较研究》,见《历史语言研究所集刊》,台北:台湾商务印书馆,1998年,第59本第1分,第26页。

仪器装法国船运来，以企迅捷。（二）实验室中应用之器械（附单）须备。（三）特约新生专研语音学。①

1925年8月3日：

上午，见李仲华（一）发赵元任致C. F. Palmer仪器改由法国船运来之电。（二）议定研究生需交衣袋费一元五角。（三）赵君研究室中用之工作器具，交其购办。②

1925年8月31日：

赵元任来，谓Dictaphone③需1000元，决购。④

1928年，赵元任主持中央研究院历史语言研究所语言组的工作。赵元任制订了两项宏大的计划：一是计划在几年内对中国的方言调查一遍，整理材料，作为以后语言研究的参考；二是逐步建立起自己的语音实验室，制作音档留存。赵元任在《台山语料序言》中回忆："录音设备的日新月异，我们老是使劲的紧跟着"，"出什么买什么，我想我给中央研究院前前后后不知道浪费了多少钱，糟（蹋）了多少东西呐"⑤。"正是我第一次参加中研院史语所方言调查工作的那年，那时候我们都在广东，一个方言最丰富的区域，所以第一部调查就是两广方言，一方面想法子多得点语言的材料，一方面想法子利用向来没有很用过的语言记录跟语言分析的新工具——无论是在标音方法上啊，或是音位的分析上啊，哪怕是录音的新机器啊什么的，我们都想好好地试他一试。那次的'田野'工作是以广东省跟广西省的粤语之部为范围。"⑥

1930年，赵元任在上海时为中央研究院语言组订购过扩音机和扩大

---

① 吴宓：《吴宓日记》，北京：生活·读书·新知三联书店，1998年，第49页。
② 吴宓：《吴宓日记》，第52页。
③ 原书注释"录音机"。
④ 吴宓：《吴宓日记》，第63页。
⑤ 赵元任：《台山语料序言》，见《赵元任语言学论文集》，第495页。
⑥ 赵元任：《台山语料序言》，见《赵元任语言学论文集》，第495页。

器,这是继吴语调查时的滑动音管、粤语调查时的蜡筒之后一种较为先进的录音设备。从1931年开始,赵元任花了大量的精力在录音设备上,历史语言所所长傅斯年大力支持赵元任建立语音实验室。《赵元任年谱》1931年记载:

> 自主持语言组工作以来,花了很大的精力在录音设备上,亲自订购仪器、安装、调试和修理。到本年已购到放大器(amplifier)、录音电话机(dictaphone)、扩音机(public address system)、电容微音机(condensor microphone)、振荡器(oscillator)等。他经常跟清华大学物理系萨本栋教授一块儿实验,有时把仪器搬到清华大学,有时又把清华大学某些仪器的器件搬到史语所来调试比较。①

1932—1933年,赵元任接替梅贻琦出任清华留美学生监督处主任。赴美前,赵元任与傅斯年经过反复磋商,达成一致意见:"访问美国语言学界专家,并为建立语音研究实验室订购仪器"②。在美国期间赵元任先后在华盛顿、纽约各地采购语音设备,并在纽约与Fairchild公司联系订购仪器设备,拟用铝盘录音设备取代现有的蜡筒录音设备。1934年,赵元任回国后,继续在中央研究院历史语言研究所工作,此年历史语言研究所迁到南京北极阁,赵元任与研究所同仁一同筹建语音实验室。

赵元任建立的语音实验室,为中国后来实验语音学的发展提供了便利的条件。实验语音学不同于传统语音学研究,它是语言学领域中与其他学科横向联系最多的一门学科,其研究手段和方法也广泛多样,是一门综合性的边缘学科。在研究一种语言或方言时,传统语音学是从听音、记音入手,也就是凭耳朵听辨别语音,用口舌摹仿发音,然后记录下来加以分析归纳,整理成一种语音系统,所以被称为"口耳之学"。但是任何训练有素的语音学家总会受到本人母语现象影响,或难以判明或产生

---

① 赵新那、黄培云编:《赵元任年谱》,第176页。
② 赵新那、黄培云编:《赵元任年谱》,第177页。

错觉,同时,听觉器官的生理功能本身也有一定的限制,有些语音现象是无从发现的。因此,凭借仪器和实验,就可以弥补听觉器官的不足。

实验语音学可以解释传统语音学无法发现的语音现象。实验语音学凭借多种多样的实验手段和精密仪器,发现了一些光凭听觉和发音生理分析无论如何也发现不了的语音现象。1930年,赵元任研究和试验利用倒说话来分析语音,他将留声机倒开时灌制的倒英文留声机片在普通机器中放出来,然后用语音符号把全部的音记下来,用音乐符号把语调记下来。再用录音机录下自己按照记下来的倒英文读出来的语音,最后让录音机倒转着放出来,对比记录的语音和英文原文。通过这种方法,赵元任发现了语音的很多有趣的点,比如,"这个片子里有几个带音的吐气[ɦ],如上海匣母字读音。照平常的写法是先写一个辅音再写一个元音。如[ɦæ],并不是一个普通元音[æ]加一个中性的[ɦ],可见这[ɦ]是元音的一种形容性而不是一个元音前的声母"①。赵元任还明确指出这种方法可以验证记音的准确性,他举出例子:

> 北平"二"像是单纯元音,但倒过来觉得有点古怪(除调值不论),细听觉得起头太关,后来太开,因此知道正说的"二"是起头有点开,后来有点关的。②

实验语音学对于方言调查中的语音记录的准确性起到了关键性作用,而赵元任对实验语音学的运用也促进了这项学科在中国的发展。

在方言调查实践方面,赵元任设计制定出《方言调查表格》,这一表格在今天的方言调查中仍然使用。从1927年调查吴语开始,赵元任开始设计方言调查表格,吴语调查时设计的调查表格共计六种:

(一)1. 发音人资格
  2. 声母音值

---

① 赵元任:《听写倒英文》,见《历史语言研究所集刊》,台北:台湾商务印书馆,第2本第2分,第223页。
② 赵元任:《听写倒英文》,见《历史语言研究所集刊》,第223页。

3. 韵母音值

4. 韵母与下字关系（鼻尾同化）

5. 单字声调

6. 喻目等阴阳赏问题

7. 全浊上去问题（待代亥害之类）

8. 不成词两字声调（两字并重）

9. 成词两字声调（有轻重者）

10. "北风跟太阳"故事

（二）成词三字声调 512 词（或短句）（没有很用）

（三）平上去单字表（约 2300 字）

（四）入声单子表（约 400 字）

以上两表是方音的基本材料。

（五）1. 八百词词汇

2. 语助词

（六）读文吟诗乐调（没有很用）[1]

1928 年，赵元任为粤语调查准备材料，其中包括粤语单字、词汇表格，还有"北风跟太阳的故事"等。1930 年，赵元任设计并出版《方言调查表格》。该字表共收 3567 个字，是一个调查方音时的单字例字表，字是按照中古切韵系统排列的，横行为同一声部，竖行为韵母四声相同，同一页上的字基本是同一韵部，但是韵字很少的有时归并在同一页上。关于注音方式，赵元任特别说明："为印刷跟书写的便利，注音是用一种古音罗马字注。他的拼法是国语罗马字的一种扩充式。"《方言调查表格》中不少字的音韵地位和《广韵》有出入，《广韵》没有的字或没有的音而方言中常有的就参考《集韵》定。赵元任设计的《方言调查表格》后来经丁声树、李荣等语言学家修订而成《汉语方言调查字表》，一直沿用到今天，作为汉语方言调查的基本手段。

---

[1] 赵元任：《现代吴语的研究·调查说明》，北京：商务印书馆，2011 年，第 23-24 页。

（三）赵元任先生在国语罗马字运动中的贡献

陈原指出："元任先生是中国文字改革运动的先驱；而他本人就是从这里'切入'语言学领域的。"① 赵元任一生都对语言文字改革充满兴趣，他是对制定以拉丁字母为基础的国语罗马字拼音法式探讨得最系统深入的学者，也是在制定出国语罗马字拼音法式之前进行拉丁化方案制定实践最多的学者。

自16世纪始，外国来华基督教传教士制定和推行各种罗马字母（拉丁字母）拼音文字方案作为汉语的书写系统，其主要目的自然是为了将《圣经》翻译到中国、便于传播教义和帮助各地教徒学文化。19世纪初，传教士用罗马字母创制了不少类型的注音系统和书写系统，这些系统不仅有助于传教士传教，也方便中国普通百姓学习语言文化知识，传教士们还用罗马字母系统编制了大量书籍、词典、读物等，这些系统地记录了官话和各地方言的语音。然而，不管哪种注音方式，在100多年的时间内，汉字记音符号主要是罗马字母，声调符号也使用中国传统音韵学的发圈法，语音描写方式则主要引用发音相同或相近的英语词汇的语音，基本没有发音部位和发音方法的精确描写，基本没有受成立于1886年的国际语音学会描写理论和语音描写方法的影响。从这时起，许多语言方面的学者开始加入到中国文字改革的队伍中。

1915年，赵元任在留美中国学生会年会上宣读《吾国文字能否采用字母制及其进行方法》的长篇论文。1916年赵元任撰写《中国语言问题》，在第四部分提出中国语言的改革设想，从发音的标准化、韵的修订和韵律的发展、外国专有名字的翻译、口头词语的标准化、书面词语的改革、外部形式、字的简化、拼音化的论点、怎样使中文拼音化等九个方面来论说中国语言的拼音化问题，并且"对拼音化的十六条反对意见"进行了解答。细读这篇文章会发现，赵元任结合中国方言的多样性，对中国

---

① 陈原：《我所景仰的赵元任先生——〈赵元任年谱〉代序》，见《赵元任年谱》，第16页。

语言文字的拼音化问题进行了比较全面细致的构想，贯彻此文始终的是科学性和标准化原则，这两项原则的出发点是语言文字的合理改革且不违背语言发展的合理性，不仅如此，这种改革也不能背离中国语言文字的根本。试看如何"组织语音"这个部分，赵元任提出采用同源系统："一般说来，同源标准，比如《康熙字典》的标准，可以作出任何方言里所作的规律性的区分，尽管另一方面每个方言并不作出《康熙字典》所作的所有的区别，因此这里提供了字母表，它具有正常的标准发音，然而在每个方言里也可以有规律地改变其语音来发音……"[①]1923年，赵元任根据《吾国文字能否采用字母制及其进行方法》和《中国语言问题》写成《国语罗马字的研究》，发表在《国语月刊》第1卷《汉字改革专号》上。这篇文章中第一部分的"十大疑问"涵盖内容广泛，在解答疑问的同时，系统、多角度地论证了制定《国语罗马字方案》的必要性和可行性，第二部分展示了赵元任制定的"国语罗马字方案"，第三部分则详细论述了"国语罗马字方案"应该注意的25个原则，第四部分特别说明了他在制定"国语罗马字方案"时考虑得还不够成熟的一些方面，第五部分提出了"国语罗马字方案"推行的方法。这篇文章对于国语罗马字拼音法式的制定具有重要的意义和参考价值，涉及的问题全面且深入，此前学者无人能及，为国语罗马字拼音法式的制定奠定了扎实的理论基础。

1924年赵元任在《国语月刊》第2卷第1期发表《新文字运动底讨论》，系统回顾了"国际言语运动底历史"，并将国际言语运动同中国言语文字运动做了比较，还展示了其1923年9月1日拟定的"国语罗马字方案"，这是赵元任在国语罗马字拼音法式制定之前自己拟定的第二个方案。这篇文章强调方案应该运用"平常的罗马字"，而不应该运用国际音标，这一点是对钱玄同所主张的运用国际音标制定拼音法式的一个回应。文章对"声母拼法""韵母拼法""声调拼法""词类连书底目的"等问题做了详细阐述，而且还提出"拼法取其合乎广义的世界语""声调作为造字的一种材料"等主张，这些使人们看到拉丁字母比国际音标更加科学、

---

① 赵元任:《中国语言的问题》，见《赵元任语言学论文集》，第703-704页。

便利,方案最终完全限定在26个拉丁字母的范围内。

1925年8月,刘半农携带大批语言学仪器从法国马赛启程回中国。9月26日,刘半农、钱玄同、黎锦熙、汪怡、赵元任、林语堂等学人在赵元任家讨论音韵学问题,刘半农提议组成"数人会"。10月17日,"数人会"在赵元任家里正式成立。"数人"取自隋代陆法言《切韵》序:"魏著作谓法言曰:'我辈数人,定则定矣。'""数人会"在制定"国语罗马字拼音法式"方面起到了重要而积极的作用。"数人会"成立之后每两三个星期在赵元任所租的景山东大街的房子里聚会一次,由于"数人会"中的成员多数亦为"国语统一筹备会"之"国语罗马字拼音研究委员会"的成员,于是在钱玄同的提议下,改为专议"国语罗马字问题",赵元任参与了方案的草拟工作并且成为主稿人。1926年9月,"国语统一筹备会"召集全体成员,正式通过"国语罗马字拼音法式"稿本,11月9日向社会公布。1928年9月26日,国民政府大学院作为"国音字母第二式"公布了这个方案。

国语罗马字公布之后,赵元任做了许多推行的工作。他一方面积极撰写一些推行国语罗马的论文,一方面编写与国语罗马字相关书籍,如《国语罗马字与威妥玛式拼法对照表》《新国语留声机片课本(乙种)》《罗马字母名称练习句子》《罗马字的行文》《国语罗马字认声调法》等。除此之外,1929年赵元任出版的戏剧《最后五分钟》是汉字和国语罗马字的对照本,1929—1931年翻译的《走到镜子里》,赵元任在译完后又将全书写成国语罗马字本,既可以做学习国语罗马字的课本,又可以做学习中文的课本。

(四)赵元任先生《通字方案》对语文现代化建设的贡献

《通字方案》是赵元任早年进行语言学研究的总结性著述,更是长期从事语文现代化建设("国语统一运动")的实践性著述。赵元任在《通字方案》的制定方面花费了大量精力和时间。赵元任定义的"通字(general Chinese)是为了研究跟写作的方便,取中国语言当中的一部分作全部的代表,中文名称叫'通字',就是某字与某字在字源上相通的意思"①。

1966年,赵元任获得美国哲学会赞助,继续通字研究的工作,1967年写成《汉字通字方案的初步计划》②,并将其寄往美国哲学学会发表。据日记记载,1975—1979年赵元任在《通字方案》的研究方面投入了一定的精力。1979年7月,赵元任翻译英文版《中国通字草案》,并寄给杨时逢,请他送交"中研院"史语所集刊发表③。1983年商务印书馆编辑部将《通字方案》译成中文出版。

赵元任的《通字方案》(1983)的目的是基于实际应用:他希望建立一种通用语方言间的罗马字系统,这套系统应对大部分的现代汉语方言有所反映;他把这套系统看作一种实用的书系体系,可以用来书写现代的或传统的文本。此外,他也打算把他的这套体系作为汉语方言比较研究的工具。赵元任在《中国话的文法》中明确给出了"通字"的定义:

> 要是也考虑到方言里的差别跟字体的不同写法,在中文里设想一个通字(或共通语位)的概念也许很有用。这个通字(或共通语位)是把各种引申意义,只要同属一个语源,而在各大方言中的发音也相同,都归到一个字(或语位)之下。例如"原""源""元"都可归成一个通字"原"。……事实上,所谓通字这个概念,就是一种描写性的语源,只不过是以全国或者至少一个大地区为范围罢了。因为地域范围广,所以在实际运用上,就接近所谓历史语源(historical etymon)或者普通所谓语源了。④

---

① 赵元任:《通字方案》,序论,北京:商务印书馆,1983年,第3页。
② Preliminary Design for a System of General Chinese(Grant No. 4128 Penrose fund), *Year Book of the American Philosophy Society*, 478-482(1967)。1971年张洪年翻译成中文并发表,题为《汉字通字方案的初步计划》。
③ 赵元任:《中国通字草案》,见《历史语言研究所集刊》,台北:台湾商务印书馆,第50本第3分,第425页。
④ 赵元任著,丁邦新译:《中国话的文法》(增订版),香港:香港中文大学出版社,2002年,第99-100页。

从这段描述性的话来看，赵元任所指的"通字"是采用比较的方法立足于现代方言回溯式进行建构和归纳寻找到的"共通语位"。《通字方案》中的 2085 个通字是以官话、吴语、粤语、闽语为基础的，采用通用汉字和通用罗马字两种书写系统。通用汉字多数拿没加偏旁的作为通字，但是在方言中不同音的情况下通字也要区分，而如果一个字不止一个音（多音字），意义或者语法作用不尽相同，那就两个音都用。

相对于通用汉字来说，通用罗马字以"一个语素一个拼法"为口号，其拼法主要依据吴语的声母，官话的韵母，粤语的韵尾，吴语、粤语、闽语、官话的四声，以及闽语古舌上音知徹澄三母读塞音的特点构拟。赵元任构拟的通用罗马字与高本汉构拟的中古汉语音系不同。高本汉曾在早期著作里基于《切韵》构拟了中古汉语的音系，但与现代方言音系相比较时可以看出，大多数现代汉语方言的共同音系的音类实际上要比基于《切韵》构拟的简单得多。尽管赵元任精通国际音标，但是他构拟的通用罗马字所采用的是不同于一般音标体系的书写系统，这种书写系统主要着眼于现代几种主要方言中语音的区别。这个体系非常重要的一点是，赵元任采用的仍为国语罗马字中的声调拼写法，在方言调查研究时期他也曾用这种方法来标注过，在《中国话的文法》"声调"（1.3.4）中有详细的说明。

赵元任设计通字侧重于实际应用的层面，不仅可以书写文言而且可以书写现代方言。对于学习中国语言学的学生来说，学习通字之后甚至于可以掌握中国方言的总体特点，联系《广韵》等韵书甚至可以知晓中古汉语到现代汉语变化的一些特点，更可以欣赏文言诗、中国传统京剧（所谓尖团的不同）等。赵元任拟定的通字表没有给词汇加任何限制，其中不可避免地会出现不少同义词，他特别指出，没有必要有意避免同义词的出现，这些同义词对于学中文的外国学生会更有好处，因为在读书说话的时候总会碰到。赵元任在通字表中使用的"通字罗马字"，优于 Lamasse 神父和 Jasmin 神父根据高本汉构拟的中古音系统创制的"方音罗马字"。"通字罗马字"更能体现出现代几种主要方言的语音区别，"方言罗马字"的口号是"一个字一个拼法","通字罗马字"则是"一个(单音)词一个拼法"("一个语素一个拼法")。

《通字方案》在"本论"部分详细论述了选取汉字的10个原则和方法,并列举通字的音韵,列出2085个通字汉字和罗马字音节表。由于通字是作为书面形式设计的,因此赵元任特别指出,通字没有标准的读法。不过可以用粤语、闽语、吴语、西南官话、北方官话读出通字罗马字的若干大概的规则。

《通字方案》可以说是赵元任语言学成就的集大成之作,是其进行中国语音学研究、方言调查研究、国语罗马字方案拟定基础上的收官之作。长期担任赵元任实际研究工作助手的美国语言学家罗杰瑞,2011年在《方言》杂志上发表中文译文《汉语方言通音》。尽管这篇文章中提出的"汉语方言通音"是一种理论方法,是用来对汉语方言进行比较研究的,与赵元任提出的《通字方案》目的不同,但是罗杰瑞仍然明确提出:"感谢赵元任先生在音韵理论上的重要发现,那就是,可以用一套相当简略的声韵体系对汉语方言的共同音系作出音韵学上的解释,而这套音系只用几个通用的语音符号表示就可以了。"[①]

赵元任将西方学术研究理论和方法融入中国语言学研究各个领域,他的学术成果直接促成了现代中国语言学学术体系的构建。

(五)《中国话的文法》与赵元任先生对现代汉语语法研究的杰出成就

1948年,赵元任撰写的英文著作《国语入门》(*Mandarin Primer*)由美国哈佛大学出版社出版。这本书首先运用美国结构主义的理论和方法对现代汉语语法进行描写和分析,建立新的汉语语法体系,给汉语语法研究开辟了一条新的途径。1960年,在李方桂、杨联陞等语言学家的鼓励和支持下,赵元任开始在《国语入门》的基础上撰写《中国话的文法》

[①] 罗杰瑞著,R. VanNess Simmons(史皓元)、张艳红译:《汉语方言通音》,《方言》2011年第2期,第98页。

（*A Grammar of Spoken Chinese*）一书，1968年该英文著作由美国伯克利加州大学出版社出版。

需要说明的是，《国语入门》和《中国话的文法》两书原都是用英文撰写的。1948年《国语入门》在美国出版时，英文全称为 *Mandarin Primer, An Intensive Course in Spoken Chinese*，它是在《粤语入门》的基础上改变而成的，是一本教外国人学汉语的教科书。中文译本分别是：李荣编译的1952年北京开明书店出版的《北京口语语法》和斐溥言释述、董同龢校阅的《国语语法大纲》，1951年刊载于台北《国语日报·语文乙刊》第104—153期。《中国话的文法》英文原名为 *A Grammar of Spoken Chinese*，吕叔湘翻译了这本书的大部分内容，定名《汉语口语语法》，1979年由商务印书馆出版；1980年丁邦新翻译全书，定名《中国话的文法》，1980年由香港中文大学出版社出版。

赵元任在丁译本《中国话的文法》序文中说："这本书的中文书名'中国话的文法'，刚好代表咱们所要研究的语言的体裁。"这本书主要描写的是"二十世纪中叶在不拘形式的场合里所说的北京话"，赵元任指出，全国语法共同特点很多，各地的语法跟北京有一致性，把北京话的文法称为中国文法，比把北京话叫作中国话更为有理。在这本书中，赵元任分八章，采用描写性和结构性的方法对"中国话"的句法和词法做专门论述。第一章"绪论"说明《中国话的文法》的研究范围和方法。第二章从结构和口语的角度给"句子"下定义，并且论述句子的辨认、句值、句子跟句子的用法等内容。他指出："句子是文法分析上一个重要的最大的语言单位。"第三章"词跟语位"对"词""语位"的性质，以及如何辨认作出细致说明。第四章"构词类型"讨论词语的内部构造，赵元任把构词类型分为四类：重叠、词头、词尾、插词，并细致分析词语重叠、词头、词尾三种类型的表现形式、文法功能和意义。第五章从词语跟结构、并列式、主从式、动宾式结构、连动式、动补式结构六个方面对"造句类型"进行探讨。在这个部分中，赵元任用布龙菲尔德向心结构和离心结构的说法分析词语的结构关系，他认为，中国话里大部分结构是属于向心的，但是离心结构的复合词比离心结构的词组常见。第六章中，赵元任提出复合词可以从多层面进行分类，着重讨论各种造句类型的"复合词"。第七章重点讨论词类中的"体词"。第八章重点讨论"动词和别的词类"，在此，赵元任依据词在句子中的作用，即功能标准，将词类划分为三大类：体词、动词（包括形容词）和其他词类。

《中国话的文法》在汉语语法学上具有里程碑的意义，它真正开创了现代语言学意义上的汉语语法学，这部著作至今仍为汉语语法学研究的主导理论。赵元任以20世纪北京话为研究对象，成功运用美国结构主义语言学的方法全面系统研究现代汉语口语语法，对汉语语法现象进行了全面的描写和深入的分析。李荣曾有评价：

> 这是一部方法谨严、系统分明的大书，有很多创见胜义。这部著作以直接成分分析法作为研究语法的主要方法，显然受了结构主义语言学的影响；可是作者持论通达，从来不拿事实迁就理论。①

《中国话的文法》出版之时，正是乔姆斯基学派转换生成语法理论盛行之时，然而赵元任从汉语的实际情况出发对汉语的语法形式进行分析，比如他对"零句"和"整句"概念的分析。赵元任提出整句由零句组成，零句在汉语口语中是占优势的句型。这与乔姆斯基学派提出的任何语言的句子规则都是由名词性短语加动词性短语构成的，充当句子主语的一定是名词性短语，充当谓语的一定是动词性短语，这一理论不相一致。陆俭明在《关于零句和整句——读〈中国话的文法〉》中指出：

> 赵先生关于"零句""整句"的概念以及有关论述，实际上否定了乔姆斯基（Noam Chomsky）短语结构规则的普

---

① 《中国大百科全书·语言文字卷》，北京：中国大百科全书出版社，1988年，第515页。

遍性，虽然在《文法》里赵先生没有那么说。①

美国伯克利加州大学东亚图书馆馆长周欣平将1968年赵元任的《中国话的文法》与索绪尔1916年的《普通语言学教程》、布龙菲尔德1933年的《语言论》并称为20世纪结构主义语言学史上的三部开创性著作。并且指出："赵元任先生发展了索绪尔和布龙菲尔德的研究，弥补了结构主义语言学仅注重语音学和构词学而忽略句法和语义学的不足，把结构主义的方法运用到中国话的文法研究方面。"② 这个评价是公允而中肯的。

三、通才硕学赵元任先生带给我们的启示

赵元任是20世纪通才教育的典范，尽管赵元任后来在语言学方面用力最勤，获得的成就也最高，然而这离不开他在数学、逻辑学、哲学、音乐等领域的修养。通才教育又称自由教育，在受教育者身上反映出的是综合能力，受教育者需要掌握基础方法、广博的知识和自我选择的能力。总体而言，通才教育将自然科学、社会科学、人文学科的训练要求整合为一体，学科分割的壁垒在通才教育中被打破。赵元任幼年蒙受家学，后来进入溪山小学、江南高等学堂，留学美国在康奈尔大学、哈佛大学的学习经历都为他日后融通综博的研究奠定了良好的基础，源于此，我们也不再惊异博士毕业后的赵元任为什么被美国几所著名高校争先恐后聘请了。

赵元任对中国现代语言学的贡献可谓举世公认。1929年，他到广州中央研究院历史语言研究所的时候，傅斯年所长做介绍说：赵先生是汉语语言之父。1949年以后，罗常培在中国科学院语言研究所也说过赵元任是汉语语言学之父。赵元任对中国现代语言学的贡献是多方面的，可

---

① 陆俭明：《关于零句和整句——读〈中国话的文法〉》，载香港《语文杂志》1983年12月第11期，第32页。
② 周欣平：《高山仰止，景行行止——二十世纪中西学术史中的赵元任先生》，《清华大学学报》2013年第1期，第48页。

以说涉及汉语的每一个领域,从普通语言学、汉语语音研究、汉语语法研究、社会语言学到语文文字改革的理论研究与实践,他扩充了中国传统语言学的研究方法,更为现代汉语诸领域的研究构建起了一整套的科学框架。

赵元任的学术修养,又反映出其极具天赋的一面,正如他本人在24岁年初的日记中一再写下:"我想我大概是生来的语言学家、数学家和音乐家","我索性作个语言学家比任何其他都好"①。这个志愿贯穿了赵元任的整个人生。

1920年赵元任回国讲授清华学校的物理、数学和心理学课程。同年冬,在英国著名哲学家罗素(B.Russell)来华讲学期间担任翻译。赵元任的语言天赋于此期间完全展现出来。他不仅将外国语言翻译成精当的汉语,更能在短时间内掌握所到之地方言的特点,学会这种方言,并用当地方言为罗素的讲演翻译。赵元任在《我的语言自传》中曾回忆,他在长沙用湖南话为罗素翻译时,当地人以为他是湖南人,讲演过后还有人问他是湖南哪个县的。甚至在结婚以后,赵元任与夫人杨步伟定了日程表,今天说国语,明天说湖北话,后天说上海话等等。这些都足见赵元任先生的语言天赋。

赵元任生就喜欢学习方言和语言,又有一双灵敏的耳朵,能够分辨语音的差别。留美之前,他已经开始学习英语、德语,自学了拉丁语,日常生活中留心各地方言,学习了苏州话、福建话、南京话等,留美期间,赵元任选修了德语、法语、拉丁语、梵语等,以及大量语言学方面的专业课程,他对国际音标和比较系统的现代语音学理论尤其重视,这些对他后来从事方言调查和进行语言学方面的研究大有裨益。

当时人们将赵元任的"广博知识"和"广泛兴趣"视为天分,而赵元任则视为需要一贯强调和践行的研究之法,他认为,科学研究不应受学科的局囿,广大悉备,万取一收,乃为正途。从事语言学研究,须具

---

① 转引自吴宗济:《赵元任学术思想评传·序》,见苏金智:《赵元任学术思想评传》,北京:北京图书馆出版社,1999年,第5页。

备较高的哲学修养和思辨能力，而逻辑学、数学及其他方面的修养也同样不可或缺。

赵元任所倡导的这种"广大悉备"的学术视域，也恰好与清华国学研究院创立之初的办院宗旨高度一致，赵元任与清华大学的学术因缘，乃有其内在的必然联系。

1924年10月，根据清华大学筹备委员会草拟的组织纲要，清华决定在筹建大学部的同时，筹建研究院，"以备清华大学或他校之毕业生，对特种问题为高深之研究"。为继承中国古代书院的传统，清华校长曹云祥吸收英国牛津等世界著名大学实行导师制的经验，对国内外学人广泛物色和严格选拔，并邀请曾就读哈佛大学的吴宓出任清华大学国学研究院筹备处主任。在清华国学研究院开学日的演说词中，吴宓强调了国学的特点及国学研究院的地位与性质：

> ……故今即开办研究院，而专修国学。惟兹所谓国学者，乃指中国学术文化之全体而言，而研究之道，尤注重正确精密之方法（即时人所谓科学方法），并取材于欧美学者研究东方语言及中国文化之成绩，此又本校研究院之异于国内之研究国学者也。研究院之地位：（一）非清华大学之毕业院（大学院），乃专为研究高深学术之机关；（二）非为某一校造就师资，乃为中国养成通才硕学。研究院之性质：（一）研究高深学术；（二）注重个人指导。①

可见清华国学研究院在创立之初，确有明显的仿照古代书院与英国大学的办学模式。而清华《研究院章程》亦有明文规定："本院略仿旧日书院及英国大学制度。研究之方法，注重个人自修，教授专任指导。其分组不以学科，而以教授个人为主，期使学员与教授关系异常密切。"② 中国传统学术讲求的是"通人之学"，书院讲学的方式似乎较新式学堂更能

---

① 邵盈午：《清华四大导师》，北京：东方出版社，2009年，第9-10页。
② 邵盈午：《清华四大导师》，第315页。

体现传统学术会通和合的精神。吴宓极力彰显国学研究院的人文精神与书院风格，希望将清华国学研究院建设成研究"高深学问"的学术机关，以培养"通才硕学"为圭臬。从这个指导思想出发，他除了聘请学界泰斗王国维和梁启超外，还延聘陈寅恪、赵元任和李济，体现出清华国学研究院创立之初的办学理念，有意用"现代的科学方法整理国故"，体现"中西兼容，文理渗透，古今贯通"的精神。应该说，他与赵元任的治学理念，是十分一致的。

另据清华《研究院章程》所开设的科目规定："先开国学一科，其内容为中国语言、历史、文学、哲学等。"而授课方法有别于单纯的讲授，导师们让学生自行研究，另外授以外国哲学、文学，待学生们通晓西方学术方法之后，再回过头来审视本国学术，这种授课方式和立学形态，非常有利于培养"通人"。

宽松、自由、和谐、平等的学术氛围，吸引了一批有较强学术功底的才俊，他们在清华导师的带领下，不拘泥于学科的分界，在学术上共同追求"究天人之际，通古今之变"。清华国学研究院在其存在的四年时间里，开创了一种学术自由、教育独立的精神，各位导师发挥自己的才能，在这个宽松自由的学术环境中，不仅取得了不少研究成果，使清华国学研究院成为当时的学术研究重镇，还培养了一批具有极强学术研究能力的研究人员。显赫一时的清华国学研究院虽然只毕业了四期70余名学生，但是却培养了高亨、王力、姜亮夫等40多位有影响力的学术大家，为中国现代学术思想的发展做出了杰出贡献。

可见，赵元任受聘为清华国学研究院导师，也正成了清华国学研究院倡导通才教育的榜样。——年仅33岁便成为清华国学研究院最为年轻的"导师"，并非徒有虚名，而具有特定的象征意义。

1946年10月美国普林斯顿大学建校200周年时，授予了23位学者名誉博士学位，赵元任为其中之一，其颂语如下：

> 赵元任，文学博士：中国科学社创始人之一，并对中国科学院（Chinese National Academy）做出突出的贡献；他是

自己国家多种方言的学者和历史家，他的研究成果帮助西方人能更好地了解中国语言，中国人民的思想和理想。①

从这个意义上讲，赵元任的意义已经不只是一个语言学家，他还是向世界介绍中国人的语言、思想和理想的学者，是一个向世界传播中国文化和中国形象的文化大使。

《中国大百科全书·语言文字》卷在条目分类目录的"人物"栏里，把赵元任与国际上许多著名的普通语言学家放在同一栏里，并指出："赵元任是理论与实际并重的语言学家。在语言学的各方面都有深入的研究，杰出的贡献。"

美国语言学家豪根（E. Haugen）在1954年发表的一篇题为《现代语言学的方向》（Directions in Modern Linguistics）在文章的开头即指出：

> 语言学科，现在无论从这个词的任何意义来说，都是一门国际科学。很少学科，从它普遍的和特指的人类题材以及它与国家的相互关系和交际观点来看，能比得上我们这门学科能向这一术语提出更恰当的要求。就在我们的年代里，同前一年代比较起来，也作出了广大的语言学研究。可以作为特征的，大约在1930年左右，关于音位理论的研究，正如像在奥地利的特鲁别茨科伊和中国的赵元任这样散居各地的语言学家都作出了贡献。这已经是在拉斯克和格林姆的狭隘园地上跨进了一大步。②

除了自己从事语言研究以外，赵元任在美国执教时主要教授中文。1922年，赵元任在哈佛大学哲学系教哲学，同时开设中国语言学课，当时哈佛大学的燕京社还没有成立，学生只有三人，赵元任用罗马字拼音给学生正音，教授中国语言文学知识。1938年再次赴美后，主要教授的

---

① 赵新那、黄培云编：《赵元任年谱》，北京：商务印书馆，1998年，第290页。
② 转引自苏金智：《赵元任学术思想评传》，第53-54页。

课程是国语和粤语。1947年赵元任曾连续四期在《华北日报》上发表文章《中国语文教学问题》，并撰写了教材《国语入门》《国语入门识字课本》，与杨联陞合编《国语词典》等。他在哈佛大学陆军专科培训班（Army Specialized Training Program：ASAP，即"美国海外语言特训班"）当中文主任，培养了一大批人才。除此之外，他还为世界各地培养出一些活跃在国际舞台上的汉学家，如美国汉学家罗杰瑞（Jerry Norman，1936—2012，曾出任西雅图华盛顿大学亚洲语言文学系主任），再如曾师从高本汉后留学美国的汉学家——丹麦的易家乐（Søren Egerod，1924—1995，于1960年创立了哥本哈根东亚研究院），挪威的韩恒乐（Henry Henne，1918—2002，又译翰汉乐、何亨利，于1966年建立了奥斯陆大学东亚研究系），等等。赵元任将中国的语言文字乃至文化、思想引领进入世界的行列之中，让西方更了解中国，让中国的传统文化与西方科学巧妙地融合起来，可以说他是一个文化思想的传播者。

赵元任一生得到过许多学术荣誉。1945年赵元任当选为美国语言学会会长。他在《我的语言自传》中称自己"做了一个中国人自然是一件可以特别得意的事情"。1952年他荣任阿加细（Aggasiz）基金会东方语和语文学教授。1959年曾到台湾大学讲学。1960年又被选为美国东方学会会长。他是美国科学艺术研究院院士。他先后获得美国一些大学授予的名誉博士学位，这些大学是：普林斯顿大学（文学博士，1946年），加州大学（法律博士，1962年），俄亥俄州立大学（人文学博士，1970年）。这些学术荣誉，不仅反映出赵元任的学术研究水平，也反映出国际学术界对他所从事的学术活动的肯定与赞赏。

赵元任一生有关语言学所做的专题研究，不下三四百种，他的著作不但是划时代的贡献，更是承前启后的学术津梁。赵元任所发表的语言学论著，对今日语言学乃至科技的发展仍有指导作用，例如，当时他发表的音标、音位、语调、符号等系统，对于信息时代言语工程的某些方案的设计仍然发挥着作用。

正如陈原先生所说，赵元任"不止是一个杰出的语言学大师——当然他可以说是中国现代语言学的开山之祖，这是无可怀疑的，他还是一个最能接受新科学新工具新观念的博学多才的学人，一个当代的人文学者"①。

赵元任将他深厚的国学根基与掌握的西方先进理论和科学研究方法实现完美结合，开创了中国现代语言学研究的先河，并为中国学术和思想在西方的传播做出了巨大的贡献。因此，从这个角度讲，赵元任是中国的，也是世界的。

语言学家裘斯评价赵元任先生时，引用了他人对赵元任先生的评语："赵元任什么事情都不会做得不好。"

美国语言学界也曾有这样的对赵元任先生的赞语："赵先生永远不会错。"

——这些都代表着国际语言学界对赵元任先生的认可和评价。一个中国人以严谨的科学精神治学，并取得了杰出的成就，这在世界语言学史乃至世界学术史上，都是一个奇迹。而曾经作为清华国学四大导师的赵元任先生，为中国和世界，呈现了这个奇迹。

可以说，赵元任所引领的不止是一种学术研究方法，更是一种教育观念，即通才教育。研究赵元任，对于审视清华大学倡导的"通识教育"，乃至国内大学的"通才教育"，都具有极大的指导和启发。教育不单单是单独学科的"画地为牢"，同时更是各学科之间的整合与融通。清华大学提倡学生掌握自然科学和社会科学领域各学科的基本方法，从文理并重的角度培养各类人才，对中国当代大学教育理念和人才培养模式都将是不小的冲击和富有时代意义的创新。在国内高校日益注重"通才教育"，高倡素质教育的今天，研究赵元任先生同样具有鲜明的时代意义。赵元任先生对我们的现在和将来，也具有了深刻而久远的影响和启示。

---

① 陈原：《我所景仰的赵元任先生——〈赵元任年谱〉代序》，见赵新那、黄培云编：《赵元任年谱》，北京：商务印书馆，1998年。

为中华文化聚精会神：梁漱溟学述

⊙ 翟奎凤

梁漱溟是早期现代新儒学著名代表人物，因其特立独行，言行一致，表里如一，被海外学者誉为"最后的大儒"①。有意思的是，梁漱溟常认为他之所以归于儒家，是因为他小时没有接受传统的"四书五经"教育。与很多宿儒相比，他对儒家经典文献算不上很熟悉，很多基本经典他都不能像同时代很多知识分子那样流利地背诵下来。梁漱溟常反复强调他不是学问中人，而是思想中人，是本着自己的思想而行动的人。他对儒家的理解都是从自己的社会生活实践和人生感悟中得出的，他特别蔑视那种"寻章摘句老雕虫"式的考据学问，而是注重对儒家精神的阐发，特别是儒家的人生哲学，他有着很深的体味，对孔子儒学的修养功夫和生活之道有着很深的践行。梁漱溟的思想主要在人生和社会两个方面：人生思想方面主要是受到佛家和儒家的影响，他对两家精神的区别和一致性都有着很深的观察；社会思想方面，梁漱溟受社会主义思想影响比较大，同时他本着儒家的人生之道和伦理精神对西方的资本主义社会以及社会主义社会都有批评，在多年乡村实践中，他试图以儒家的伦理精神为导向，同时吸收西方政治和社会的积极因素（如团体组织精神），走出一条人类社会的理想之路。本文开篇从他早年人生三路向说起，引入其世界文化三路向提出的思想背景；然后主要是结合他的四部代表性的著

---

① 参见艾恺：《最后的儒家：梁漱溟与中国现代化的两难》，王宗昱、冀建中译，南京：江苏人民出版社，2011年。

作《东西文化及其哲学》《乡村建设理论》《中国文化要义》《人心与人生》来具体展现梁漱溟思想世界的历史性和丰富性；最后以梁漱溟与清华国学院及梁启超的历史因缘结尾，认为未来的国学研究应在梁漱溟的基础上向纵深展开。梁漱溟代表性的思想观点，除"文化三路向""中国为文化早熟、理性早启的民族""世界未来文化是中国文化的复兴"外，还有"互以对方为重""理性与理智的区分""中国古代是伦理本位、职业分途的社会，阶级对立不明显，不存在阶级社会""中国古代是有道德而无宗教的社会""未来社会需要周孔教化、礼乐文化的复兴""佛教是最高级的宗教"等等，这些都在本文的叙述中作了全面展开。

一、早年人生三路向

《东西文化及其哲学》中的世界文化"三路向说"是梁漱溟最为著名的思想学说，而他的这一思想实际上是由他早年（30岁之前）的人生三路向感悟而出。

（一）父亲影响：功利思想主导下的少年时期

梁漱溟（1893—1988）是公认的现代新儒家早期代表人物之一，有意思的是他小时并没有像很多同龄人那样读过"四书五经"，而是接受了社会上刚刚开始的新式教育，如六岁蒙学阶段读的是《地球韵言》，七岁上的是北京第一个"洋学堂"——中西小学堂，既念中文也念英文，十岁时入蒙养学堂，爱看《启蒙画报》《京话日报》等富有维新精神的报刊。这些可以说都是思想开明的父亲的特别安排。其父梁济举人出身，是晚清一名很普通的官员，但忧国忧民心切，中国的积贫积弱、列强对中国的凌辱对他刺激很大，所以他很早就认同维新变革，对社会对国家有很强的责任感，凡事认真有主见，讲求事功和实效，最看不惯无用的文人，思想上近于功利实用主义，这些对梁漱溟早年的思想和性格都有很深的影响。在梁漱溟看来，父亲对他人生最深刻的影响是使他有颗力争上游、一片向上的心，以及正大刚强之气，当然父亲对他信任而宽松、不干涉、不勉强的教育方式，充分尊重他的选择，从根本上成就了梁漱溟的自学成才之路。梁漱溟在自述中常强调他小时并不聪明，但他肯用心思，有一颗自觉向上进取的心以及对国家命运的深沉关切，这些除了受他父亲影响外，还深深地受益于他父亲的挚友、爱国志士、维新先锋、清末报业先驱——彭翼仲，梁漱溟小学时极爱看他所创办的《启蒙画报》。

梁漱溟十四岁入顺天中学，十九岁毕业，读了五年半的中学。受父亲影响，梁漱溟这一时期的价值观功利主义和实用主义色彩非常浓厚，评判一切人和事的标准就是看于己于社会有没有好处及好处的大小。在这种狭隘的实用主义价值观影响下，少年梁漱溟对哲学以及传统文化中的形上之道有着相当的抵触和反感情绪，他说念中学时"对于教师教我的唐宋八大家的古文顶不愿意听；讲庄子《齐物论》、《逍遥游》……那末更头痛。不但觉得无用无聊之讨厌，更痛恨他卖弄聪明，故示玄妙，完全是骗人误人的东西！"①

后来梁漱溟慢慢走出这种狭隘功利主义，这其中一方面是他始终有颗自觉向上的心，使他能够不断自我反省，另一方面就外在影响来看，主要有两个因素帮助他打开了心智：一是梁启超《新民丛报》和《德育鉴》的影响，二是同学好友郭人麟的影响。梁漱溟说：

> 《新民丛报》一开头有任公先生著的"新民说"，他自署即曰"中国之新民"。这是一面提示了新人生观，又一面指出中国社会应该如何改造的；恰恰关系到人生问题中国问题的双方，切合我的需要，得益甚大。任公先生同时在报上有许多介绍外国某家某家学说的著作，使我得以领会近代西洋思想不少。他还有关于古时周秦诸子以至近世明清大儒的许多论述，意趣新而笔调健，皆足以感发人。此外有《德育

---

① 梁漱溟：《如何成为今天的我》，见《梁漱溟全集》第四卷，济南：山东人民出版社，1991年，第852页。

鉴》一书,以立志、省察、克己、涵养等分门别类,辑录先儒格言(以宋明为多),而任公自加按语跋识。我对于中国古人学问之最初接触,实资于此。虽然现在看来,这书是无足取的,然而在当年却给我的助益很大。这助益,是在生活上,不徒在思想上。①

但这时的梁漱溟事功心强,一心要当大人物,成就大事业,真正对他狭隘的功利思想形成冲击的还是好友郭人麟。梁漱溟说:

> 恰遇郭君,天资绝高,思想超脱,虽年不过十八九而学问几如老宿。他于老、庄、《易经》、佛典皆有心得,而最喜欢谭嗣同的"仁学"。其思想高于我,其精神亦足以笼罩我。他的谈话,有时嗤笑我,使我惘然如失;有时顺应我要作大事业的心理而诱进我,使我心悦诚服。我崇拜之极,尊之为郭师,课暇就去请教,记录他的谈话订成一巨册,题曰"郭师语录"。一般同学多半讥笑我们,号之为"梁贤人、郭圣人"。
>
> 自与郭君接近后,我一向狭隘的功利见解为之打破,对哲学始知尊重,这在我的思想上,实为一绝大转进。②

从这里我们也可以看出,梁漱溟后来喜欢上佛学,比较早的外缘可能也是郭人麟。在他的影响下,梁漱溟开始重新审视哲学以及传统文化的形上之道。同时从梁先生的自述中,我们也看到他在中学时喜欢做翻案文章,不肯落俗套,有时能出奇制胜,这也反映了梁先生独特的思想和性格,后来他之所以能别出蹊径地提出文化三路向,与他喜欢做翻案文章、不落俗套的思想气质有着一定关联。

---

① 梁漱溟:《我的自学小史》,见《梁漱溟全集》第二卷,第681-682页。
② 梁漱溟:《我的自学小史》,第684页。

（二）由苦入佛：出世思想主导下的青年时期

梁漱溟曾反复强调他不是"学问中人"，而是"问题中人"，说他是一个有思想，而且本着他的思想去行动的人，认为自己的学问都是由问题逼出来的。梁漱溟一生精力主要集中在两个问题的思索上：一是人生问题；一是中国问题。无疑，人生问题对梁漱溟来讲是最为根本的，而他关于人生问题的思考是从苦乐问题开始的。可以说，苦乐问题是梁漱溟哲学思想的出发点，他自己也说"对于苦乐的研究是使我深入中国儒家、印度佛家的钥匙，颇为重要"。

十岁时就好用心思的梁漱溟通过追究"好处""利害"到底何所指，就追到人生"苦乐"问题上。到了十四岁时对人生苦乐问题更加敏感，努力去追究苦乐的根源，这样就接触到认为"人生唯苦"的佛学；大概从十五六岁起，梁漱溟就常到北京图书馆看佛书；十七岁时对人生问题异常烦闷，认同佛教"人生唯苦"的主张，认同印度出世思想，为此曾拒绝母亲为其议婚；十九岁（一说二十岁）时开始吃素，有出家为僧的念头。

梁漱溟真正开始集中学习研究佛学是从二十岁开始的，二十岁是梁漱溟人生的一个重要转折点，开始由实用主义、功利主义人生观转入佛教出世主义。二十岁前的梁漱溟热心事功和社会改造，政治上先是认同君主立宪，后来主张民主革命，也一度热心于社会主义学说。梁漱溟十九岁从顺天中学毕业，任《民国报》的编辑和外勤记者，得以近距离接触很多以前所钦佩崇敬的所谓"革命""政治""伟大"人物，他清醒地看到了政治内幕中很多肮脏、卑鄙的一面，于是大为失望，又看到社会底层民众的悲苦，这时热心敏感的梁漱溟内心极为冲突，有两度试图自杀。二十岁时梁漱溟又遭丧母之痛，于是从二十一岁开始专心研究佛学，想从佛教智慧中寻求苦的根源和解脱苦痛的方法。

到二十二岁时，梁漱溟对佛学已经有了自己独特的理解，现在能看到他最早讨论佛学的文字当为作于1914年的《谈佛》一文，这篇文章本来是一封写给舅舅张蓉溪的家信，但通篇谈论的都是他近年来研习佛学的心得和主见。在这篇文章中，他说一年多来自己的所思所想唯有佛，而今后的志趣就是出家为僧。然后笔锋一转大谈自己对佛的理解，对苏轼、白居易等文人论佛大批一通，认为宋明理学的很多主张与佛学很相似，实际上是受佛学影响的结果，认为不明佛学，就不足以论理学。接着梁漱溟又对梁启超等人所倡导的所谓"不主出世"的"应用佛学"展开了批评，提出了他对佛教的独特理解，即"以出世间法救拔一切众生者也"，认为主出世间而不救拔众生者非佛教，主救众生而不以出世间法者也不是佛教，前者是声闻独觉，后者是孔仁耶爱、社会主义等，只有出世间法（觉而返于法界而为法身，名曰涅槃）与救拔众生（范围不止于人类，一切有情皆为众生）的圆融，才是真正的佛教。梁漱溟还认为未来社会主义大行之后，人们的痛苦并不会比过去减轻，这时会对佛教的义理产生强烈的皈依感；认为当时的科学新发现（雷铤 radium、催眠术等），可以用来帮助揭示佛教真谛；认为很多德国哲学家开始钻研佛学，将来西方哲学会"尽成佛经注脚"。最后梁漱溟再次表达了自己出家为僧的宏愿：研究哲理来阐扬佛学，倡导社会主义以促佛教成功。同时我们从中还了解到，梁漱溟有感于当时僧团不能自食其力所导致的没落，他想学习中西医，以作为将来谋生的手段。梁漱溟在这篇文章中不止一次明确表达了他对梁启超佛学思想的不满，认为梁启超与谭嗣同一样不明佛教出世法的深义，但谭颇有造诣，梁则徒有谭之缺点而无其长；对佛学界对梁启超的恭维深表反感，认为梁只是聪明的学问人，仅明佛教"权"（方便）的一面，而不明其"实"（究竟）的一面。

张蓉溪是梁漱溟母亲的堂弟，与梁同岁，是他小时很好的玩伴。张蓉溪志向远大，事功心强，北京大学法科毕业后留学英国爱丁堡大学，但年仅二十三岁就因忧思和用功过度而病逝于英国。1915年梁漱溟得知张因忧思致病，于是又去一信劝慰他，后来发表在《甲寅》杂志第1卷第8号时题为《儒术》。这封书信初步表达了他对儒学中庸、中和之道的理解，他说："中庸儒者之道也，恢然若天地之苞万物，使人养生送死乎其中，而不为出位之思，而其术要在礼乐，《乐记》云'礼乐不可斯须去身，致乐以治心，则易直子谅之心油然生矣。易直子谅之心生则乐，乐则安，安则久，久则天，天则神'。盖情不可极，极则横决矣。儒者经世不能绝人情，故务节之和之，而后可以长治久安。"梁漱溟批评不识孔子中和之道的曲儒"忧悄愁苦以为仁，激昂愤慨以为义，戾气充塞，而人情淫僻，忧苦之极，嫉人厌世，愤慨之极，纵欲玩世，横决之祸及烈矣"。于此可见，梁漱溟后来对儒家礼乐之道的重视，以及他由"乐"来走进孔子之道，早在二十三岁时这种认识和体认就已经初步形成。

1915年梁漱溟在《甲寅》杂志还发表《佛理》一文，主要是回应陈独秀等人对佛教"无明""阿赖耶识""一心开二门"等思想的责难，该文主要论点在随后1916年的《究元决疑论》中都有体现。《究元决疑论》是梁漱溟学佛四五年来思想的一个小结，该文先说造论因缘，即有感于身边很多人的忧苦烦恼，欲以自己所体悟到的佛教智慧来使他们的人生获得大安稳，然后从"究元"（佛学如实论）、"决疑"（佛学方便论）两个方面作了具体展开。"究元"部分从"性""相"二宗说起，不过在论性宗真如时，梁漱溟以西方科学家鲁滂《物质新论》比附佛家的《起信论》《楞严经》，以"以太涡动"附会"真如无明"。这种谬误很快遭到了梁漱溟本人的完全唾弃，而其以《三无性论》《佛性论》及章太炎之说来论相宗三无性义，在1923年所写附记中也被否定，说"此段全不曾弄明白"，认为太炎所论三无性"尤多错误杜撰"。"究元"部分梁漱溟又从"不可思议义""自然（Nature）轨则不可得义""德行(Moral)轨则不可得义"三个方面发挥了佛教无自性的思想。在"决疑"部分，主要论说了佛教的出世间义和随顺世间义。在这篇文章中，梁漱溟引述了康德、叔本华、柏格森等西方哲学家的学说来诠释佛教思想，当然在他看来这些都不如佛学究竟圆满。梁漱溟后来认为这篇文章真是"荒谬糊涂，足以误人"，但这篇处女作发表后（梁时年仅二十四岁），引起了很多社会名流的称道传诵，梁先生的佛学研究开始为社会所了解，并因此文为蔡元培所青睐而被请到北大教书。可见，此文固然有很多待商量处，但其中议论不乏精彩独到处，而且以二十四岁青年敢于挑战前辈权威，如认为梁启超以佛义比附康德学说为"无知妄谈"，这不仅需要智慧，更需要勇气。1917

年梁漱溟还有《无性谈》一文以案桌为例,从视觉、触觉、听觉等方面分析了其色、形、质感等现象的外缘条件性和不定性,破除日常感觉对现象认识的执着,说明本体无自性的不可思议。

按梁漱溟自己的说法,他是二十八岁,即1920年才放弃出家思想,归到儒家思想的。但是我们看到:1916年8月司法总长张耀曾推荐他任司法部秘书;1917年10月因张耀曾下野,梁漱溟也随即辞职,南下苏杭、湖南一带游历,沿途所见民生疾苦,触目惊心,有感于南北军阀战祸之惨烈,奋笔写下《吾曹不出如苍生何》一文,呼吁社会各界有心人出来组织国民息兵会,共同阻止内战,培植民主势力,并自费印了数千册,分送与人。联系梁漱溟少年时的事功情结,可以说他忧国忧民、舍我其谁的情怀是始终未断的,这些都合于儒家的精神,也就是说他虽然二十八岁才明确归宗于孔子儒学,而实际上至少从二十五岁开始其行动与情怀就已经合于儒家,也只有这样他才会很快以孔子儒学为自己的人生信念。

(三)由乐入儒:归落到中国儒家思想

1917年10月,梁漱溟正式到北京大学任课,讲授印度哲学,一直到1924年,在北大前后七年。这时"新文化运动"正是"打倒孔家店"和否定传统文化如火如荼的时候,梁漱溟毅然表态说他此来"除替释迦、孔子发挥外,更不做旁的事"。1918年,梁漱溟感于欧化炽盛,在《北京大学日刊》上发表启事征求志同道合者来共同发扬东方学术(佛陀与孔子之学),他在启示中说:"顾吾校自蔡先生并主讲诸先生皆深味乎欧化而无味于东方之化,由是倡为东方学者尚未有闻。漱溟切志出世,不欲为学问之研究;今愿留一二年为研究东方学者发其端,凡校内外好学君子有同心者极愿领教。"[①]可见,梁漱溟此时出家的愿望仍很强烈。启示发出后,应者寥寥,而且多是仅对佛法有兴趣,但梁漱溟心中的重点在孔子儒学,于是再发启事专门征求对孔子哲学之研究有志趣者。当时有人认为梁漱

---

① 《北京大学日刊》第221号,1918年10月4日。

溟反对欧化，他声明说"欧化实世界化，东方所不能外。然东方亦有其足为世界化，而欧土将弗能外者"①，大意是说欧洲文化有世界化的普遍价值，这是不能否定的，他本身并不反对中国的欧化，但是东方文化也有可世界化的普遍价值需要发扬，这在当时无疑是逆潮流而上，而在今天看来是非常有远见的。同年11月，梁漱溟在孔子哲学第一次研究会上发表演讲，说自己初入佛教出世思想时也非常鄙薄孔子，后来才发现孔子在人生观上的可贵，认为"住世的思想之最圆满者无逾于孔子"，认为佛学与孔子在形而上学上很接近，又说"至于余之个人则切志出世，未能领孔子之化，好揽世间之务，抛出世修养。年来生活，既甚不合世间生活正轨，又甚不合出世生活正轨，精神憔悴，自己不觉苦，而实难久支，一年后非专走一条路不可也"②，可见此时梁漱溟尚在佛学出世与孔学入世中挣扎徘徊。不久，梁漱溟父亲自沉于净业湖，这对他的精神刺激很大，后来他多次痛悔自己对父亲的不孝和不敬，检讨自己的种种"悖逆无人子礼"，他说父亲"以痛心固有文化之澌灭，而不惜以身殉之"，认为其父是为国性（文化风教）而殉身，应该说这对他不久放弃出世立场，回到孔子入世情怀上来是一个很大的触动。

1919年，梁漱溟在北大的讲义《印度哲学概论》一书交商务印书馆出版，该书主要从本体论、认识论、世间论三个方面借用西方哲学的一些范畴来梳理印度宗教哲学的基本问题，以佛法为主兼及当时印度哲学的主要宗派。1920年，梁漱溟开始放弃出家的志愿，从此以后以儒家入世的情怀来生活奋斗，虽然此种想法酝酿已久，但具体的因缘触发是这年春天梁漱溟应少年中国学会作宗教问题讲演，之后在家补写讲词，他说："此原为一轻易事，乃不料下笔总不如意，写不数行，涂改满纸，思路窘涩，头脑紊乱，自己不禁诧讶，掷笔叹息。既静心一时，随手取《明儒学案》翻阅之。其中泰州王心斋一派素所熟悉，此时于东崖语录中忽

---

① 《北京大学日刊》第241号，1918年10月31日。
② 梁漱溟：《在孔子哲学第一次研究会上的演讲》，见《梁漱溟全集》第四卷，济南：山东人民出版社，1991年，第550页。

看到'百虑交锢，血气靡宁'八个字蓦地心惊：这不是恰在对我说话吗？这不是恰在指斥现时的我吗？顿时头皮冒汗，默然有省。遂由此决然放弃出家之念。"① 当然梁漱溟放弃出家之念有着多方面的原因，这只是其中一个方面。梁漱溟后来对此心理变化还从另一角度作了观察和反省，他认为自己被误拉进北大讲哲学，和知识分子混在一起，不免起了发于身体的争名好胜之心，男女欲望随之升起，心地很难再清净，于是最终放弃出家清修的想法，这年冬天结婚，开始过儒家的生活。

梁漱溟由佛学出世思想走进孔子儒学的生活和思想世界，很大程度上是孔子儒学"乐"的精神的启发，他说：

> 特使我思想上有新感受者是在《论语》。全部《论语》通体不见一苦字。相反地，劈头就出现悦乐字样。其后，乐之一字随在而见，语气自然，神情和易，偻指难计其数，不能不引起我的思寻研味。卒之，纠正了过去对于人生某些错误看法，而逐渐有其正确认识。
>
> 当初归心佛法，由于认定人生唯是苦（佛说四谛法：苦、集、灭、道），一旦发现儒书《论语》开头便是"学而时习之不亦乐乎"，一直看下去，全书不见一苦字，而乐字却出现了好多好多，不能不引起我极大注意。在《论语》书中与乐字相对待的是一个忧字。然而说"仁者不忧"，孔子自言"乐以忘忧"，其充满乐观气氛极其明白；是何为而然？经过细心思考反省，就修正了自己一向的片面看法。
>
> 后世如宋儒，每言"寻孔颜乐处"。明儒王心斋更作有《乐学歌》云："乐是乐此学，学是学此乐；不乐不是学，不学不是乐。"（见《明儒学案》中《泰州学案》一章）王氏又云"人心本无事，有事心不乐；有事行无事，多事亦不错"。其云"有

---

① 梁漱溟：《我的自学小史》，见《我生有涯愿无尽·梁漱溟自述文录》，北京：中国人民大学出版社，2004年，第36页。

事"者,指此心有所挂碍,即失其流畅也。其云"无事"者,指此心随感而应,过而不留也。此乐是深造自得之乐,与彼有所得于外之乐迥然两回事,恰为生活上两条脉络。①

这种精神深深影响了梁漱溟对儒学的理解,即总体上偏向陆王心学特别是泰州学派一系。有意思的是梁漱溟到此为止的早年人生完成了两次大的转变,他由此感悟出人生有三个路向:

> 一、肯定欲望,肯定人生;欲望就是人生的一切。
> 二、欲望出在众生的迷妄;否定欲望,否定一切众生生活,从而人生同在否定之中。
> 三、人类不同于其他动物,有卓然不落于欲望窠臼之可能;于是乃肯定人生而排斥欲望。②

显然,这就是他后来提出文化三路向的雏形,他说:

> 1920年讲于北京大学,次年出版之旧著《东西文化及其哲学》,即以此三条路向或云三种人生态度为其立论之本,谓儒家、佛家之学从人类生活发展变化历史途程上看,实皆人类未来文化之早熟品;瞻望前途,中国文化即将在最近未来复兴于世界。自己既归宿于儒家思想,且愿再创宋明人讲学之风——特有取于泰州学派之大众化的学风——与现代的社会运动融合为一事。……后此我之从事乡村运动即是实践其所言。③

吊诡的是,梁漱溟认为他有此三路向的发现和创见,与他小时父亲没有让他读儒书有绝大关系,他说:

---

① 梁漱溟:《早年思想之再转再变》,见《我生有涯愿无尽·梁漱溟自述文录》,第73页。
② 梁漱溟:《早年思想之再转再变》,第74页。
③ 梁漱溟:《早年思想之再转再变》,第74页。

正是由于我怀人生是苦的印度式思想，一朝发现先儒这般人生意趣，对照起来顿有新鲜之感，乃恍然识得中印两方文化文明之为两大派系，合起来西洋近代基督教的宗教改革下发展着现世幸福的社会风尚，岂不昭昭然其为世界文化文明三大体系？

　　假使我循旧社会常例先读儒书《论语》，早接触得原来的中国式人生意趣，那么，我将不易觉察世界有如上三方社会人生文化文明之划然各具有特色异彩的。我或将囿于见闻之一偏而从吾所好；或将疏忽漠视此其间的分异焉。此所以早年未读儒书实为我思想演变上一大关键也。①

至此梁漱溟的人生观和思想世界走向成熟，从此以后开始过一种儒家式的生活，但他后来也一再强调其内心依然对佛法很尊崇，只不过是放弃了出家修行的想法。从佛法的角度上来看，我们也可以说他是从小乘佛法只追求自己解脱的自了汉，走向"不舍众生，不住涅槃"普度众生的大乘佛法。当然，我们也可以说这也是梁漱溟从儿时就开始形成的对民族命运与民众疾苦深沉关切的情怀的反映。

我们说梁漱溟放弃了出家的想法，但不等于他放弃了对佛法的信仰，从他后来的回忆来看，佛法是他一生未变的信仰。梁漱溟对佛教有很深的感情，但是他同时也清醒地看到佛教并不适合在当时的中国社会进行广泛推广。近代以来就不断有人倡导"以佛救国"，梁漱溟对此是反对的，他在1920年《唯识述义》序言中说：

　　如上海刘仁航先生同好多的佛学家都说佛化之大兴可以救济现在之人心，可以使中国太平不乱。我敢告诉大家：使佛化大兴，中国之乱无已。②

---

① 梁漱溟：《我早年思想演变的一大关键》，见《我生有涯愿无尽·梁漱溟自述文录》，第75、76页。
② 梁漱溟：《唯识述义》初版序言，见《梁漱溟全集》第一卷，第252页。

在《东西文化及其哲学》的最后，梁漱溟也反复强调此意，认为世界最近的未来是属于第二期的中国文化的复兴，对印度文化"一切向后"的态度要排斥，对西方文化要全盘接受并根本改过。在梁漱溟的私心里，他是倾向于过佛家的生活，但当看到中国民众的疾苦与中国社会的千疮百孔，他宁愿放弃佛家生活，而过一种积极的儒家式的生活，这里我们看到梁漱溟悲天悯人的精神。

二、论东西文化及其哲学

梁漱溟一生著述比较多，尽管他后来常强调《中国文化要义》与《人心与人生》的重要性，但就历史影响来看，《东西文化及其哲学》无疑是他最为重要的作品，也正是这部名作使他开始蜚声海内外，奠定了他作为一代思想大家的历史地位。作为思想家的梁漱溟，《东西文化及其哲学》是其一生最富创造性的著作，他后来的很多思想都是在此基础上进一步完善的，而其中最为著名的观点——中、西、印文化三路向说——是他一生都坚持的思想学说。

梁漱溟是与李大钊、陈独秀等新文化运动健将一起被蔡元培聘到北大的，当时梁漱溟面临的局面"完全是西方化对东方化的绝对的胜利，绝对的压服！"[①]但是大家对到底什么是东方文化、什么是西方文化并没有弄清，一向爱思考、爱作翻案文章的他毅然担负起为孔子、释迦说话的责任。1918年，梁漱溟在《北京大学日刊》上登广告征求研究东方学的人，但是并没有找到真正有识见的人，仅在哲学研究所开了一个"孔子哲学研究会"将他自己初步的想法略述一二。1919年，在《唯识述义》"前言"里进一步讨论了此问题的重要性。1920年，在北大开始作"东西文化及其哲学"的讲演。1921年在王鸿一的邀请下赴山东再作此讲演，同年《东西文化及其哲学》由商务印书馆出版，该书加绪论共分五章，第二、三章是讨论"如何是东方化、如何是西方化"的问题，第四章是

---

① 梁漱溟：《东西文化及其哲学》，北京：商务印书馆，1999年，第12页。

关于"西洋、中国、印度三方哲学之比较",第五章是讲"世界未来之文化与我们今日应持的态度"。

关于"如何是西方化"的问题,梁漱溟认为"西方化"是以意欲向前要求为其根本精神的,而其"意欲向前的要求"又主要表现在"塞恩斯"(科学)与"德谟克拉西"(民主)两个方面。与西方的科学精神相比,中国文化则艺术精神突出,玄学化、主观性、模糊性太强,一直没有进步。与西方民主精神、个性得以伸展相比,中国社会则是独裁的、专制的、家长制的,个性压抑。西方民主精神是"公众的事大家都有参与做主的权,个人的事大家都无过问的权",中国社会则是"有权的无限有权,无权的无限无权"①。

关于文化三路向的思想,梁漱溟强调其观察文化的方法,完全是本着他所得到的佛家特别是唯识学的意思,指出生活就是"相续",是"无尽的意欲","就是用现在的我对于前此的我之奋斗",而"努力去改变前此的我的局面而结果有所取得,就是所谓奋斗"。所谓"现在的我"就是现在的意欲,而"前此的我"或"已成的我"主要是指唯识学所说的"真异熟果",即"这个差不多成定局的宇宙","由我们前此的自己而成功这样的"。②人生三路向,就是指人生的三种态度、三种不同的生活意欲,一是向前面要求,二是对于自己的意思变换、调和、持中,三是转身向后去要求。在梁漱溟看来,第一种就是文艺复兴以来的西方文化的路向,第二种为几千年未变的中国文化的路向,第三种即印度文化一直以来的路向。

庸俗的唯物主义常常认为生产力即物的因素是人类社会发展的根本动力,与此不同的是,梁漱溟认为人的精神力量才是历史的动力,人的世界观、人生观、价值观的改变是引起社会变革的根本原因,他认为正是文艺复兴以来西方人从中世纪的上帝天国中走出来,才有了人与自然的大发现,才有了各种领域的革命与科学技术日新月异的进步,从而有

---

① 梁漱溟:《东西文化及其哲学》,第44页。
② 梁漱溟:《东西文化及其哲学》,第55、56、57页。

了资本主义突飞猛进的发展。我们看到在对庸俗唯物主义的解构上，在对人的精神力量（世界观、人生观、价值观）对社会发展的作用的强调上，梁漱溟与马克斯·韦伯有异曲同工之处，只不过韦伯是站在狭隘的基督教立场上来强调基督信仰对产生资本主义的重要影响，而梁漱溟是从更为广阔的历史进程中看到人正是从神中走出来，即从人生向内转向人生向外，才有了文艺复兴人与自然的发现，才有了自由民主与科学理性精神的挺立，才有了资本主义社会。

梁漱溟认为广义的哲学思想包括宗教和哲学，而狭义的哲学又包括形而上学、知识论、人生论三个部分，在他看来，现在西方是知识论独盛，印度一直是宗教独盛，中国则是形而上学和人生哲学方面独盛。梁漱溟认为西方哲学在形而上学方面"初盛后遭批评，几至路绝，今犹在失势觅路中"①，只有柏格森的生命哲学跳出了传统西方哲学把宇宙本体看成是固定的静体的迷途，以直觉的方式，绵延、流动的观念来打破主客观，与生活浑融为一体，庶几接近真正的形而上本体。但在梁漱溟看来，柏格森还不能做到无私的静观，不能真正见到形而上本体，只有印度佛学和中国儒学才真正见到了本体。印度佛学是通过解放二执（我执、法执），以无私的静观体觉纯粹的现量，通过沉静、休歇、解放，从而认识到所谓的相续和绵延是一种幻相，进而修行到根本智，方能实证真如本体。中国的形而上学不谈静体，而其态度是注重调和、生生、一任直觉、随感而应、不认定、不算计、乐天知命、刚健中正、廓然大公，其本体是大化流行的，而这一切都可以体现在孔子礼乐教化的精神中。

最后，梁漱溟还从物质生活、社会生活、精神生活方面分析了现代西方资本主义社会所面临的问题及其发展趋势，他对资本主义经济的批判很多方面与马克思的异化论较为接近，认为以社会为本位、以分配为本位的社会主义是资本主义发展的合理趋势，但梁漱溟把这看作从"人对物的问题的时代"转入"人对人的问题的时代"，即从第一路向转入以中国文化态度为代表的第二路向。与此同时，在社会生活方面，也应该是"不用

---

① 梁漱溟：《东西文化及其哲学》，第76页。

统驭式的法律而靠着尚情无我的心理","从情感的活动,融合了人我,走尚情谊、尚礼让、不计较的路——这便是从来的中国人之风"①,这就是孔子儒学所强调的礼乐文化。在精神生活方面,梁漱溟认为宗教这条路将走不通,面临的将是艺术和礼乐的复兴。当时有些人认为"世界未来文化必是融合了东西两方文化而产生的,两方文化各有所偏,而此则得其调和适中的",梁漱溟认为这是极其肤浅而错误的想象,他认为世界未来文化就是中国文化的复兴,认为我们现在应持的态度是,"第一,要排斥印度的态度,丝毫不能容留;第二,对于西方文化史全盘接受,而根本改过,就是对其态度要改一改;第三,批评的把中国原来态度重新拿出来"②。

而当务之急,梁漱溟主张应再创明儒泰州学派的讲学之风,来重新体认孔子"刚"的人生态度,他认为这种人生态度:

> 全超脱了个人的为我,物质的歆慕,处处的算帐,有所为的而为,直从里面发出来活气——罗素所谓创造冲动——含融了向前的态度,随感而应,方有所谓情感的动作,情感的动作只能于此得之。只有这样向前的动作才真有力量才继续有活气,不会沮丧,不生厌苦,并且从他自己的活动上得了他的乐趣。只有这样向前的动作可以弥补了中国人夙来缺短,解救了中国人现在的痛苦,又避免了西洋的弊害,应付了世界的需要,完全适合我们从上以来研究三文化之所审度。这就是我所谓刚的态度,我所谓适宜的第二路人生。本来中国人从前就是走这条路,却是一向总偏阴柔坤静一边,近于老子,而不是孔子阳刚乾动的态度;若如孔子之刚的态度,便为适宜的第二路人生。③

所谓"算帐""计较"的生活,就是一种处处讲理智、讲分别的生

---

① 梁漱溟:《东西文化及其哲学》,第198页。
② 梁漱溟:《东西文化及其哲学》,第204页。
③ 梁漱溟:《东西文化及其哲学》,第214、215页。

活，在梁漱溟看来这种生活的弊病、不仁与非人道的一面在西方资本主义社会里极大地暴露了出来。他认为中国要全盘接受西方向前的态度去发展自然科学与物质文明，但是在人生态度上又要发扬孔子儒学阳刚乾动的精神，这样人生才不会沮丧、不生厌苦而充满活力。但是在《东西文化及其哲学》中，梁漱溟多从本能与直觉的角度来发挥孔子儒学"非计较""非算计""不倾欹在外""无所为而为"的人生态度，对此梁漱溟很快作了深刻反省与自我检讨。他说此书"根本错误约有两点。其一：便是没把孔子的心理学认清，而滥以时下盛谈本能一派的心理学为依据，去解释孔学上的观念和道理；因此就通盘皆错。其二：便是讲孔学的方法不善，未曾根本改掉前人以射覆态度来讲古书的毛病"①，梁漱溟后来多次下决心要写并最终在晚年才完成的《人心与人生》一书正是试图解决《东西文化及其哲学》在这方面的不足。

据说《东西文化及其哲学》出版后不到一年，引出了近百篇评论、讨论的文章，以及十几本小册子，讨论东西文化，而且在短时间内就被译成十二国文字。这种影响是1915年《新杂志》出版以来任何一本其他的著作都不曾有过的。蒋百里称其为"震古铄今之著作"，李石岑说它"把东西两半球的学者，闹个无宁日"。直到20世纪30年代，仍有这样的说法"西洋人以梁氏为中国的唯一哲学家"②。此可见《东西文化及其哲学》在当时的巨大反响，在今天来看，此书仍有着重要的现实意义和理论意义，其作为世界文化研究的经典意义仍未过时。

文化三路向说是《东西文化及其哲学》一书最富有创造性的思想，这种思想打破了文化发展的一元论和单线论，打破了当时盛行的以中国文化为古代的、落后的、未进化的、过时的偏见和陋见，为中国文化的合理性与先进性作出了有力的论证，极大地鼓舞了当时中国传统文化守

---

① 梁漱溟：《东西文化及其哲学》附录《人心与人生·自序》，第9页。
② 转引自陈来：《现代中国哲学的追寻：新理学与新心学》第七节《梁漱溟的〈东西文化及其哲学〉与其文化多元主义》，北京：生活·读书·新知三联书店，2010年，第135页。

护者的信心与士气。李善峰先生在《中西文化差异与梁漱溟的文化路向说》一文评价说梁漱溟"首次将东西文化分成中国、印度和西方三大系统，坚持文化发展的多元论，反对以西方为中心的一元论。肯定中国文化和西方文化各有自己的价值。这不但使东西文化论战跃入一个新的高度，而且给整个后发展国家的现代化提出了一个难于回答的问题，即如何处理民族传统文化和现代化的关系"。"因此，站在一个新的角度，通过调整传统的内部结构来创造适应现代化的'新中有旧'的文化，就成为各个民族选择自己的现代化道路时必须进行的学术工作。正是在这个意义上，梁漱溟比陈独秀、胡适、梁启超等人高出了一个层次。那种认为他肯定了传统文化的价值而把他看成反现代化的思想家的观点，是一个相当大的历史误会。"① 陈来先生更为敏锐地指出："就其早期文化观来看，梁漱溟根本不是反对西方文化，而是反对反东方文化；不是反对科学民主，而是始终称扬德先生和赛先生；不是代表农业宗法封建思想，而是主张生产社会化的社会主义；他对东方文化的看法与其说是文化保守主义，不如说是文化多元主义；梁漱溟的思想不是站在'过去'而'反现代化'，乃是站在'未来'来修正'资本主义'。他的早期文化观既有对文化问题的深刻睿见，又是浸润千年传统文化的知识分子维持文化自信的一种安顿，同时也是世界范围内的现代性经验的一种体现。"②

三、乡村建设理论与实践

能在北京大学教书确实是很高的荣誉，但是梁漱溟渐渐对西化的大学体制"只注意知识传授，不顾及学生的全部人生道路的指引"的状况产生不满，他想到社会大舞台中去实践自己所认定的教育理念——"教育应当是着眼一个人的全生活，而领着他去走人生大路，于身体的活

---

① 转引自李渊庭、阎秉华编著：《梁漱溟》，北京：群言出版社，2009年，第49页。
② 陈来：《现代中国哲学的追寻：新理学与新心学》，第174页。

泼、心理的活泼两点，实为根本重要"①。于是，他在1924年暑假辞去北大教职赴山东创办曹州高中，但不久因山东时局变动，梁漱溟便离开山东，开始静下心来思考中国的社会问题。梁漱溟是问题中人，人生问题与中国社会问题是梁漱溟一生考虑的两大问题，他说"从民国元年至民国五年为完全静下来自修思考的第一时期"，而"从民国十四年春到民国十七年春为完全静下来自修思考的第二时期"，那么显然前一时期思考所要解决的是人生问题，而后一时期是中国社会的问题。经过一番摸索后，梁漱溟对中国社会问题逐渐豁然开朗，1927年他颇为自信地说："于一向所怀疑而未能遽然否认者，现在断然地否认他了！于一向之所有见而未敢遽然自信者，现在断然地相信他了！否认了什么？否认了一切的西洋把戏，更不沾恋！相信了什么？相信了我们自有立国之道，更不虚怯！"②梁先生这里所断然地相信的就是其后来所倡导的乡村建设救国之路。1928年、1929年梁漱溟先后赴广东、河南考察并从事农村建设运动。1930年、1931年梁漱溟先后发表《中国民族自救运动之最后觉悟》《我们政治上的第一个不通的路——欧洲近代民主政治的路》《我们政治上的第二个不通的路——俄国共产党发明的路》等文章，更加认定中国不能走西方现成的路，只能通过乡村建设来自救。1931年梁漱溟赴山东邹平开展乡村建设实践，在这里一干就是七年，做得有声有色，成为当时乡村建设的一面旗帜。

1937年邹平乡村书店出版了《乡村建设理论》(又称《中国民族之前途》)一书，此书集中反映了梁漱溟的乡村建设的思想理论。它汇集了梁漱溟1932年至1936年在乡村建设研究院的讲稿共9篇，分编甲乙两部。甲部为认识问题，包括：一、乡村建设运动由何而起；二、中国旧社会组织构造及其所谓治道者；三、旧社会构造在今日崩溃的由来；四、崩

---

① 梁漱溟：《我们办学之真动机》，见马秋帆编：《梁漱溟教育论著选》，北京：人民教育出版社，1994年，第13页。
② 梁漱溟：《主编本刊之自白》，见《梁漱溟全集》第五卷，济南：山东人民出版社，1991年，第13页。

溃中的中国社会——极严重的文化失调;五、中国政治无办法——国家权力建立不起。乙部为解决问题,包括:一、新社会组织构造之建立——乡村组织;二、政治问题的解决;三、经济建设;四、我们所可成功的社会。《乡村建设理论》是梁先生社会政治思想的代表作,他认为这是其"困勉研索的结果","这里面的见地和主张,萌芽于民国十一年,大半决定于十五年冬,而成熟于十七年"(《乡村建设理论·自序》)。从开始酝酿到成书,经历了16年之久。该书出版后,影响很大,当时人们认为这是中国现代教育界最有创造性的教育理论著作,认为此书确定了梁漱溟在中国现代教育史上的地位。

20世纪二三十年代,在列强和军阀的掠夺下,中国乡村社会遭到严重破坏,农村经济沦于崩溃,农民苦不堪言。当时很多有志之士都纷纷关注乡村社会经济的重建,掀起了比较有声势的乡村建设运动,而其中最具代表性的公推梁漱溟所领导的乡村建设运动。在梁漱溟看来,在当时军阀混战分裂的局面下,没有一个统一的政权和秩序,军阀只知道掠夺乡村,所以乡村救助运动根本上来讲必须走自救的路,而这个自救的路,通过农业来引发工业,实际上也是一条中国自救的可行之路。梁漱溟强调,乡村建设运动必须和重建一新的中国社会组织结构联系起来,因此它实际上是一场建国运动,以扭转中国社会日趋崩溃、向下沉沦和文化失调的局面,中国的问题千疮百孔,而这一切必须从乡村建设来展开。

要构造新社会,必须了解中国旧社会组织构造的特点,梁漱溟认为"伦理本位""职业分立"是旧中国社会结构的主要特点。在他看来,近代西方是个人本位的社会,以法律和个人权利为本,而旧中国则是以伦理关系为本位来构造社会,以情义、情理、礼俗为本,他说"人类在情感中皆以对方为主(在欲望中则自己为主),故伦理关系彼此互以对方为重;一个人似不为自己而存在,乃仿佛互为他人而存在者"[1]。西方一直是阶级对立的社会,而中国很早就实行了官吏制度和科举制度,阶级对立

---

[1] 梁漱溟:《乡村建设理论》,上海:上海人民出版社,2011年,第27页。

并不明显，上下流动性很强，士农工商、职业分立是中国古代社会结构的重要特点。"伦理本位""职业分立"两者又是交相为用的，梁漱溟认为这"八个字说尽了中国旧时的社会结构"。在这种情况下，中国社会虽有周期性的一治一乱，但社会构造一直变化不大，也就是说并没有真正意义上的革命。革命是阶级对抗，需要向外用力去斗争，而中国在伦理本位、职业分立情况下无阶级对抗，大家都是通过向内用力（如勤俭、修身等）来改变自己的命运。因无阶级对立，也就没有真正意义上的阶级统治，在伦理本位的社会中，社会的维系主要靠的不是硬性的武力和法律，也不靠超乎知识理性的宗教，而是软性的教化和礼俗，重视道德自力自觉，即人的理性——平静通达的心理，来实现社会的平稳有序运转。儒家的"礼"实兼政治与宗教的功能，代表着人类的理性精神，梁漱溟强调理性与理智有着根本的区别，认为西方主要是发展了人的理智（辨察物理，须摒弃情感），而中国则主要发展了人的理性（性情之理，体现在好恶之情上）。在中国古代社会，主要是读书明理的士人代表着理性来维持社会。

  中国旧的社会构造为什么会彻底崩溃呢？在梁漱溟看来，这主要是遇着异常强大的完全不同于中国的西方文明，从而引起有觉悟的、有向上心的知识分子对既老衰又幼稚的传统社会文化的厌弃与反抗。与西方相比，中国所缺的是科学技术与团体组织，传统伦理本位的社会被破坏后，亟须的是建立团体组织来对治传统社会的散漫习气。中国近代以来一直在努力向西方学习，但当时的西方一方面是资本主义，另一方面又开始兴起反资本主义的共产主义运动，而这在中国皆有响应，于是左右矛盾，不知该学哪个好，梁漱溟认为这是当时中国祸乱不已的重要原因。职业分立的社会被破坏后，社会资源逐步趋于垄断，但因无统一的社会秩序，终究又垄断不起来，所以梁漱溟认为，让中国最痛苦的不是不平等的秩序，而是没有秩序，不在剥削，而在争夺。这样革命也就无从谈起，若强为革命，则增加武力争夺，徒增其乱而已。辛亥革命建立民国，北伐战争建造党国，都试图建立统一的国家政权，但最终都失败了，在梁漱溟看来这是"因为中国没有阶级，没有集团势力，所以政治上完全无办法。人类社会至今尚都是武力统治；而武力统治无不靠阶级。中国则只有统治者而无统治阶级。既无阶级可靠，故使中国政治无办法；政治无办法，更让中国不能成功阶级；二者循环相因，中国乃完全无办法"①。中国近代以来的社会变革运动，不是内部的自发，而是外部的逼迫，因此多半是主观的思想变革，而社会事实和社会基础层面变动不大，这样旧事实仍存在，没进步，新的秩序又建立不起，在这青黄不接的时候便产生了军阀。梁漱溟认为军阀和帝国主义都不能成为革命的对象，认为"中国今日是无秩序，所以不能用暴力革命，所以我们否认一切在民族社会内的军事行动"，认为中国"此刻最要紧的是培养新东西，新东西长成，旧的自然脱掉"，"我们所以从事于乡村运动以培养新事实，产生新秩序者，着眼点完全在此"。②

当时效仿西方，建立国家权力不能成功，梁漱溟认为还有另一层原因——中西精神之不同，他认为西方的制度是在人性恶、在肯定欲望的基础上建立起来的，所以一切要去争夺争取，一切以自我为中心，说得不好听一点是基于把人当禽兽来看的。而中国自古以来反复强调的是人与禽兽的不同，虽不提倡禁欲，但也完全反对纵欲，而是采取节制欲望、力争向上的态度，即鼓励人们在形而上——道的维度去体认大我，强调的是克己复礼以及对他人的尊重，采取的是谦让谦虚、卑以自牧、互以对方为重的态度，把人性看得很高，因而相互礼敬，坚决抵制一切把人往下拉当禽兽看的态度。因此中国不能完全照搬西方，必须走自己的路。这自己的路，就是梁漱溟认为的乡村建设的路。

梁启超曾把清代以来的文化活动看作中国的文艺复兴，梁漱溟对此很不赞成，认为中国文化和中国人的精神到清代已经完全没落衰朽了，生机和活力沦丧殆尽。只是到了近代，受西洋的刺激，中国士人的精神才觉醒过来，振奋起来，很多维新家、革命家为民族为国家奋斗，志气

---

① 梁漱溟:《乡村建设理论》，第87页。
② 梁漱溟:《乡村建设理论》，第94页。

向上，非常高昂有理想，但是梁漱溟自己有个观察，因为这些人毫无批评拣择地接受西方文化，离开了中国文化的根本精神，结果是每一次向上都导致更大的向下，根本救不了中国，由于没有生命修持的内在功夫，受到顿挫之后，自己的人生往往也颓靡不堪。梁漱溟认为要开辟一个新方向，既要吸收西方文化的长处，又不能离开中国文化的根本精神，他认为这个方向就是未来中国社会的方向，也是人类未来的方向，就是说中国要引领世界的新秩序、新文化和新文明的创建。而这个方向就是要从乡村建设运动开始，建设新的礼俗，走教育的路、理性的路，构造社会新秩序，梁漱溟认为"中国将来的新社会组织构造成功，虽然也要有法律制度，可是法律制度产生必在礼俗已形著之后"①。

中国固有精神与西方文化的长处相融合还只是理论上的方向，如何在具体事实上沟通调和呢？首先，梁漱溟认为中国要向西方学习的是团体组织，要先自觉地去发展合作社和团体组织，培养民众对团体的积极主动性，即要有西方民治主义以及以法治国的精神，但是梁漱溟注意到民治法治与中国精神所强调的尚贤尊师、政教合一的主张有冲突。民治、法治的一个特征是把人看作以欲望为中心的存在，政治就是为满足大家的欲望。而中国古来政治的精神除让百姓丰衣足食外，还有教化的意义在里面，即要提升民众的道德觉悟和精神素质，所以强调政教合一，当然这个"教"非西方意义上超绝的宗教，而是儒家意义上的人文理性的教化。在物质欲望上，多数人是基本一致的，少数应服从多数，但在知识、道德与真理领域，往往是少数的贤者智者正确，这时多数应服从少数，因此传统中国的人治精神，即贤人政治有其合理性。梁漱溟认为中国政治的这个传统不能丢弃，于是他提出一个调和的办法，就是"人治的多数政治"或"多数政治的人治"，不以死板的法为最高，而以活的高明的人为最高，他强调"团体分子对团体生活要为有力参加，可是我只说到参加，并没有说要多数表决，这个'有力参加'最好，可以把民治的意

---

① 梁漱溟：《乡村建设理论》，第133页。

思包括进去，而不必一定是多数表决"①。

西方政治以个人为本位，从自己出发，以权利为中心，这也与中国文化从对方出发、为他人着想、强调个人对团体的义务的伦理精神不符，梁漱溟认为"发挥义务的观念是让人合的，发挥权利观念，是让人分的"②，中国应该继续突出义务的观念，这样才能促使散漫的中国人往合的方向走。同样，西方人要求平等也是从个人出发，强调我应当与你平等，中国则反过来，认为平等当从人家来说，不能自己主张，有谦虚学习之义。梁漱溟认为按中国人的道理，大家在团体中的地位应当一律平等，但有两个天然的等差仍然是要尊重的：一种是从看重理性、尊尚贤智而来的等差，一种是从尊敬亲长而来的等差，中国的礼就强调这些等差。自由观念也是中国文化所缺乏但并不反对的，但是对于西方的自由观念也需要有检讨的接受，要把自由看作是团体给的，团体为尊重个人才给你自由，即自由是从对方来的，另外，团体给你自由是给你开出机会，让你发展你的个性，发挥你的长处，去创造新文化，即自由是让你向上的，你若向下堕落，如吸毒等，团体有干涉你的自由的权利。梁漱溟认为这种合乎理性又合乎人生向上的新自由观念是符合中国文化精神的。归结起来，西方近代突出个人本位，而伦理本位的中国文化重视人的社会性，在人类发展的历程中，往往会突出一个方面而压抑了另一个方面。到底哪一个最好，梁漱溟认为没有一定的客观标准，如何实现二者均衡呢？梁漱溟认为可以发挥中国伦理互以对方为重的精神，从团体来说要尊重个人，从个人来说也要尊重团体，这样对自由平等和团体组织都能兼顾到，体现了中国文化相对伦理主义的精神，既以中国固有精神为主又吸收了西方的长处，这样的团体组织以伦理情谊为本原，同时又以人生向上为前进的目标。否则，中国将陷入左右为难，因为中国一方面散漫缺乏团体组织，同时还缺乏个人自由平等的确立，二者都急待补充，若着重自由平等，将使散漫的中国更加散漫，若以团体组织和社会性为本位，自由

---

① 梁漱溟:《乡村建设理论》，第146页。
② 梁漱溟:《乡村建设理论》，第147页。

平等又发挥不出来。

梁漱溟所提出的这种新的社会组织,纯粹是一个理性组织,既充分发挥了中国文化中所体现的人类理性精神,又充分容纳了西方的长处,在这样的社会组织里,人会自觉地认识到与他人的相互依赖的关系,从而相互承认、相互了解、相互信任、情感互通,这种情谊化或教育化的组织能够克服西方社会机械、不自觉、人与人冷漠不信任的毛病。在梁漱溟看来,中国的这种新社会组织的苗芽一定要生长于乡村,这主要是因为:(1)农民、农村宽舒自然的性情很适于理性的开发;(2)农民重家庭、富有感情,乡村秩序靠礼俗和理性就能维持,不需要武力;(3)乡村人富有乡土观念,把村庄当作自己的家,街坊邻里彼此很熟悉很亲切,重视伦理情谊;(4)从乡村入手,由理性求组织,与创造正常形态的人类文明很契合,乡村是本,都市是末,乡村是人类最初的家,都市则是人类为某种目的而安设的,乡村是社会的重心,都市是社会的中心;(5)新的政治习惯,即组织能力、纪律习惯,以及团体与个人平衡关系的培养,从小范围的乡村着手更为容易。梁漱溟认为这种伦理情谊化、人生向上教化的组织的生发,除了从乡村着手,没有其他合适的地方。

当时的地方自治组织因袭了西方政治的权利观念,完全抛去了对人生向上的精神培养,梁漱溟对此深为不满,在他看来,促使人生向上,是中国固有文化的优点,这点在传统乡约中有充分体现,典型的如清朝陆桴亭以社学、社仓、保甲为治乡三约,其中社学为教育机关、社仓为经济机关、保甲为自治自卫的政治机关,梁漱溟认为这是一个很积极的乡约,但需要进一步补充改造,要更加具有主动进取精神才行。如过去乡约似乎把善看作个人的、有限的,梁漱溟认为其实善是社会的、是永远开展的,因此乡村建设必须立大志、发大愿,要改造社会,创造人类新文化,创造人类理想的新社会、新组织。乡约的实行,借政治力量不行,私人提倡也不行,究竟说来,传统社会的乡约实践并不成功。鉴于此,梁漱溟把他的乡村建设运动分两部分,经济建设上,须靠政治力量推行,而思想文化、精神文明上,决不能用政治的强力,否则没有自动主动性,将失去志气、活力和生机。因此，在梁漱溟看来，乡村建设其实也是一个文化运动的团体，须靠有志愿的人的结合来推动，新社会的建造要以乡村运动（文化运动的系统）为主力，现实政权为助力，在他看来"文化是我们的责任，经济是政府的责任，二者相待相成"[1]。

梁漱溟乡村建设的理论与理想是伟大的，他是以出家人无私奉献的精神来办世间事，在今天看来某些方面仍有着重要的理论意义和现实意义，但这对处于生死危机中的中华民族与广大民众来说，是有些不合时宜的。1931年到1937年在邹平的乡村建设虽有声有色，但最终梁漱溟不得不感叹其乡村建设的两大难处："头一点是高谈社会改造，而依附政权；第二点是号称乡村建设运动，而乡村不动"[2]。关于梁漱溟乡村运动的功过是非，他自己晚年（1977年）有《我致力乡村运动的回忆和反省》一文作了全面总结，对照共产党的革命道路，他首先坦诚了自己的错误，但仍坚持说自己"并非全无是处"，"只不过是说出来太早了——失之于太早"，仍坚持认为"人生向上，伦理情谊"是中华民族的固有精神[3]。1984年梁漱溟在《我所从事的乡村工作的简略回顾》一文中，总结他早年的乡建工作说"中国缺乏'团体组织'和'科学技术'这八个字，将这两方面补进来，中国即发达进步，成为很好的国家"[4]，这是他晚年对乡建工作最为平实的概况。从思想上来讲，《乡村建设理论》在很多方面深化了《东西文化及其哲学》中关于中国社会文化和儒家思想的认识，如"伦理本位""职业分立""理性与理智"的区分等等都是在原有思想上的新突破，而这些后来在其《中国文化要义》一书中又作了更为详尽的展开。

1937年日军发动了全面侵华战争，山东岌岌可危，梁漱溟的乡村建设实践也就到此结束。此后的梁漱溟开始为抗战奔走。

---

[1] 梁漱溟：《乡村建设理论》，第193页。
[2] 梁漱溟：《我们的两大难处》，见《乡村建设理论》附录，第402页。
[3] 梁漱溟：《我致力乡村运动的回忆和反省》，见《梁漱溟全集》第七卷，第428页。
[4] 梁漱溟：《我从事的乡村工作的简略回顾》，见《梁漱溟全集》第七卷，第566页。

四、论中国文化要义

抗日战争爆发后,梁漱溟为抗日统一战线四处奔走,先后发起统一建国同志会与民盟,出任民盟秘书长,创办民盟机关报——《光明报》,积极推动国共两党共同抗日,以第三者的立场参赞国是,谋划民主建国方略。抗日胜利后,又积极为国共和谈而奔走,看到和谈无望后,梁漱溟愤然从政治活动中抽身而出,专心于中国文化的研究。文化与教育的问题是梁漱溟生平最为关心的问题,在这些年的政治活动中他愈发深切体会到中国的政治问题根本上来讲是文化的问题。这期间,他先后创办了勉仁中学、勉仁国学专科学校、勉仁文学院,并有成立中国文化专门研究机构的想法。

1942年年底日军侵占香港,在港主持《光明报》的梁漱溟千方百计摆脱各种危险回到桂林,知命之年的他对中国文化充满了舍我其谁、责无旁贷、大无畏的担当精神,在《香港脱险寄宽恕两儿》家书中他这样写到:

> 孔孟之学,现在晦塞不明。或许有人能明白其旨趣,却无人能深见其系基于人类生命的认识而来,并为之先建立他的心理学而后乃阐明其伦理思想。此事唯我能做。又必于人类生命有认识,乃有眼光可以判明中国文化在人类文化史上的位置,而指证其得失。此除我外,当世亦无人能做。前人云"为往圣继绝学,为来世开太平",此正是我一生的使命。《人心与人生》等三本书要写成,我乃可以死得;现在则不能死。又今后的中国大局以至建国工作,亦正需要我;我不能死。我若死,天地将为之变色,历史将为之改辙,那是不可想象的,万不会有的事![1]

---

[1] 梁漱溟:《香港脱险寄宽恕两儿》,见《我生有涯愿无尽:梁漱溟自述文录》,北京:中国人民大学出版社,2004年,第196页。

同样不可一世的熊十力看到梁漱溟这段话也连连摇头说梁漱溟狂得有些过了，话说得太大了。梁漱溟抗日期间多次出生入死，但总是神情自若，这既是其心性功夫有所得的体现，也表现了他"斯文在兹"的文化自信与担当精神。

《中国文化要义》是梁漱溟在20世纪40年代完成的重要学术论著，该书可以说是《乡村建设理论》甲部（二）"中国旧社会组织构造及其所谓治道者"八个特征（伦理本位的社会，职业分立的社会，伦理本位、职业分立之交相为用，只有周期的一治一乱而无革命，社会秩序所赖以维持的几个要点——教化、礼俗、自力，教化、礼俗、自力三者内容皆为理性，士人即代表理性以维持社会者，周期的乱）的放大①。1941年春，梁漱溟在广西大学就"中国文化要义"作过两个月的专题讲演；1942年在桂林开始着笔，至1944年陆续写出六章约八万字，因日寇侵桂而辍笔。1946年11月梁漱溟从南京回到北碚，在桂林旧稿材料的基础上重写《中国文化要义》，至1949年6月才最后完稿，前后历时九年。1949年夏秋间，56岁的梁漱溟曾晋谒贡嘎上师，领取无上大手印，接受灌顶。自8月初至9月初，与罗庸、谢无量等在北碚缙云山上修习藏密功法。11月，《中国文化要义》出版，该版为成都路明书店初版竖排本，文字多错落。1987年6月，上海学林出版社据作者生前订正出版横排本，该社编者曾作个别删改。1990年收入《梁漱溟全集》第三卷时，又据路明书店版再次作文字和编排上的订正，并恢复删略字句。2005年"世纪文库"据《全集》文本，并再次据路明书店本和学林出版社本作文字上的订正和复原。2011年上海世纪出版集团在"世纪文库"版的基础上作了进一步校改，是《中国文化要义》的最新版本。

该书绪论首先列举了时人所认为的中国文化的一些特性特征，然后从"中国人的家"说起，认为"中国人的家是极特殊底"，是中国文化所特有的社会结构；接着从"集团生活的西方人"深入展开论说，认为缺乏

---

① 梁漱溟在《中国文化要义·自序》中也强调说"现在这本《中国文化要义》，正是前书讲老中国社会的特征之放大，或加详"。

集团生活是中国古代社会的一大特征。所谓集团生活，主要体现在公共观念、纪律习惯、组织能力、法治精神等方面，这些也是人类在集团生活中所必需的公德，这是西方人的长处，而中国人缺乏集团生活的习惯。梁漱溟认为"习惯为身体与环境间的产物，而养成于实际生活"，传统中国是伦理本位的社会，中国人一切行为皆在家庭或准家庭中，所以集团生活的习惯在中国是缺乏的，散漫与和平是中国社会的特点。在梁漱溟看来，西方人集团生活偏胜源于基督教，而中国人家族生活偏胜则源于周孔教化，他认为宗教问题为中西文化的分水岭。

中国人缺乏集团生活，在根本上是因为中国是伦理本位的社会。在西方社会，团体与个人是相对的两端，而在中国两方都不突出，突出的是家庭和伦理，从家庭关系推广发挥，以伦理组织社会，消融了个人与团体这两端。梁漱溟认为"西洋近代社会是个人本位的社会——英美其显例；而以西洋最近趋向为社会本位的社会——苏联其显例"①，相对来讲，中国则是以伦理关系为本位的社会，伦理关系始于家庭，但不止于家庭，这种伦理关系是一种情谊关系，也是一种义务关系，它没有边界，不形成对抗。在经济上，凡有伦理关系者有共财、通财之义，经济上彼此顾恤，互相负责，"其相与为共的，视其伦理关系之亲疏厚薄为准，愈亲厚，愈要共，以次递减。同时亦要看这财产之大小，财产愈大，将愈为多数人之所共"②，这种伦理关系把人情看得很重，财物则看得很轻，在这种情况下，资本主义就很能发生。在社会政治上，一国如一大家庭，国君如大宗子，地方官如父母，强调孝治天下，阶级对立不明显，社会各阶层流动性大。处于伦理情谊中的人们，"形骸上日夕相依，神魂间尤相依以为安慰"，无论是欢乐还是悲痛，都有亲如一体的人相伴，相互分享，共同承担，一家人"熙熙融融，协力合作，最能使人心境开阔，忘了自己"，因此，伦理情谊实际上也有着宗教的功能，使人超越浅近狭小而乏味的生活。伦理关系重视情谊，互以对方为重，仿佛忘了自己，因

---

① 梁漱溟:《中国文化要义》，上海:上海人民出版社，2011年，第78页。
② 梁漱溟:《中国文化要义》，第80页。

此在这种社会中义务观念为重,权利观念是隐没的,在这种情况下,民主政治也很难发生。在梁漱溟看来,伦理本位中人与人、人与社会的关系相对而灵活,可以克服个人本位与社会本位的弊端。

延续其《东西文化及其哲学》关于宗教的看法,梁漱溟认为"一切宗教都从超绝于人类知识处立他的根据,而以人类情感之安慰、意志之勖勉为事",并说"宗教的真根据是在出世",要超越世间的"有对"进入"无对",认为"宗教最初可说是一种对于外力之假借;此外力却实在就是自己",而"宗教最后则不经假借,彻底出世,依赖所依赖泯合无间,由解放自己而完成自己"。① 依据他对宗教的理解,梁漱溟认为上古的祭天祀祖在周孔之前可以说是一种宗教,但在周孔之后已经不是宗教了,他说"宗教所必具之要素,在孔子不具备;在孔子有他一种精神,又为宗教所不能有。这就是他相信人都有理性,而完全信赖人类自己","孔子没有独断的标准给人,而要人自己反省"。② 周孔教化是道德而不是宗教。道德是理性,依靠每个人的自觉自律;而宗教是信仰,信徒要恪守教诫。中国在孔子的影响下,理性早熟,走上以道德代宗教之路。道德的实现根本上靠理性自觉,同时儒家也在制度设计上给以保障,这就是礼。礼有两个基本功能,一是安排伦理名分以组织社会,一是设为礼乐揖让以涵养理性。梁漱溟认为,"具体的礼乐,直接作用于身体,作用血气;人的心理情致随之顿然变化于不觉,而理性乃油然现前,其效最大最深",抽象的道理远不如具体的礼乐。礼乐的理性精神——清明安和,以化解人的愚蔽偏执之情和强暴冲动之气。儒家化宗教为礼乐、艺术和诗歌,"他的礼乐有宗教之用,而无宗教之弊;亦正惟其极邻近宗教,乃排斥了宗教"③。

在《东西文化及其哲学》之后,梁漱溟逐渐发明并越来越强调用"理性"一词来表述早熟的中国文化的特征。在梁漱溟看来,理性不外是人

---

① 梁漱溟:《中国文化要义》,第 97 页。
② 梁漱溟:《中国文化要义》,第 100 页。
③ 梁漱溟:《中国文化要义》,第 110 页。

们平静通达的心理而已，它是在冷静的理智基础上生命的廓然开朗达于无所为之境地之后，开出的无私的感情①。理智、理性是人类心思的两个方面，理智为知的一面（人对外物自然规律的认知），为客观的物理，要摆脱主观感情的好恶；理性为情的一面（人与人的伦理的体认），为主观的情理，离不开主观的好恶（好善恶恶，好是恶非）。当然情理好恶也包括对真的好、对错误的恶，梁漱溟经常打的比喻是，譬如计算数目，计算之心是理智，而求正确之心便是理性。人之外的所有生物皆为本能生活，其先天生理结构已经决定了其生命，而人有了理智超越了本能生活（特别是个体生存与种的繁衍），其生活依赖于后天学习，拓开了生命的自由空间，但有了选择自由的理智也会犯错误，而这时人总有不甘心于错误、不断向上追求完美的心就是理性，因此，理性比理智要更高，是人类的根本特征所在，也是人之所以高贵为万物之灵的根本原因。在梁漱溟看来，西方人长于理智而短于理性，中国人长于理性而短于理智，这沿袭了他中国文化理性早熟、代表了人类高级阶段的文化的看法。西方人常把一切看成是对立的矛盾的，而中国人常把宇宙生命看作是和谐的一体，人与人、人与社会、人与天地自然是一气贯通的和谐乐章，故此中国人常有清明安和之心，体现人类的理性精神，超越了"有对"进入"无对"，在儒家理性精神熏陶下，中国人向上之心强、相与之情厚，对外在的物质生活和成败得失看得很淡，把求道修德、体证"无对"的万物一体的精神生活作为人生的根本目标和价值所在，从安身到安天下，是中国士人最高追求。

"伦理本位"与"职业分途"是梁漱溟对中国古代社会结构最为凝练的概括，所谓职业分途，就是强调中国古代社会没有像西方社会那样形成明显的阶级对立。阶级是人类社会一定历史阶段的产物，不是从来就有，也不会永远存在。梁漱溟认为阶级社会——少部分占有生产资料剥削压

---

① 陈来先生认为"梁漱溟所谓'理性'，似接近于哈贝马斯说的'交往理性'"，见陈来：《现代中国哲学的追寻：新理学与新心学》，北京：生活·读书·新知三联书店，2010年，第194页。

迫多数人——的出现有其合理性，它是人类社会在进步过程中的不得已，"它虽不从理性来，理性却要从它来"，即没有一部分人的闲暇，文化、科学、思想就不可能产生。梁漱溟认为西方社会是典型的阶级社会，而秦汉以后的中国古代社会在儒学价值理性的影响下产生了官吏制、选举制、科举制等先进制度，使得社会各阶层能上下流通，生产资料的垄断性不强，因此不存在明显的阶级对立，只有士、农、工、商不同职业的分别，所谓四民异业而同道，职业虽不同但地位是平等的，社会资源也比较平均地分配在这四种职业。梁漱溟认为没有阶级对立，只有职业分途，是中国古代社会的特殊性，不同于西方社会。梁漱溟曾就此在访问延安时与毛泽东有过争论，毛坚持阶级斗争的普遍性，而梁漱溟则坚持中国无阶级的特殊性。1949年以后，梁漱溟一度检讨过自己的这一观点，但20世纪80年代以后他又坚守其正确性。

中国古代社会趋向职业分途，缺乏阶级对立，政治上多消极无为，县衙门常以"为士为农有暇各勤尔业，或共或商无事休进此门"训示，不仅对内松弛，对外也缺乏国际对抗性，动辄天下一家，四海为一，没有现代意义上的国家观念。在"夷狄而中国，则中国之，中国而夷狄，则夷狄之"观念的主导下，国家至上和种族至上的观念都没有，而是突出文化至上，似早已把政府当成"不必要之恶"。梁漱溟认为中国古代政治的无为而治主要是因为伦理本位、职业分途的社会构造，而不只是黄老思想的影响。与西方人有着强烈的国家意识、阶级意识与种族意识相比，中国人近则身家，远则天下，国家消融在社会里面。西方人重视个人与团体两极，而中国人以家庭与天下为两极。梁漱溟认为："国家构成于阶级统治，中国则未成阶级，无以为武力之主体而难行统治；这是中国不像国家之真因，历代帝王所以要轻赋薄敛，与民休息，布德泽，兴教化，乃至有所谓'以孝治天下'者，皆隐然若将放弃其统治，只求上下消极相安。在他盖无非从善自韬养之中，以绵永其运祚。你说它不敢用力亦可，你说它无力可用，亦无不可。数千年政治上牢不可破之消极无为主义，舍此便不得其解。"① 这样就造成中国古代社会常常不敢用武,形成"无兵的文化"。

关于中国封建社会的问题,近现代有很多争论,梁漱溟同意中国从秦汉以后封建社会就已经解体的观点,但他认为是作为文化与政治理性化身的士人促成了中国封建社会的解体。但是中国封建社会的解体并不彻底,因而就呈现出一些特点:"第一,把政治作为伦理间之事,讲情谊而不争权利,用礼教以代法律;是曰政治之伦理化。这是把阶级国家融摄在伦理社会中之结果。第二,对内对外皆求消极相安,而最忌多事,几于为政治之取消;是曰政治之无为化。此盖为阶级缺乏,武力萎弱之所必至。第三,权力一元化,而特置一自警反省之机构于其政治机构中;政治构造国家形式却从此永绝进步之机"②。这样中国历史盘桓往复,不再前进。理性发显的时候,士人君子在上张扬理性,人人皆向里用力,社会趋于平治;时间一久,人欲恣肆,理性沉沦,人人皆向外用力,小人当道,社会就趋于乱世。中国古代社会只有一治一乱的周期性循环,没有社会政治制度和经济制度上的根本革命,民主、自由、人权都无从出现,在梁漱溟看来这些都归结于中国社会理性早启,其不足是文化早熟后的中国没有科学,长于理性而短于理智。

《中国文化要义》对中国古代社会文化的特征进行了全面解析,里面虽充满了对中国社会文化早熟、人类理性在中国早启的赞叹和称扬,同时也清晰地看到由此带来与形成的弊端和不足,梁漱溟称之为中国文化五大病:幼稚、老衰、不落实、落于消极亦再没有前途、暧昧而不明爽③。与《东西文化及其哲学》文化哲学的定位不同,陈来先生认为"事实上,代表梁漱溟成熟思想高峰的《中国文化要义》,是一部研究古代中国社会结构与价值取向的专著,取径与社会学、文化人类学的关系极为密切,他的讨论和着眼之处更在许多地方与韦伯相近,尤其是,梁漱溟

---

① 梁漱溟:《中国文化要义》,第 162 页。
② 梁漱溟:《中国文化要义》,第 173 页。
③ 梁漱溟:《中国文化要义》,第 270-273 页。

对中国文化的看法和把握许多地方要比韦伯更为深刻和准确"①,"梁漱溟在《要义》中十分重视'社会构造',认为'一时一地之社会构造,实即其时其地全部文化之骨干',这也是与早期《东西文化及其哲学》的不同之处"②。

五、论人心与人生

新中国成立后,在毛泽东的建议下,梁漱溟到一些地方基层作了考察,到处热火朝天的建设和日新月异的变化对梁漱溟内心触动很大,稳定而统一政权的建立使他开始越来越真诚地拥护共产党的领导,反思过去对中国社会认识上的不足,检讨自己在阶级问题上与毛泽东及共产党的分歧(梁漱溟一直认为秦汉以后中国社会阶级对立不明显,反对以武装斗争来解决当时中国的问题,毛泽东则恰恰相反)。独立思考、表里如一,是梁漱溟一贯的品格,为此他拒绝了毛泽东要他加入政府的好意,还想继续做共产党的诤友,与共产党保持批评者的距离。这在不断取得新胜利、情绪高亢的毛泽东和共产党看来显得有些不识时务。果如其然,1953年一向直言无忌的梁漱溟坚持为农民说话,认为农民与工人生活"九地九天",与毛泽东发生了激烈冲撞,遭到毛泽东的严厉呵斥。事后梁漱溟不断真诚地反悔自己的意气用事与无礼,尽管共产党在政治待遇上对他依然照旧,但从此以后毛泽东与梁漱溟再也没见过面。八十高龄的梁漱溟在"文革"中也受到了很大冲击。然而无论在何种逆境下,梁漱溟总是乐观的,孔子与佛陀的人生智慧使他受用无穷,他可以自如地对付各种境遇,自在而从容。如果说1953年与毛泽东之争是为"农夫执言",那么,在"批林批孔"逆流中,梁漱溟以其"三军可夺帅也,匹夫不可夺志也"的独立精神坚定地捍卫孔子在中国文化史上无可替代的地位,肯定孔子为中国四五千年文化史上承前启后的关键性人物,这种一贯的

---

① 陈来:《现代中国哲学的追寻:新理学与新心学》,第177页。
② 陈来:《现代中国哲学的追寻:新理学与新心学》,第201页。

思想操守使他赢得"最后一位大儒"的美誉。

这期间,梁先生完成的最为重要的学术著作是《人心与人生》。

《东西文化及其哲学》预言世界未来文化是以孔子儒学为代表的中国文化的复兴,所以书中很大部分都是在阐发孔子儒学的人生观和伦理学,但该书出版不久,梁先生很快认识到恰恰在对孔子伦理学的诠释上存在着根本性的错误。他所认为的根本性错误主要有两点:一是据以解释儒家思想的心理学见解错误,"没把孔子的心理学认清,而滥以时下盛谈本能一派的心理学为依据,去解释孔学上的观念和道理;因此就通盘皆错";一是解释儒家的话没有方法,或者方法错误,"讲孔学的方法不善,未曾根本改掉前人以射覆态度来讲古书的毛病"(《人心与人生》1926年自序)。他认为伦理学是以心理学为基础的,心理是事实,而伦理是价值判断,如果讲不出孔子的心理学,孔子的伦理学也没法讲好。现有的西方文化主导下的心理学往往突出的是生理本能意义上的心理机制,在梁漱溟看来,孔子对人类人心的观察与西方心理学的观点有着根本差别,所以在写出《东西文化及其哲学》不久他就发愿把孔子的心理学研究清楚,立志完成《人心与人生》一书来纠正《东西文化及其哲学》中的错误。1926年梁漱溟开始写《人心与人生》一书,一边写一边给学生讲,认为"人类是从生物进化演变上来的","生物进化到人类,才开始突破了本能而得以大解放,开出了人类的创造性","生生不息地在那里向上翻新"。1927年梁漱溟在《北京晨报》发表头年五月所写《人心与人生》自序。1927年以后,梁漱溟迫于现实中国问题的紧迫,暂时中止了《人心与人生》的写作,全心投入到乡村建设与抗日统一战线及国共合作上。这样一直到1955年才又下决心在以前讲稿的基础上重写《人心与人生》,但是仅写成一序,又因各种运动而中断了。梁漱溟认为此书实际撰写开始于1960年,但仍然时断时续,至1966年夏写出前七章,突遇"文革"浩劫,又被迫中断写作。1970年集中精神接着写,直到1975年,酝酿近半个世纪的《人心与人生》才终于完成。

梁漱溟认为人类在对大自然的认识上已经取得了很大成就,但是在对人类自身的认识上还很欠缺,人类自身是包括身体和心理两个方面,但人之所以为人,人与动物的不同,根本的还是体现在心理上,也就是人心上。人与人在肉体上是分离相隔不通的,但在心理上是可以感通相融的,正是这样才形成了无限丰富并不断发展的社会,因此,人心与社会是一体的,"须知人心实资藉于社会交往以发展起来,同时,人的社会亦即建筑于人心之上,并且随着社会形态构造的历史发展而人心亦将自有其发展史"①。梁漱溟认为心理学介于哲学与科学、社会科学与自然科学、纯理科学与应用科学之间,是最为重要的一门学问,但人类要想"翻转向内"真正认识自己的心理,须是在文化高度发达之后,现有的心理学对人心的认识还远远不够。

我们看到,梁漱溟借助很多现代自然科学和心理学的积极成果,来说明并进一步发明传统儒家关于人心的认识,这是他《人心与人生》一书的重要归旨。他强调说"吾书言人心,将从知识引入超知识、反知识,亦即从科学归到形而上学,从现实生活起作用的人心归到宇宙本体"②,也就是说人心与天地、与社会是一体相融,这种心与物通的观点是中国文化的重要特色。梁漱溟反对把心看成形而下的器物,强调心的主宰之义(对物而言,则曰宰制;从自体言之,则曰主动),他认为如同用兵打仗要争取主动(自觉能动性)一样,"整个人生亦正是要归于争取主动而已。盖人生大道即在实践乎人心之理,非有他也"③。再具体而言,梁漱溟认为有着自觉能动性的人心有主动性、灵活性、计划性等特点。所谓主动,梁漱溟说"我们知道'主动'与'能动'与'自动',其词意是可以相通的。主动所以别于被动,能动所以别于所动,自动所以别于他力之动。其相通之处即在:其动也,皆非有所受而然,却正是起头的一动。起头又起头,不断地起头,其曰新新不已,正谓此耳"④,在他看来,主动性

---

① 梁漱溟:《人心与人生》,上海:上海人民出版社,2011年,第20页。
② 梁漱溟:《人心与人生》,第29页。
③ 梁漱溟:《人心与人生》,第30页。
④ 梁漱溟:《人心与人生》,第33页。

就是生命所本有的生动活泼有力,而生命本性就是"莫知其所以然的无止境的向上奋进,不断翻新"①,这种自觉主动性也就是人们意识清明中的刚强志气、坚毅豪迈的精神。主动性的展开依靠的是灵活性,在梁漱溟看来宇宙生命是不断向上翻新的,但是其他生命存在都已限于机械性而盘桓不进,只有人代表着宇宙精神,因其灵活性而不断向上进取。灵活性虽然是人心的潜能,但其实现是需要争取的,需要内在的修养,躁动情急、胆小无勇、猥屑自私的人没有真正的灵活性,而舍己为人、热情所注、一往直前、气定神闲的人往往会灵机大开。动物生存依赖的是其先天的器官和本能,人则不然,对人来讲,更重要的是其后天在社会中的学习和创造,梁漱溟认为这是人相对于动物的最大特征,即人心有计划性,也就是人的理智。在梁漱溟看来,本能靠近身体,而理智较远于身体,只主要关系到大脑;本能生活无借于经验,而理智生活必资于经验;本能的对象特定而有限,理智之用普泛而无限。本能急切于知后之行,偏乎动;理智着重乎行前之知,偏乎静。本能与感情冲动相伴而来,理智则必须屏除感情冲动,必心气宁静乃能尽得其用。于是"一分之理智发展,即屏去一分之感情冲动而入于一分之宁静;同时对于两大问题(个体生存与种族繁衍)亦即解脱得一分之自由。继续发展下去,由量变达于质变,人类生命卒乃根本发生变化,从而突破了两大问题之局限"②。人类生命的特殊处在于其与宇宙大生命是一体相通的,能体认到宇宙生命的无限隔性,梁漱溟说:"生命本性要通不要隔,事实上本来亦一切浑然为一体而非二。吾人生命直与宇宙同体,空间时间俱都无限。古人'天地万物一体'之观念,盖本于其亲切体认及此而来。此必从张目四望之散乱意识收敛、潜默、凝合到生命本身,亦即从有所对待转入无所对待方得。世俗或以为那所谓一体只是意识上把横竖不相联属的一切东西浑括在一起的一个假设(拟想)观念,未免无识可笑。"③

---

① 梁漱溟:《人心与人生》,第35页。
② 梁漱溟:《人心与人生》,第60页。
③ 梁漱溟:《人心与人生》,第63页。

人之所以为人在其心，而心之所以为心在其自觉。人之所以伟大在其无所为的冷静和无私的感情，而自觉之心体与宇宙通贯，正是无私之感情的保障，人正是靠着自觉明静之心才居于一切动物之上而取得主动地位。梁漱溟认为传统的修身之道很大程度上就是不断去扩充其自觉之心，他说："吾人现有之自觉是心静之端倪；所谓入于深静者，即此自觉之徐徐扩大，以至光明莹澈，无边通达。当其入于深静也，则人类生命中许多隐奥精微的事实历历呈现。"①

梁漱溟认为他对人类心理的认识经历了由重视意识到重视本能，再到重视理性这样三个时期。重视意识时期，是梁漱溟十岁至二十六岁前后的认识，大致相当于他早年人生观的第一期和第二期，第一期即浅薄功利主义时期，第二期即印度出世主义时期，两者虽相反，但对人生的看法均以意识中的欲望为中心，只不过前者是肯定欲望，而后者是取消否定欲望。二十六岁之后，不断倾向孔子儒学的梁漱溟，慢慢认识到本能的重要性，这样在《东西文化及其哲学》中他就以不计较利害得失的"本能"一词来说明孔子儒学思想，认为社会主义大兴后，迎来的将是儒家文化的复兴，人与人之间以融合忘我的感情取代了分别计较之心，此时礼乐教化会取代法律刑罚，人们的心理是一片天机活泼、和乐恬谧。这个时期就是梁漱溟对人类心理认识的第二阶段，即本能阶段，他认为基于对本能的不同认识和对付方法之不同，"世界上只有两个先觉：佛是走逆着去解脱本能路的先觉，孔子是走顺着调理本能路的先觉"②。

但《东西文化及其哲学》出版后，梁漱溟很快觉悟到用含混不清的本能（没有分清动物式本能与人类本能的根本不同）一词来解释孔子是个严重的错误，后来他一再声明原书的这个重大错误，他对人类心理的深层次结构又开始了新的思考和探索。在20世纪30年代的《乡村建设理论》和40年代的《中国文化要义》中，梁漱溟已开始在理智、本能之外正式提出理性的说法。在《人心与人生》中他对"理性"作了进一步

---

① 梁漱溟：《人心与人生》，第73页。
② 梁漱溟：《东西文化及其哲学》，北京：商务印书馆，1999年，第199页。

阐发，认为人心分为知、情、意三个方面，理性体现的主要是情和意两个方面，其重要特征和表现是无私。关于理智与理性的不同和关联，梁漱溟说"理智者人心之妙用，理性者人心之美德。后者为体，前者为用"，"理智静以观物，其所得者可云'物理'，是夹杂一毫感情（主观好恶）不得的。理性反之要以无私的感情为中心，即以不自欺其好恶而为判断焉，其所得可云'情理'"①。可见，理性体现出的是人心与宇宙大生命的通融无碍和一体性，是无所为而为的，是自由自觉、大公无私的一种向上精神。

关于人生与人心，梁漱溟内心深处最推崇的是佛学和儒学的智慧，在他看来，这才是人心与人生的真谛。但梁漱溟的视界是开放的，他试图去打通真谛和俗谛，即在日用常行的生活中浅白地指点出人心与人生的真义，积极借鉴自然科学与社会科学的最新成果来说明人心与人生的本真，书中大量引用了当时生命科学研究的最新成果，这也反映了梁漱溟从青年起一直对医学和生命科学的关注。在梁漱溟看来宇宙是个大生命，是不断翻新向上的，万物也都是息息相通的，人心是宇宙生命精神的显现。他反复强调的一点是人与动物的不同，就是动物生命钳制于个体生存和种的繁衍的本能局限，其生命盘桓不进，只有人还在不断向上。

关于身心之间的关系，梁漱溟认为"心以身为其物质基础；重点突出地说，心的物质基础又特寄乎头脑"②。从梁漱溟一直强调的宇宙生命不断向上奋进来看，似乎有着四肢五官的形体与高度发达的大脑都是为了能产生心灵，形体与大脑都是形而下的有限，而人心则是形而上的无限，同时又有着主宰性、灵活性、计划性等特征，因此人心与意识可以说是地球上最美的花朵，代表了宇宙精神。目前关于人心的研究主要有两种方式，一是自然科学的生理学的方式，一是心理学的内省法的方式，但通行的内省法，在梁漱溟看来"不过以其对外的意识作用还而冥想追忆意识活动的踪影，实未足以言内省也"，他认为"真正的内省惟在当下自觉之深彻开朗"，而"内心生活最重要之事例乃在人生之自勉向上，好学、

---

① 梁漱溟:《人心与人生》，第91页。
② 梁漱溟:《人心与人生》，第109页。

知耻、力行，不安于退堕"①。身心浑然一体，但又有所不同，身偏乎阴，而心偏乎阳，女人偏乎身，而男人偏乎心，女人偏于感情，而男人偏于理智。身心协调，人生才会完美，心偏远于身多妄动，身偏远于心多盲动。梁漱溟认为，人心是宇宙生命本原的最大透露，人身包括大脑只是给人心开豁出道路，使心能发挥透露其生命本性，因此，心当主宰身，而不能心为身役，他说："心非有形体之一物，心与生命同义，曾莫知其所限际；而脑也，身也，则形体有限，为生命或心所资借以显其用者。脑原从身发达出来，为其一重点部分。是身大于脑，而心广于身；乃世人徒见夫心脑关系密切，便以为心即是脑，脑即是心者，岂不谬哉。"②

梁漱溟还从性情、气质、习惯、礼俗、制度五个方面对人心与人生作了进一步说明。关于性情，他认为情是指人的情感意志，性是指情感意志（包括行动在内）所恒有的倾向或趋势。人的性情（这是与其体质、心智不相离的）一切罔非得之于后天，而梁漱溟所谓的后天既包括人群生活中所陶冶的性格，也包括从物到人漫长演进中从人身开发出来的自觉能动性（表现为人心，人类的基本性格），而他所说的先天是指宇宙生命本原或宇宙本体，儒家以之为宇宙生命变化流行之体，佛家以之为清净无为不生不灭之体。人性善恶问题，传统上争论不休，梁漱溟认同主流的性善说，但他以"通"和"不通"来说明善恶："事实上，人之有恶也，莫非起于自为局限，有所隔阂不通。通者言其情同一体，局者谓其情分内外。肯定了恶起于局，善本乎通，而人类所代表的宇宙生命本性恰是一直向着灵通而发展前进，昭昭其可睹，则人性善之说复何疑乎？"③气质与父母遗传的体质相关性很大，但往往同胞兄弟而秉赋气质相差很大，梁漱溟从其信服的佛教"三世说"来解释，归到人的前生的业力不同上来，传统儒学论"气质"从无此论，应该说这是他儒佛会通思想的表现。习惯是出生后在家庭与社会环境中逐步养成的，在梁漱溟看来气质与习惯都与身体有关，都会有所偏向，他说："气质不离体质，同样地，习惯亦

---

① 梁漱溟：《人心与人生》，第111-112页。
② 梁漱溟：《人心与人生》，第135页。
③ 梁漱溟：《人心与人生》，第148页。

是附丽在身体上的。二者的分别：气质是生来的，习惯则是降生后慢慢养成。虽二者均非不可能改变，但其强大的惯性恒掩蔽着人的自觉性，人辄一时间失去自主，往往贻事后之悔恨。"①梁漱溟认为礼俗制度大多出自人们的心理习惯，而礼俗风尚属于社会之事，法律制度属于国家，靠理智之力、理性之力、强霸之力来维持，将来会出现有社会无国家、有礼俗无法制的状况。梁漱溟认为宇宙社会是"反乎闭塞隔阂不通而向着开通畅达灵活自由而前进"，这是检验礼俗制度合理不合理的根本标准，礼俗制度刚建立时往往是合理的，后来随着形势的变迁，流弊渐多，慢慢变成不合理的，这就需要变革损益。

关于宗教与人生，梁漱溟延续了他对宗教特征的一贯看法，即神秘超绝和情感勖勉，认为在根本上宗教是出世的，从其出世倾向表现的高下等差来说，宗教有初级（多神教）、高级（一神教，包括基督教、伊斯兰教）、最高级（佛教）三个等级。梁漱溟认为鬼神是可能有的，人死后并不是什么都没有了，佛教所说六神通也是有的，而所谓神通，不外是隔碍解除，不通者得其通。因为人心与宇宙本来就是通的，只不过众生烦恼习气遮蔽了本来的光明，只要破除我法二执，本体之明就会敞显。宗教在根本上是出离世间的，在梁漱溟看来，有世间法，也必有出世间法，所谓世间法即生灭法，出世间法即不生不灭法，有些类似于哲学上所说的现象与本体，两者是不一不异的，佛教所谓"即一切法"而"离一切法"恰好说出了世间法与出世间法的微妙关系。要证得不生不灭的出世间法，即佛教所谓真如，必须破除我执（包括浅显而活跃的分别我执和深微而顽强的俱生我执）和法执，亦即烦恼障和所知障，才能从生死缠绕轮回中解脱出来，回归到清净圆满的真如世界。

在梁漱溟看来，生命本性就是莫知其所以然的无止境的向上奋进，不断翻新，而人在生活中能实践此生命本性便是道德。在这个意义上，德者得也，有得乎道，是谓道德；而道则正指宇宙生命本性而说。人生的自觉与向上，这是道德的真义。心主宰身便是道德的生命。而气质与

---

① 梁漱溟：《人心与人生》，第155页。

习惯都是发于身的，因此道德并不能理解为好的习惯，德育之本在启发自觉向上，必自觉向上乃为道德之真。习惯与社会环境总分不开，好习惯往往不过是社会所需要的道德，而非真道德。道德是人心的本来要求，而堕落和懈惰就是落在气质习惯上不能自拔，是背离生命本性的。一切恶皆起于自私，而善则是廓然大公，是无私的感情，善本乎通，恶起于局，生命本性是趋向于通的。以上是从个体生命的角度说道德之真宰自觉向上、以身从心；从社会的角度来看，道德就是互以对方为中、尽其伦理情谊。在伦理关系上，在过去五伦的基础上，梁漱溟认为人对人的关系应当包含个人对集体、集体对个人那种相互关系在内，也包含集体对集体的关系在内，以弥补传统伦理对公德的忽视。

在《东西文化及其哲学》的结尾，梁漱溟曾预测世界未来文化是以儒家文化为代表的中国文化的复兴。但"未来"到什么时候，很含糊。在《人心与人生》中，他作了比较具体的推测，他认为当资本主义被社会主义所取代之后，以至到共产主义实现之时，宗教衰亡将十分明显，这时孔孟之道才能行得开，他说"孔孟论调太高，只能期之于人类文明高度发达之共产社会"[①]。但是社会主义时期甚长，共产社会时期更长至难可估计。在此漫长时期之后半或晚期，将从道德之真转入宗教之真而出世间法盛行。梁漱溟所谓的"道德之真"主要是指中国儒家文化，而他所谓的"宗教之真"是指印度佛教文化，他说"宗教之真惟一见于古印度早熟的佛教之内，将大行其道于共产主义社会末期"[②]。而今后很长时间一般意义上的宗教将落于残存，礼乐文化兴起，美育取代宗教以稳定新社会生活，社会人生完全艺术化，这样逐步达到有礼俗而无法律，有社会而无国家。所以《人心与人生》的归结点还是在礼乐文化上，在梁漱溟看来这是现实社会条件下救治人心的当务之急。礼乐的作用，就在于能使人从倾注外物（颠颠倒倒，倾倚在外）回到自家情感流行上来，从而规复了生命重心，纳入生活正轨，心灵得以安宁。

---

① 梁漱溟：《人心与人生》，第213页。
② 梁漱溟：《人心与人生》，第215页。

《人心与人生》是梁漱溟晚年最后一部巨著，该书完稿后梁先生又着手改写《东方学术概观》一书，据李渊庭说此书"原稿写于一九四九年[据香港《中报》记者赵端《梁漱溟忆旧谈新》文]。先生自觉原稿'文笔软弱无力'，于是作了进一步阐述，是《人心与人生》一书中关于东方学术的论述的深入阐述，体现了先生在那大动乱的年代，勇于维护优越的中国古老文化的迫切心情"①。梁漱溟早年对道家颇多批评指责，在《东方学术概论》中有专节讨论道家，纠正了他早年对道家看法的缺陷，对道家思想多有正面发挥和积极肯定。

　　1978年以后中国进入改革开放的新时代，党和政府恢复了对知识分子特别是高级知识分子的政治待遇和经济待遇，梁漱溟先后出任第五、六届全国政协常委。1980年后梁漱溟又相继出任中华人民共和国宪法修改委员会委员、中国孔子研究会顾问、中国文化书院院务委员会主席、中国文化书院发展基金会主席等职。1988年6月23日，梁漱溟逝世于北京，"我太疲倦了，我要休息"是梁漱溟生前最后一句话，所谓鞠躬尽瘁，死而后已，梁夫子之谓也！他为中华民族和中华文化的伟大复兴奉献了毕生的精力。

六、梁漱溟与清华及清华国学研究院

　　梁漱溟与北大、清华都有着很好的因缘，如果说梁先生进北大教书跟蔡元培密不可分，那么他与清华的良缘则跟梁启超有着很大关系。虽然梁漱溟对梁启超的学问特别是其佛学研究有些微词②，但他对梁启超的人品非常推崇，也极为肯定梁启超的历史影响，包括对他本人成长的深远影响。最值得一提的是，1920年梁任公以长辈名流的身份亲自登门看

---

① 李渊庭、阎秉华编著：《梁漱溟》，北京：群言出版社，2009年，第294页。
② 梁漱溟早年对梁启超的佛学观曾有比较尖锐的批评，但后来在写《中国文化要义》的时候经常引用梁启超的观点和论断，可以看出梁漱溟对梁启超关于中国古代社会文化的研究还是非常认可的。

望年仅 28 岁尚未成名的梁漱溟，这让他大为感动，终生感怀在心。1980 年当美国学者艾恺来看望已 82 岁高龄的梁漱溟时，他还兴致勃勃地谈到任公当时来看他的每一个细节及各种人事聚合的因缘。

1921 年《东西文化及其哲学》由商务印书馆出版，书中极富创造性地提出世界文化三路向及未来世界文化是中国文化复兴的观点，极大地鼓舞了传统文化守护者的士气，书中的异常之思使人耳目一新，该书的巨大影响力与冲击力也使年仅 29 岁的梁漱溟开始声名鹊起，各种传统文化社团也纷纷邀请梁漱溟前去讲演。1922 年清华学校孔教会在孔子诞辰纪念日热情邀请梁漱溟前去讲演，梁漱溟以"礼教与孔教"为讲演主题，认为"我们不应该沿着从前的礼教以为孔教，应该唤起我心中的理路照着去走方为孔教。我们[实]应该承认礼法，但我们应该有我们的礼法；这我们的礼法之建设是极难的事，也必要在我们唤起我们心中的理路后才有可说；所以归结仍在唤起我们心中的理路。何谓唤起心中的理路？这就是孟子所谓'求放心'、王阳明所谓'致良知'"①。

1923 年，胡适曾为清华学子开了一个所谓最低限度的国学书目，这个国学书目有些忽视人生修养，这引起了梁启超的不满，任公又按自己的标准为清华学生开了一份国学书目。1924 年清华学生傅正就国学问题向梁漱溟请教如何读书，后来傅正把他与梁漱溟的谈话发在《清华周刊》第 318 期，总体上看，梁漱溟比较认同梁启超的国学书目，他又特别突出"四书"与陆王心学一系的著述。1925 年春天，梁漱溟一度谢绝外务，在清华园住了四个月之久，整理编订父亲的遗书。从当年他与《清华周刊》记者的一封信中，我们了解到，他在清华园期间，清华校长和学生团体曾多次邀请他为学生讲演，但由于各种客观原因，均未果，梁漱溟深感歉意，就把刚写好的《思亲记》寄给《清华周刊》发表，以表谢意。1926 年 3 月梁漱溟应清华教育学社之邀发表讲演，痛批时下知识阶级品修之弊病。其中部分讲演以《吾侪当何为》为题登在《清华周刊》上，清华国学院学生吴其昌时在学生会负责编周刊的"特载"栏，对梁漱溟

---

①《清华周刊》第 257 期，1922 年 11 月 3 日，第 28 页。

的讲演十分钦佩,特加按语称:"梁先生此文,真今日瞑眩之药,其言之深刻痛切,不期令人憬然汗下,深愿读者三覆环诵,不徒作寻常之文字睹也。"①

1927年1月18日,清华国学研究院举行第七次教务会议,由梅贻琦主持,王国维、梁启超、赵元任、陈寅恪四教授到会。梁启超提议:"梁漱溟先生于儒家哲学研究颇深,现正从事研究'人心与人生',可否请其于寒假后来校作长期的演讲,即讲此题,时间以题目之长短为准,每星期讲一次或两次。"议决:"请校长处去函接洽,寒假后开始演讲。后聘为专任讲师,执教一学期。"②

《清华周刊》408期(1927年4月29日)第27卷第11期介绍"研究院现状"一文中也说:

> 除上列之普通演讲及专题研究外,又有临时讲演一种。担任讲演者,或为本院教授,或为外间国学名家。十四年至十五年度之临时演讲,有梁任公先生之"指导之方针及选择研究题目之商榷"、"印度之佛教"、"研究院之目的及我对于本院前途之志愿"数种。本年度,则由梁漱溟先生之长期演讲"人心与人生"及王静安先生演讲之"嘉量"及"中国历代之尺度"。(第499页)

从这里可以得知,梁漱溟当时在清华的讲演是以"外间国学名家"的身份所作的"临时讲演"。

但是1975年梁先生在其《人心与人生》的《书成自记》中说:"据计算我以此题所作讲演约有过三次。一次在一九二六年五月,一次在一九二七年二月,一次在一九三四年或其前后。"③第一次是在北京西郊

---

① 《清华周刊》第25卷第6期,1926年4月2日,《特载》第5页。
② 孙敦恒:《清华国学院纪事》,见《清华汉学研究》第一辑,北京:清华大学出版社,1994年,第314页。
③ 梁漱溟:《人心与人生·书成自序》,上海:世纪出版集团、上海人民出版社,2011年,第241页。

大有庄为追随他的学生所讲,第二次是由北京各大专院校学生会联合举办,乃国内首行的收费讲演,地点在当时北京大学二院大讲堂,讲期约近一月。这里并没有提到为清华的讲演。《梁漱溟年谱》于同年说:"春,先生为北京学术讲演会讲《人心与人生》三个月,约全书之半。""三个月"与梁漱溟自己说的"近一月"明显不符。《清华周刊》除在1927年"研究院现状"中说到之外,再无别的关于梁漱溟在清华讲"人心与人生"的报导。

那么1927年梁漱溟到底有没有在清华国学院作关于"人心与人生"的临时讲演呢?

1927年9月出版的《国学论丛》第一卷第二期"研究院纪事"中说:"1927年之课程,略有增改,……此外,年初请梁漱溟讲其最近研究之'人心与人生',时间定于每周五下午4至6时,为期半年。"①

据《梁漱溟年谱》于1927年记事,这年4月好友李大钊被捕后,梁漱溟曾为营救李大钊而积极奔走。5月就应邀到广州考察,但是6月2日王国维自沉于昆明湖时,梁漱溟还亲自去吊唁,说明他这时又在北京。可以推想,梁漱溟在清华国学院的临时讲演由于种种目前我们无法知道的原因,可能并没有如原定计划所说的一个学期②,但是又不可能一次没讲。结合《清华周刊》和《国学论丛》的记载,梁漱溟有可能仅在三四月份在清华国学院讲过几次"人心与人生"。清华国学院毕业生吴其昌在《王国维先生生平及其学说》演讲稿中说:"先生(王国维)应聘的第二年春间,研究所(院)正式开学……这时的盛况是使人回忆的:除了先生和梁先生外,同任导师及讲师的有陈寅恪先生和赵元任先生及李济、马衡、

---

① 《研究院纪事》,《国学论丛》第1卷第2期,1927年9月,上海:商务印书馆,第297页。
② 从当时清华国学院学生的毕业论文选题来看,绝大多数都偏于文史考证式的整理国故,与梁漱溟思想体证式的学术风格差别很大,这也许是梁漱溟的"人心与人生"临时讲演没有如期进行的一个原因。

梁漱溟、林宰平四先生。"①他所说的这种盛况大致是1927年三四月间的情形。在当时学生的心目中，梁漱溟为清华国学院讲师，这在吴其昌主编的《研究院同学录》里也可以得到进一步印证。在《同学录》"师长"一栏中，由于当年编辑这本同学录时，恰值王国维先生自沉，故特将王先生遗像放在最前面，并刊登殉难处照片及两幅遗墨，后面依次是校长、教务长以及梁启超、陈寅恪、赵元任诸导师的照片，紧接赵元任的一页就是"讲师梁漱冥先生漱冥"的照片，其后还有"讲师李济之先生济"及助教与职员的照片。吴其昌之女吴令华女士至今还收藏有梁漱溟1927年写给吴其昌的一副对联，上联是："不为圣贤，便为禽兽"；下联是："莫问收获，但问耕耘"；上下款分别是："子馨学兄属"，"丁卯漱冥"。在卷轴的标签上工整地写下"漱冥师行书 褱香廎藏"的字样，"褱香廎"是吴其昌的斋名。②这些都表明梁漱溟在1927年作为清华国学院讲师的身份是确凿无疑的，而且学生吴其昌与他过从甚密，不过这种讲师只是临时讲演，非清华固定教职。有意思的是，梁漱溟送给吴其昌的对联（语出曾国藩），恰恰是1905年梁启超题在其所编《德育鉴》扉页上的话，梁启超认为他一生最佩服曾国藩这句话。而我们知道，梁漱溟早年读中学时，《德育鉴》曾对他的思想和心灵的成长有着很大的影响。这些也都说明了梁漱溟与梁启超及清华国学院在精神理念上的默契。

梁漱溟1929年从山西考察村政回北京后，曾借居清华园长达四个月之久，构思其《中国民族之前途》一书。在梁漱溟即将入住清华园的时候，《清华周刊》第31卷第7期（1929年5月11日）新闻栏里就发布了"梁漱溟先生将来清华"的消息："据中国文学系方面传出消息，梁漱溟先生不久将来本校，惟梁先生此来，不愿担任教授，只居住校内从事研究及著述，有心国学者莫不欣望云。"③此足见清华学子对梁漱溟的

---

① 原载于1943年8月成都《风土什志》，转引自夏晓红、吴令华编：《清华同学与学术薪传》，北京：生活・读书・新知三联书店，2009年，第430页。
② 吴令华：《有关梁漱溟的两三事》，见吴令华：《回首萧瑟处》，天津：百花文化出版社，2016年，第20页。
③《清华周刊》第31卷第7期（1929年5月11日），第40页。

仰慕与渴望。这段时间，应清华学生社团的邀请，梁漱溟在清华发表多次演讲。从《清华周刊》来看，他曾先后讲过"山西之村政""我与文学无缘"等主题，从当时的报导来看，梁漱溟的讲演深受学生欢迎，现场相当火爆。①

梁漱溟两度借居清华园（1925年、1929年）从事思考和写作，这让我们想起梁启超也曾于1914年借居清华园从事著述，而且两人也都在借住期间为清华学子发表讲演。

事实上，无论是当时的北大国学门还是清华国学院主要都是以文史考证见长，不过清华国学院有着更为广泛的世界汉学的国际视野，而梁漱溟是以哲学思想见长，注重从总体上来阐发中西文化的精神气质及其思想义蕴，他对无生命活力的、所谓"科学的"、以汉学或朴学的方式进行整理国故是毫无兴趣，甚至是相当蔑视的。②陈来先生曾以清华国学院为例对近代以来的国学思潮和国学研究划分出三个阶段，认为清华国学院代表了其最高成就，其特点是有着广泛的世界汉学和比较文化的视野与眼光，正是在这一点上清华国学研究超越了北大国学门。③在笔者看来，实际上当时的清华国学研究在思想格局和气量上远远超过了北大国学门，而这其中的关键人物正是梁启超。作为近代中国百科全书式的文化巨人，梁启超在汉学和宋学方面均有很深的造诣和素养，他既可以从事考据式的学问论辩，也可以从事思想性的义理创发和精神性的文化开新，而后者更是他所长，影响更为深远。梁启超可以在考据式的学问上与胡适、

---

① 参见《清华周刊》第31卷第10期（1929年6月1日），第40-42页。
② 梁漱溟在《东西文化及其哲学》中曾对当时北大的国故学研究者非常蔑视地说道："前年北京大学学生出版一种《新潮》，一种《国故》，仿佛代表新旧两派；那《新潮》却能表出一种西方精神，而那《国故》只堆积一些陈旧骨董而已。其实真的国故便是中国故化的那一种精神——故人生态度？那些死板板烂货也配和人家对垒吗？到现在谈及中国旧化便羞于出口，孔子的道理成了不敢见人的东西，只为旧派无人，何消说得！"见梁漱溟：《东西文化及其哲学》，第208页。
③ 参见陈来：《近代"国学"的发生与演变——以老清华国学研究院的典范意义为视角》，载《清华大学学报》（哲学社会科学版）2011年第3期。

王国维、陈寅恪等进行讨论，但是在对中国文化精神的内在体认和思想义理的创发开新上，梁启超无疑与梁漱溟更为亲近。就对中国文化精神的内在体认和世界文化比较研究的创新上来讲，无疑，梁漱溟的研究比梁启超更为精深。笔者认为梁启超和梁漱溟代表着那个时代国学（中国文化）研究真正有生命力的新方向，这种国学研究既有内在生命的体认，也有思想文化上的开新，既正视中华民族和中国社会的现实问题，也关乎人类社会的生存命运及其共同福祉，我们今天的国学研究应该在这个方向上继续向纵深展开，才能担当起中华民族与中华文化复兴的历史重任，这样的国学研究才真正有生命力推动中国文化走向世界。

考古之为"科学":李济述评

⊙ 杨 朗

李济先生作为中国现代学术大家,他的名字是与一系列重要学术事项联系在一起的:中国第一个人类学博士、清华国学院五大导师[①]之一、第一位独立挖掘考古遗址的中国学者、主持安阳殷墟的发掘等等。1949年后李济虽离开大陆居于台湾,不过海峡两岸考古学界的领导人物均是他培养的学生(夏鼐、高去寻、张光直等),应当说他对于中国现代考古学的发展影响至为深远。李济与清华的缘分颇深,早年是清华学校的毕业生,归国之后又担任清华国学院人类学讲师,然而他的治学路径与"国学"不无差异,甚至还多次对传统学术表达过质疑。可以说自始至终,李济都力倡"科学思想",旨在为中国建立起"现代学术",并由之而批评传统思想中诸多"阻碍科学思想"的因素,然而在感情上他又往往呈现出一种"中国本位"的色彩。凡此种种特点,在当今仍然令人深思。

一、求学时期

李济于1896年6月2日生于湖北省钟祥县(今湖北省钟祥市),初名李顺井。其父李权少孤失怙,苦读成名,年轻时即成为钟祥县最大学

---

① 清华国学院有"四大导师"与"五大导师"两说,盖梁、王、陈、赵四位先生为教授,李济因为系兼职,故身份为讲师(详见后文)。因此"四大导师"所指乃为国学院四位教授导师,而李济虽为讲师,亦同为国学院导师,故"五大导师"说法亦适当。

馆的教书先生，在当地颇有名望。李权的八股文做得好，策论亦很擅长，于文章学深有心得，与此同时，他也精研孔孟程朱的思想，尤其笃信孟子的性善说，为人刚正而温和。对于教育子弟，他颇有想法，重视因材施教，充分培养孩子固有的品性，且重视当时的新学。李济年少时，父亲李权即为他朗诵诗歌，教授七弦琴，并且送他进新式小学，使其得以接触"格致""体操""东文"等新鲜事物，而到了宣统末年，又决定让他报考清华学校。作为钟祥本地的一位大秀才，李权重视培养孩子新知的同时，自然也不会遗漏传统学问，而他的教导方式又比较特别。李济后来回忆道：

> 我的发蒙读书，并不是由父亲自己教的；因为那时他已是我们的县城内教大学生的最忙的老师了。但是我把《四书》读完后，却没按着传统的次序读《诗经》；跟着念下去的为《周礼》。这件事，我记得最清楚；这完全是父亲一个人的主张……读《周礼》的课程是没完成，至于这一课程对我幼年教育的影响，却是多方面的……因为我到了九岁的时候，尚不能提笔写一封简单的家信。我记得很清楚，当我第一次初学写"父亲大人膝下敬禀者"这九个字时，我的精神上的苦恼。①

在儒家经典中，《周礼》不以义理著称，文字也较为枯燥，在科举考试中也不太重要，虽在中古政治改革中发挥过重要作用，但自宋以后逐渐式微，到了清代始稍有起色，而晚清朴学大师孙诒让著《周礼正义》一书，才使得《周礼》真正成为经学研究的焦点。这部经学巨著虽重在客观探讨"古制古义"，无所措意于历史上各种经学争论，在经学史上具有不同以往的特点，但在孙诒让眼中，探讨《周礼》仍有保华攘夷、富国强兵的经世之意。李权让李济学习《周礼》，可能就是这种历史环境影响下的结果，这当然显示出他本人对于时代风潮之敏锐，不过就李

---

① 李济：《我的初学时代》，见张光直主编：《李济文集》卷五，上海：上海人民出版社，2006年，第186-187页。本篇中李济原文皆引自该版《李济文集》。

济而言,这种具有偏向性之教育的直接后果乃是他未能够完整全面地学习传统经典,不能不说留下了一定的遗憾,九岁尚不能写封简单家信仅是一例。

不过除了《周礼》之外,父亲仍积极地为李济教导过其他传统学问,尤其是自己钟爱的《孟子》。李济对于父亲津津有味讲述《孟子》的场景印象非常深刻,并且自己当时也曾为"人皆可以为尧舜"的讲解所感染,不过也是在当时,他就对孟子的某些观念提出了质疑,例如"以羊易牛",他认为远远赶不上佛教戒杀生合理。按照李济的说法,他对于孟子某些学说信仰的动摇始于中学时代,他早期的中学教育在北京南城的五城中学(今北京师范大学第一附属中学之前身)。李济之所以从湖北来到北京读书,是因为父亲李权于光绪三十三年(1907年)赴京参加举贡会考(时科举已废),得到了七品官衔,而他不愿到福建做知县,遂留在皇宫内务府听任,还把一家人从湖北接到北京。李济初到北京之时,先在本省人开办的江汉学堂读书,半年后,考入北京名校五城中学,这是中国第一所公立中学,当时教授李济那个班国文课的,就有大名鼎鼎的林琴南。不过李济中学教育的大部分时间,乃是在新创办的清华学堂度过的,清华的学习对于李济具有很大的影响。

1911年清华学堂首次开学,次年更名为清华学校,李济乃是首批考入清华的学生之一。用他自己的话说,"他也跑了去糊糊涂涂的应了一下考,不知道怎么回事,那监考的人也把他糊糊涂涂的取了。他在清华学堂待了七年半,功课是平平常常,人也是平平常常,玩也是平平常常"(《自撰简历》)。但对于理解李济的学术生涯而言,清华求学的经历可不是"平平常常"这四个字所能概括的。

在当时的中国,清华的清洁、整齐与效率是无可比拟的,如学校规定每一学生在固定时间到洗澡间洗澡。这样的训练风气之下,李济也养成了洗"莲蓬浴"、做"健身操"、"守时刻"的个人习惯,等到后来留学美国时,在生活方式上就不会有太多难以适应之处。生活习惯并非与学问毫无关系,因为在李济看来,"清洁""整齐""效率""秩序"此类特点在很大程度上与中国人传统的习惯与环境差异明显，清华这种具有美国特色的学校生活方式无疑给李济带来了对于西方文化初步的直观感受。①

就学习而言，李济认为"在这一时间学到的，属于技术性的较多；涉及价值观念的较少"。其原因是多方面的，首先，清华远离北京市区，交通与讯息皆不甚便利，学生对于政治问题普遍较为冷淡。其次，李济本人受父亲影响，视政治为肮脏下流的事业，而他自己对于宗教也很不感冒，他所关心的是学点"洋东西"，对国家与社会做出贡献。清华学校正是为学习"洋东西"做准备的，其课程安排乃是以学习英文为中心，应该说突出的正是"技术性"。说到价值观念这一方面，李济在一位饶老师的指导下阅读王先谦《荀子集解》，其《天论》篇中的科学与共和思想给李济留下了深刻印象，他由此思考为何这些早已提出的原则两千多年仍未得以实行，随之又产生出一系列对于中国传统文化的疑惑，强化了他出国求学的愿望："放弃了多读中国古书的念头，一心一意想到海外求奇方去！"也正是在清华求学这一时期，李济与父亲李权的思想距离越来越大，李权虽然能够吸收一些新东西，但对于根本破坏传统的做法完全不能接受，以至于骂孙中山为犯上作乱的"杂种"。②他也抽出时间为李济讲授韩柳欧苏文章的奥妙，但李济当时始终听不进去，他当时所要的，"只是想透过英国语文，学点中国没有而美国有的东西"。可以说，李济年轻时在感情上即对于传统学术有一种厌倦与不满，他认为中国的未来最需要的是来自西方的观念与知识。

在清华期间，李济的课余生活也很丰富，1914年他多次参加学校举办的"国语演说会"，在辩论中唇枪舌剑，1915年也曾出任学校演剧队队长，参加筹办贫民小学的义演。更值得一提的是，1913年，李济与四名同学建立了以"励进道德"为宗旨的"新少年会"，其道德之楷模乃并非

---

① 李济也认为中国文化内部差异很大，不可一概而论，"中国的妇女的教育，及婚后的工作，可以说大部分与清洁有关"，例如他的母亲与姨妈皆是，见李济：《我的初学时代》，《李济文集》卷五，第189页。
② 岱峻：《李济传》，南京：江苏文艺出版社，2009年，第8-9页。

中国圣贤，而是泰西名人——尤其是创立新少年意大利会的"意大利三杰"。举凡读书为学、生活起居，会员都要互爱互敬，彼此规过，砥砺德行。后来会员增多，宗旨也添加了"学术研究"一条，成立了"国语演说部"。稍后，又仿照富兰克林修身的方法，刻印了一种自省簿。应该说这种做法既具有基督新教色彩，也有儒家自省其身的意味，所以当时常会中讨论的问题一多半是以王阳明良知做引线。后袁世凯称帝，"新少年会"为避嫌改名为"仁友会"，宗旨也易为"改良社会、服务国家"，会员亦越来越多，但组织社团究属不易，"仁友会"还是难免各种内部与外部的争议。但无论如何，由此可见出李济对于国事之关心，以及他对此怀有的建设路径（"仁友会"历史见李济《仁友会史略》）。

1918 年，李济已是高等科四年级生，清华开了一门心理学课程，并从美国请来华尔考教授（G. D. Walcott）授课，李济受好奇心驱使选了这门课，读了半年之后，兴趣越来越大，人的智慧能以科学方法测量（即 IQ），这样的说法让他觉得很有意思，用李济的话说，"清华学校最后的这门课程，却帮我做到了美国学业选择的最后决定"（李济《我在美国的大学生活》）。李济当时就去打听美国哪一所学校的心理系最有名，打听的结果是在马萨诸塞州伍斯特城（Worcester）的克拉克大学（Clark University）。1918 年 8 月 14 日，李济在上海东关码头登上了"南京号"远洋客轮，离开祖国，远赴美国留学。

李济在克拉克大学一共待了两年，第一年所选的课程多是心理学，成绩也不错，1919 年 6 月即获得心理学学士学位。但一来他感觉到心理学这门学科未能尽符自己对于科学标准的预期，二来他觉得学心理学在中国没什么出路，而通过在课余的博览群书，他逐渐对于人口学发生了兴趣。于是在克拉克大学的第二年，他开始跟随韩金斯教授（F. H. Hankins）转念人口学与社会学研究生课程。1920 年 6 月，李济的硕士论文《人口的质的演变研究》顺利通过，他还被美国社会学会接纳为会员。但在当时，李济已经认识到人口学的基础是数学，而自己并不长于此，从头学习也不现实，遂明确决定改习人类学，因为在学习人口学之时，他已阅读了不少人类学著作,感觉到人类学"在学术研究上与实际需要上,就成了前途极有希望的学问"。于是在1920年暑假刚过,李济便由克拉克转学去了哈佛,研习人类学。①

在哈佛大学的第一年,李济了解到人类学的一般知识,并且初步形成了自己博士论文的构想,1921年3月,他向哈佛大学文理学院研究生院提出读哲学博士学位的申请,他当时想利用新学的人类体质测量方法,在美国留学生与华侨中搜集中国人体质材料,进而研究中国人种的特质。②在哈佛学习与研究人类学的过程中,他接触到好几位印象深刻的老师。例如年轻的讲师虎藤(Ernest A. Hooton),他所教授的课程为"体质人类学",虎藤非常重视训练学生的实践功夫,有一年暑假,李济跟着他处理了五百个埃及人头骨,这一实践经验让李济获益良多。③又如研究院教务长柴斯教授(Chase),他教授的是"希腊考古学",正是这门课程引发了李济对于考古学的兴趣。对于哈佛三年,李济认为最珍贵的收获还不在于知识,而是"做学问的境界":第一,学问的内容不离于日常生活所感;第二,学问最要紧的是方法论,方法论则是"一种常识的推广"。当时他迫切感受到,"只有用人类学的方法去研究中国文化的发展,及若干历史的现象,方能得到(就中国学术发展的现阶段论)有意义的结果"。

在这样的精神下,李济首先完成了有关中国人体质的论文,得到了

---

① 当时美国东部大学中,人类学最好的不是哈佛而是哥伦比亚大学,人类学泰斗、美国人类学之父博厄斯(Franz Boas)就在那里,李济之所以选择哈佛,一方面是因为自己对于这所学校的向往,一方面是因为克拉克大学诸师友的劝说。见李济:《我在美国的大学生活》,《李济文集》卷五,第193-196页。
② 李济有一篇《自撰简历》,可能撰于1920年左右,其中提到"他的志向是想把中国人的脑袋量清楚,来与世界人类的脑袋比较一下,寻出他所属的人种在天演路上的阶级出来"。美国当年限制华人入境的理由之一就是华人的脑容量比较小,由此在进化上可能低于白人,李济的那种志向很可能与此种历史环境有关。见岱峻:《李济传》,第19-20页。
③ 虎藤后来成为美国体质人类学的权威,我国著名人类学家林耀华20世纪30年代留学美国时,也跟着他学习体质人类学,从林耀华的回忆来来看,虎藤的教学方式仍然保持一贯。见林耀华:《我在哈佛的读书生活》,《读书》1984年第5期,其中"虎藤"译为"胡敦"。

老师的好评。其后,李济又根据《古今图书集成》中关于中国城墙的资料,对中国人族群意识之演变进行了研究——"Evolution of the We-Group"(《我群的演变》)。"我群"既已说明,那么如何看待"你群"呢?李济注意到中国民族的移动研究,尤其是历史上汉族的两次南迁,对于中国民族之变迁与形成具有至关重要的作用。随着这部分的完稿,李济的博士论文"The Formation of the People of the Middle Kingdom"(《中国民族的形成》)也终于完成,并于1923年5月13日以"极佳"的评语正式通过,遂为中国现代人类学的开山之作。李济由此也成为中国第一位人类学博士,并于同年12月成为美国人类学会会员。他在哈佛大学拿的是人类学博士学位,博士论文《中国民族的形成》的副标题就是"一次人类学的探索",在这场探索中,打头阵的即是体质人类学方法。用李济自己的话来说,他选择人类学的初衷是寻找出中国"所属的人种在天演路上的阶级出来"(《自撰简历》),这当然首先应归于李济个人的兴趣,但无疑与当时中国盛行的种族话语密切相关。自1897年严复译出《天演论》,社会达尔文主义风靡中国,其中的一个主导性解释即为种族竞争与保存,康有为、章太炎、梁启超等人无不就此问题发表见解,"保种"成为当时思想界的重要话题。这种强烈的政治性话语渗入学界,探讨中国人种之来源及其意义就变成了一个重要问题,这是体质人类学或人种学在中国兴起的重要原因。李济在《中国民族的形成》的序言中即表达了对中外学者研究中国人种之现状的不满,他要以研究中国人的体质特征为出发点,结合民族志的考察,探讨如今的中国人(严格说是汉人)是如何形成的。从这一构想来看,李济是要结合体质人类学与文化人类学的方法来考察中国人的形成史,其立意甚为高远,然而从实际论文来看,李济更倚赖的无疑是体质人类学与统计学,文化人类学的色彩并不明显。《中国民族的形成》以测量现代中国人体质特征开始,测量对象是一百一十一名美国华人(包括留学生与华工),统计各类测量与观察数据,得出了对于中国人体质的基本结论。接下来,李济转以古代文献为依据,统计古代的城墙修建、姓氏来源、人口变化、民族冲突等方面的数据,辅以对三次北方大入侵的考察，最后的结论是现代中国人的基本成分来自五个主要民族、三个次要民族，历史上的趋势乃是"通古斯人占取黄帝的后代的地盘，而后者占取其他三个主要民族群体的地盘"，现在的趋势为前者已经停止，后者仍会持续。正如有的学者所指出，李济此文本来为了反对中国人种单一论，但最后也显示出一种纯粹的种族观（"黄帝的后代"）。① 不过，更值得注意的显然是此文对于"科学"统计方法的倚重，城墙的修建、姓氏的分合、民族的交往本身都更适合以文化人类学的视角来探讨，但在此文中则化作各种统计数据呈现出来。而在所有统计数据中，核心又是体质数据，所以文本以体质人类学始，也以体质人类学终。应该说，李济的这种学术偏好与当时美国体质人类学的研究现状有密切关联。

正如李济《自撰简历》所述，他在哈佛的指导老师虎藤在人类学方面给了他重大的影响。虎藤是当时美国体质人类学界的新锐，而体质人类学又是当时美国人类学界的新军。美国的体质人类学有两个主要的学术来源，其一是医学与解剖学，其二是行为人类学，前者是更"硬"的科学，后者则与人文关系更密切。当时美国人类学的泰斗博厄斯更倾向后者，而虎藤则倾向于前者，不过博厄斯的研究重点仍在于文化人类学，对体质人类学并不特别关注。虎藤则在求学时代兼习文化人类学与体质人类学，但更偏好后者，他重视量化与统计分析，培养出大量弟子，为体质人类学的确立发挥了关键作用。当时在这一领域与虎藤齐名的还有一位阿勒士·赫德利奇卡（Aleš Hrdlička），李济与他也有过交流。赫德利奇卡在学术态度上更严谨与审慎，所主编之《美国体质人类学杂志》（*American Journal of Physical Anthropology*）对建立这一学科意义深远。体质人类学在当时的美国其实面临着诸多观念上的限制：首先是种族偏见盛行，西方人尤其是北欧人将自己视为最高种族，新拉马克主义（Neo-Lamarckianism）大行其道；其次是把身体特征与心理特征联系起来，所以

---

① 冯客："这是一个用黄帝的纯种类型来替代中国的种族构成中劣等因素的过程，作为宗族的种族和作为民族的种族的粗糙松散的层次，被李济合法化并转化为理论。"见冯客：《近代中国之种族观念》，杨立华译，南京：江苏人民出版社，1999年，第122页。

才会有以头骨大小判定智商高低的做法；再次则是以影响人类社会之演化为研究目的，故而优生学成为很多研究者必须面对的问题。在这样艰难的社会政治语境中，虎藤与赫德利奇卡坚持以科学标准展开研究，其端正的研究作风为这门学科确立了一个良好的基础，堪称美国体质人类学的奠基人。① 应该说，这两位学者与李济在处境上不无相类之处，他们都面临着国内各种观念的阻碍，尤其在当时的中国，为了社会政治目的而随意制造中国人种之历史的风气大行其道，亟须以一种合理的方法来研讨之，而体质人类学有一套符合现代科学标准的研究方法，可以提供更准确的人种信息，欲研究中国人"在天演路上的阶级"，这当然是更可依赖的途径。时至今日，体质人类学的研究早已经超越了李济的时代，体质特征甚至已不再具有最重要的区别意义，随着遗传学的发展，分子生物学的方法得到越来越广泛的运用，提供了此前无法比拟的研究精度。不过，以科学方法研究人种演化，并从广阔的地域范围来比较探讨，李济《中国民族的形成》的这种研究精神在今日仍然是很值得学习的。

值得一提的是，1922年李济将论文的主题浓缩为一篇短文《中国的若干人种学问题》，同年2月发表于巴尔的摩的《中国留学生月刊》杂志，次年又刊载于《哈佛研究生杂志》第123期。英国著名哲学家罗素1920年访华后著《中国问题》一书，其中就引用了李济此文的两大段文字，这让李济"一下子出了名"。② 此时的李济满怀对于未来学术事业的期待，甚至将自己的字也由"受之"改为"济之"，这与胡适的"适之"颇为相类。

在美国的时候，李济与不少中国留学生关系密切。当他登上"南京号"

---

① 美国体质人类学发展史参见 Michael A. Little and Kenneth A. R. Kennedy eds., *Histories of American Physical Anthropology in the Twentieth Century*, Lanham, MD：Lexington Books, 2010。关于博厄斯的地位与体质人类学的学术来源，参见 pp.55-86；关于虎藤，参见 pp.141-154；关于赫德利奇卡，参见 pp.87-104、pp.141-146。

② 直到三十多年后，李济对此还不无感慨地回忆道："忽然得到若干人的欣赏，真有啼笑皆非之感。但是细想想，那本书的'看法'似乎还是站得住……可惜……除了几个外国人外，大半的中国历史家，仍是……感到隔膜。"见1955年6月李济致胡适书信。同时参见岱峻：《李济传》，第23-25页。

赴美之时，同船即有徐志摩，到了克拉克大学，两人又住一个寝室，同时他还结识了吴宓、梅光迪、赵元任等人。而在哈佛，与他合住的先后有张歆海、叶企孙、李熙谋等同学。1923年当李济获得博士学位时，他在克拉克大学的学长凌冰正担任南开大学教务长，他立即向张伯苓校长推荐了李济。于是李济同年夏天归国以后，遂马上前往天津八里台，就任南开人类学、社会学教授。

二、任教清华

李济在南开颇受器重，第二年又担任了文科主任，不过他只待了两年便回到母校清华，任教于国学研究院。他在南开期间最重要的事情是结识了著名地质学家丁文江，两人可谓一见如故，李济十分欣赏丁氏爽朗、直率的性格，在学问上也谈得很投契，觉得彼此间的意见多有相同之处。1923年8月，在河南新郑县城，百姓掘井发现了一个古墓，北洋军第十四师师长靳云鹏得知后带领士兵发掘，与此同时，美国弗利尔美术馆（Freer Gallery of Art）、北洋政府教育部、北京大学等机构亦纷纷遣专人参与调查，但发掘并未按考古标准有序进行，墓室遭到了严重破坏。10月，丁文江鼓励李济等前往找寻有无新石器时代遗存，但原发掘现场已遭到破坏，加之兵戈扰攘，李济等人仅工作了两周，除了找到几副人头骨，再无其他收获。此次考古可以说并不成功，但李济通过自己第一次考古工作也收获了宝贵的经验。①

---

① 关于这次考古发掘的报告，见李济 The bones of Sincheng（《新郑的骨》），原载 Transactions of the Science Society of China（《中国科学社论文专刊》）1926年第3卷。中国科学社（The Science Society of China）于1915年由康奈尔大学的中国留学生创立，并发行《科学》杂志，1918年科学社迁回国内，并创办西文刊物《中国科学社论文专刊》，与国际学术界交流，同时积极展开各项研究活动，致力于民族复兴的事业，中国科学社一直持续到1960年，在中国现代科学发展史上发挥了重要作用。1923年，李济由时任会长丁文江介绍加入中国科学社，由此也认识了一批国内外的地质学家、古生物学家。参见张剑：《科学救国的践行者：中国科学社发展历程回顾》，《科学》2015年第5期。另见岱峻：《李济传》，第28-30页。

1922年，清华学校开始筹办研究院国学门（通称"清华国学研究院"），聘请梁启超、王国维、陈寅恪、赵元任为教授。梁启超时亦任中国考古学会会长，他希望清华能开现代考古学的课程，丁文江推荐了李济，于是国学院聘请李济任讲师。与此同时，弗利尔美术馆的学者毕士博（C. W. Bishop）因为新郑的发掘而结识了李济，也邀请他参加弗利尔的团队，在中国合作进行田野考古。这两项邀请来得突然，并且南开校长张伯苓的知遇之情也让李济一直敏感于心，他遂与好友丁文江商议此事，丁文江鼓励他为了科学研究而接受新的邀请。1925年，李济进入清华国学院，并且与弗利尔美术馆一起合作，从事中国的田野考古，但前提有两个：第一，弗利尔美术馆必须与中国学术团体进行合作；第二，在中国发掘的文物必须留在中国。弗利尔美术馆表示同意，同时与清华国学院也达成了协议，一切工作在清华名义下展开，经费由美方负担，李济本人则以国学院讲师身份主持这项工作。①

　　不过，虽然国学院诸教授对考古学亦颇有兴趣，但旨趣却与李济不无差异。例如梁启超，他于1922年出版的《中国历史研究法》虽然认为考古学可以提供十分珍贵的古物，但又指出其仅为"人类活动结果中之一小部分"，于史料中占次等位置，价值不宜夸大，而史学家对此之职责乃通过比较中外古物而思考文化之异同，以开阔史识驾驭这些有限的新史料。②又如王国维，他的二重证据法众所共知，这意味着传世资料首先给地下出土资料提供了一个基本框架，在这个框架之内出土资料可以发挥补充、修正的作用，其间的主次关系是明显的，这也是他提议李济"找一个有历史根据的地方进行挖掘"的原因所在。③只是对于李济而言，借

---

① 李济的"讲师"头衔，很可能与他身兼弗利尔美术馆之职有关，其大部分薪水由美方拨发（每月三百元），清华则只拨发小部分（一百元），李济亦曾表示难以"常年住院，任教授与指导之事"。参见孙敦恒:《清华国学研究院史话》，北京：清华大学出版社，2002年，第33页。
② 梁启超:《中国历史研究法》，北京：中华书局，2009年，第52-56页。
③ 戴家祥:《致李光谟》，载李光谟编:《李济与清华》，北京：清华大学出版社，1994年，第169-174页。

助考古学、人类学、地质学、生物学等现代科学理论，出土文物就可以建构一个相对独立而自足的历史线索，较之历经岁月淘洗的传世文献，这些原始资料所蕴藏的信息更为可靠与清晰，从而具有更强说服力，这里反映出一种学术路径的差异。部分缘于此，李济在国学院的教学并不算出彩，甚至还显得与周围环境有些疏离。1925年，李济在国学院讲授"古物学"与"人文学"，1926年讲授"普通人类学"与"人体测量"，指导学科范围则为"中国人种考"，1927年讲授"考古学"。① 这些带有强烈自然科学色彩的课程与梁启超、王国维、陈寅恪的国学讲授差异显著，所以国学院同学们也兴趣不大，收获有限。如姜亮夫回忆"这几位先生中，只有李济之先生的'考古学'最不爱听"，戴家祥则回忆"由于自己水平不够，所以受益不多"，虽然晚年的他们都对此表达了遗憾，但可以反映出当时国学院同学的一般情形。② 与此相应，在国学院的四届毕业生中，李济只重点指导了一个半，一个是吴金鼎，半个是徐中舒（主要受王国维指导）。③ 除了学科上的距离，李济也因长期在外从事各种考古活动，导致其在国学院实际教学时间很短，"每学期回院讲学不过数周"。④ 不过，正是在山西夏县西阴村的考古，堪称李济在清华国学院时期最重要的成果。

1926年10月，在经过前期考察之后，李济与清华大学地质系讲师袁复礼在山西夏县西阴村正式组织考古发掘，本次考古团由清华国学院组织，经费由弗利尔美术馆承担，主持者则为李济。这次发掘完全依照考古学标准细致进行，直至年末方告结束，总计发掘文物两千多件，装了六十余箱，⑤ 历经艰辛于1927年1月初运抵北京。这是历史上首次由中

---

① 岱峻：《李济传》，第38页。
② 姜亮夫：《忆清华国学研究院》，《姜亮夫文录》，昆明：云南人民出版社，1999年，第172页。另见戴家祥：《致李光谟》，第169页。
③ 吴金鼎实际并未写出论文，也没有拿到毕业证书，可能是因为找不到考古发掘地，见戴家祥：《致李光谟》。
④ 蓝文徵：《清华大学国学研究院始末》，载马强才编：《蓝文徵文存》，南京：江苏人民出版社，2012年，第269页。
⑤ 李济在《西阴村史前遗址的发掘》中说有七十六箱，戴家祥在《致李光谟》记载梅贻琦言有四十九箱，李光谟经查核多方资料后，认为应有六十余箱。

国人主持的田野考古,具有里程碑式的意义。其发掘所得主要为新石器时代的彩陶碎片及石器、骨器,而出土的半个蚕茧则提供了关于中国新石器时代蚕业的重要线索。①

在李济之前,中国大地上其实并非没有现代的田野考古作业。其著者,如1902年瑞典探险家斯文·赫定(Sven Hedin)赴西北考察,在罗布泊发现楼兰古城遗址,又如1921年瑞典地质学家安特生(Johan Gunnar Andersson)在河南省渑池县仰韶村的考古发掘,但迄未有中国人独立主持的现代田野考古,有之则自1926年李济主持的山西夏县西阴村遗址考古发掘为始。1923年李济曾赴河南新郑发掘古墓,受制于客观环境,没有取得太大的成绩,但积累了宝贵的经验。所以当李济能够从容主持西阴村发掘时,就完全遵循现代考古学标准,严格按照地层一点一点发掘,妥善分类保存了各类出土物,完整详实地记录了西阴村遗址的各项数据。李济在《西阴村史前的遗存》中,记录了他们当时采取的一些发掘方式,特别是"三点记载法"、叠层法,并强调"我的经验使我相信这两种方法都极有效率,要是挖掘类似的遗址,我希望大家试试它们看"。结果确是如此,李济在这次考古发掘中采取的不少方法,因其科学性与合理性,在中国考古界沿用至今。②这次科学细致的考古发掘所获得的一个重要回报就是半个蚕茧,虽然"已经腐坏了一半,但是仍旧发光,那割的部分极平直",李济认为这很可能是人工蚕业的遗存,由此引起了学者们广泛的关注,虽然各种意见都有,但无疑促进了有关中国蚕业之起源的探讨。③值得一提的是,在西阴村考古成功之后,清华便请李济第

---

① 新中国成立后,考古人员于1959—1963年再次考察了西阴村遗址,于1994年进行了第二次发掘,其主要文化遗存为庙底沟类型,1996年被确立为全国重点文物保护单位。参见山西省考古研究所:《西阴村史前遗存第二次发掘》,载《三晋考古》(第二辑),太原:山西人民出版社,1996年。
② 西阴村考古采用的方法还有"披葱法""探方法""探沟探坑法"等,张光直曾评论说:"这种发掘方法今天看来虽然简单,在六十年前却有开天辟地的意义。"见岱峻:《李济传》,第50页。
③ 围绕半个蚕茧的学术讨论,参见李光谟:《从清华园到史语所:李济治学生涯琐记》,北京:清华大学出版社,2004年,第99—103页。

一次教授现代考古学（1927年），这也是中国最早的现代考古学课程。①

1927年1月10日，为了欢迎考古团回京，清华国学院特别召开了茶话会，清华教务长梅贻琦与全院师生听取了李济与袁复礼的报告演说，会上王国维还对某些问题提出了自己的意见。而梁启超更是"深感兴味"，当晚就给留美学习考古学的梁思永写信，甚为此次发掘所鼓舞："他们所看定采掘的地方，开方八百亩，已经采掘的只有三分——一亩十分之三——竟自得了七十六箱，倘若全部掘完，只怕故宫各殿都不够陈列了。"②建议思永回国后也参与整理这些古物，并且丰富中国考古学的常识（如金石学）。果然，梁思永于六七月回国兼任国学院助教，参与整理研究西阴村陶器，并最终于1930年以此为题完成并发表了自己的硕士论文：*New Stone Age Pottery from the Prehistoric Site at Hsi-yin Ts'un, Shansi, China*（《山西西阴村史前遗址的新石器时代的陶器》）。李济则在1927年完成了发掘报告《西阴村史前的遗存》，作为清华学校研究院丛书第三种出版。然而此时，清华国学研究院已经慢慢走向了落幕，1927年6月2日，王国维自沉于颐和园昆明湖，1929年1月19日，梁启超亦逝世。与此同时，罗家伦担任清华校长，学校改为大学，重新调整院系设置，分配校内资源，国学研究院最终于1929年春宣布停办。正是在国学院风雨飘摇的这段时间，新成立的中央研究院历史语言研究所向李济发出了邀请。

三、史语所时期（1949年以前）

实际上，早在1927年10月，蔡元培就聘请李济担任中央研究院地质研究所的筹备委员。最初中研院并无设立历史语言研究所的规划，直

---

① 有的论者甚至以此为中国考古学作为一个独立学科正式成立的标志，见博思源：《李济何以成为中国考古学之父》，陈北辰译，《书城》2010年第6期。
② 梁启超致思永书，见林洙编《梁启超家书》，北京：中国青年出版社，2013年，第139页。并参见李光谟：《从梁任公的家书看中国近代考古学的发轫》，载李光谟、李宁编：《李济学术随笔》，上海：上海人民出版社，2008年，第278-281页。

到傅斯年说服蔡元培，史语所遂于1928年3月开始筹办，并于同年10月成立。至于傅斯年与李济，彼此原不相识，后来因为蔡元培、杨杏佛、李四光的推荐，两人得于1928年10月会面，双方一见如故，傅斯年于是决定邀请李济担任史语所考古组的主任。12月初，李济辞去清华教职，正式赴史语所考古组履职，他与弗利尔美术馆的合作关系也一并转到了史语所。① 当时史语所的一个工作重点是安阳殷墟，② 傅斯年最初委派董作宾赴安阳组织殷墟考古发掘，不过董之所长在于文字学，并不熟悉现代考古学。李济履任之后，即赴安阳会见董作宾，商谈下一步的发掘工作。两人虽学有所专，但彼此尊重，各尽其长，此后董作宾专门负责研究有字甲骨，而具体发掘工作则由李济领导。自此以后，安阳殷墟的考古就成为李济的工作核心，并延续了一生。

真正确立李济在中国考古史之地位的肯定是安阳殷墟的发掘，学术界已公认安阳殷墟的考古奠定了中国现代考古学的基础，其规模、成就与影响力都是无与伦比的，而作为领导安阳考古的李济，其对于现代中国考古学之塑造自然发挥了关键作用，所以人们如今已普遍将李济视为"中国考古学之父"。③ 应当说，史语所在安阳殷墟的考古从一开始就体现出某种现代考古学的意识，当时的金石学家普遍认为经过三十年的盗掘，安阳已没什么遗存，而了解现代考古学的史语所所长傅斯年对此不以为然，遂派董作宾前去安阳考察。董作宾是文字学家，他关心的是此地还

---

① 值得一提的是，1929年史语所的八个组调整为史学、语言学、考古及人类学三组，主任分别为陈寅恪、赵元任、李济，恰为清华国学院的三位导师。
② 傅斯年之所以选择安阳殷墟，原因还不在于甲骨文，而是考虑到殷墟"是史前的一个最后时期"，"是考古学上最好的标准时期，便于研究的人去比较"，其出土器物以及文化遗迹可以提供重要的考古信息，"此皆前人所忽略"。见傅斯年：《考古学的新方法》《本所发掘安阳殷墟之经过》，载欧阳哲生主编：《傅斯年全集》第三卷，长沙：湖南教育出版社，2003年。
③ 应当说，李济"中国考古学之父"之称呼广为人知，张光直的重要作用很关键，他在《安阳》中译本序中说："有中国考古学之父的称号的李济先生是中央研究院自1929年到1937年发掘殷墟工作的总指挥"。载张光直：《考古人类学随笔》，北京：生活・读书・新知三联书店，1999年，第8-9页。

有没有甲骨遗存，经过多方查访与实地调查，他向傅斯年报告此地值得发掘，于是便有了第一次安阳殷墟考古发掘。正如李济所言，傅斯年与董作宾都不是考古学出身，并不了解现代田野考古的标准，所以他们的考古意识虽值得称道，但这一次发掘无疑问题颇多，对遗址造成了一定的破坏。等到1929年李济主持第二次安阳殷墟发掘，标准的田野考古才就此展开，人们所熟悉的那场伟大考古发掘才真正地开始了。

从1928年到1937年，殷墟前后历经十五次发掘。虽然因为日寇侵华而被迫中断，安阳殷墟考古还是取得了空前的成就，按照李济的分类，其出土资料可以分为：1.建筑遗址；2.墓葬（包括殉葬坑）；3.甲骨刻辞及在器物上刻划书写之文字；4.遗物（石器及玉器；骨角器、齿牙器及蚌器；陶器；青铜器及其他金属品）；5.骨骸（动物与人类）。其中青铜器及有字甲骨固然已成为文物珍宝，但其他不少出土资料过去并未得到重视，只有在现代考古学的烛照之下，才呈现出丰富的历史信息，进而又能引发新的问题。① 采用现代考古学方法，发掘出大量出土资料，殷墟考古的这些成就众所周知，不过还有一项重要的贡献不能不说，那就是在李济的领导下，一批年轻的考古人才在殷墟发掘中成长起来。在此之前，中国一些大学虽然也有考古学教育，但基本上都沿袭着传统的金石学与古器物学，实际没有能力培养现代田野考古学的人才，殷墟发掘实为中国的年轻考古学人提供了宝贵的训练与经验。其中尤以"十兄弟"最为知名，这十位年轻考古学者来自史语所考古组，先后参与了殷墟侯家庄的三次重大发掘，李济认为这三次发掘"代表了一个最活跃旺盛的阶段"。他们按照排行依次为：李景聃、石璋如、李光宇、刘燿（尹达）、尹焕章、祁延霈、胡福林（胡厚宣）、王湘、高去寻、潘悫，其领队则是梁思永，② "十

---

① 李济：《安阳发掘与中国古史问题》，载李济：《安阳》，石家庄：河北教育出版社，2000年，第544-589页。
② "文革"期间，"十兄弟"成为整人把柄，尹焕章的罪名之一就是参加了"考古十兄弟"的"反动组织"，尹达也曾因此受到造反派逼问。关于"十兄弟"的一般情况，参见李光谟：《从清华园到史语所：李济治学生涯琐记》，第144-146页。

兄弟"中的不少人后来成为了海峡两岸的杰出学者，为中国的考古事业做出了重要贡献，这不能不说是殷墟发掘所结出的丰硕果实。①

1929年，李济主持了第二次与第三次殷墟考古发掘，并主编出版了《安阳发掘报告》第一期。这两次发掘初步分析出小屯的底层，辨识出商代陶器特征，并且发现了甲骨学上著名的"大龟四版"。然而因为李济与董作宾带少量古物回北平引起了误会，加上部分当地人的挑拨，河南省与史语所就殷墟发掘产生了矛盾，加上中原大战爆发，殷墟发掘不得不于1930年被迫中止。与此同时，史语所与弗利尔美术馆在工作旨趣上矛盾凸显，最后李济与弗利尔也分道扬镳，幸得中华教育文化基金董事会资助，史语所的考古发掘才得以继续进行。

1930年11月，李济与董作宾等人转赴山东济南，发掘龙山镇城子崖，这次为期仅一个月的发掘在考古史上具有重大意义，即确立了一种有别于仰韶的文化类型，李济对此称之为"龙山文化"，认为这是中国东部文化圈由史前向历史时期过渡的重要桥梁。而且在李济与傅斯年看来，这也是对于中国文化西来说的一次有力反驳。②与此同时，中原大战终于结束，史语所与河南省也达成了协议。1931年3月，第四次殷墟发掘开始，从这时起，发掘工作由小屯扩展到东部的后冈与西部的四盘磨，此两处分别由梁思永与吴金鼎主持。正是在后冈的发掘，使梁思永认识到此地小屯、龙山、仰韶三种文化的依次堆积，确立了其时代序列，这是中国新石器时代考古的重要突破。而自1932年第六次发掘以后，李济因为公务繁忙，未能亲自主持接下来的殷墟发掘（梁思永、董作宾等成为实际主持者），不过作为领导者，他还是经常亲临安阳视察与指导发掘，协调与地方的关系，并且孜孜不倦地编辑出版《安阳发掘报告》（至1933年

---

① 必须指出的是，1949年以前的中国除了安阳殷墟以外，还存在不少质量很高的田野考古，它们一同构成了民国时期中国考古的丰富图景，后来因为各种内外因，安阳考古的历史地位越来越显著，其他田野考古则逐渐被人淡忘，直到最近才开始得到学者的系统研究。关于这些田野考古的情况，参见徐坚：《暗流：1949年之前安阳之外的中国考古学传统》，北京：科学出版社，2012年。
② 傅斯年：《城子崖·序》，载《傅斯年全集》第三卷，第235-238页。

共出四期）。① 应该说，安阳殷墟一直是李济关注的焦点。

这一时期李济的公务繁忙是与他担任公职与学术活动之频繁分不开的。1933年，李济担任史语所副所长兼社会科学研究所副所长，并当选民权保障同盟委员会北平分会副主席。②1934年，他兼任中央博物院筹备处主任，③并当选为国际人类学与民族学会理事。1935年，当选中研院评议员（直至去世）。1936年，赴四川讲学。1937年，赴英国讲学，参加国际科学联合会大会，并赴瑞典、德国等国进行考古学术访问。可以说，李济所领导的殷墟发掘获得了世界性的声誉，1932年史语所因为安阳考古的巨大成就获得了儒莲奖，著名汉学家伯希和、高本汉、梅原末治等人也都撰文宣传这一考古界的重大发现，殷墟的文物开始走出国门展现给世界，而作为领导者的李济也声誉日著，获得了欧洲多国的学术邀请。可是，当李济于1937年6月回国之时，他哪里知道抗日战争很快将全面爆发，这场战争让李济的研究与生活环境发生了剧变。

1937年，史语所迁至长沙，中博迁重庆。1938年，史语所迁桂林、昆明，中博部分人亦迁昆明。1940年冬，史语所与中博再迁至四川南溪李庄镇，至此李济才稍微稳定下来。抗战期间的生活状况非常艰苦，即使已定居李庄，李济仍然被迫搬过几次家，尤其不幸的是，他的两个女儿（鹤徵、凤徵）在三年内先后因病去世，悲恸不已的李济曾自责"仰不足以事父母，俯不足以蓄妻儿"。这个时候，能稍稍排遣苦痛之情的恐怕只有身边的同仁（傅斯年、曾昭燏、吴金鼎、夏鼐等）与自己的工作

---

① 第一次至第七次殷墟发掘的工作简报与研究论文皆刊于《安阳发掘报告》，此后李济又主编出版《田野考古报告》（第一册，1936年，后改名为《中国考古学报》）。

② 中国民权保障同盟于1932年年底在上海成立，主席宋庆龄，副主席蔡元培，总干事杨杏佛，后来北平分会与上海总部发生分歧，于1933年3月底停止活动，上海总部也于6月杨杏佛遇刺后被解散，至于李济在同盟中的活动情况，目前不详。参见岱峻：《李济传》，第124-127页。

③ 国立中央博物院来自李济很早就有的建立现代化国立博物馆的构想，旨在通过合理有序的陈列普及科学知识，教育广大民众。李济担任中博院筹委会主任一直到1947年。

了。李济当时是中博院主任，又是史语所代所长，既要协调人事，又得展开学术工作。安阳殷墟的发掘自然无从展开，博物院的建设也只能暂停，李济于是组织人力在中国西部展开考古与调查，并取得了不俗的成果。① 至于他个人的学术工作，则从田野考古转入了古器物研究，尤其是对于殷墟陶器的研究，自此以后，古器物研究就成为了李济学术的一个重心。

1945年8月15日，抗战胜利。1946年1月，李济以专家身份担任中国驻日代表团顾问，调查战时被掠之文物。在所掠文物之中，李济尤为关心"北京人"头盖骨的下落，可惜遍寻不获。回国之后，李济立即参与到史语所与中博院的回迁工作中，他这时候决定抓紧时间，集中精力研究安阳出土文物，于是拒绝了所有的外聘，甚至中博院筹备主任之职。这一时期，李济开始形成自己对于殷墟青铜器分类的基本见解，发表了多篇具有纲领性的论文，所主编之《中国考古学报》第二册、第三册也先后出版，② 任总编辑的《中国考古报告集》之二《小屯》也开始出版。1948年，李济荣膺中研院第一届院士。然而与李济学术研究之顺利形成对比的是国共战事愈演愈烈，1948年年底，首都南京已是风声鹤唳，国民政府于是计划选择文物精品运至台湾，李济作为中博院的理事参与了11月关于文物迁移的谈话会。12月28日，李济督运史语所、数学所的图书设备以及故宫迁运文物抵达基隆港，自此永远离开了大陆。

考古发掘的成果公之于众，须凭借考古报告，从《西阴村史前的遗存》到《安阳发掘报告》再到《中国考古学报》，李济堪称中国考古报告之先驱。在《〈田野考古报告〉编辑大旨》中，李济说："要建设一部信史，发展考古学是一种必要的初步工作。要稳定考古学的基础，我们必须将历年来各处田野工作辛勤积来的田野知识系统地记录下来。一方面作每一个工作的结束，一方面为后来学者作一个参考。"在李济看来，考古报

---

① 例如凉山罗夷考察、彭山古墓发掘、王建墓发掘、西北史地考察、纳西文字研究等。
② 第四册也已编完，文稿存于商务印书馆，1949年此书以中国科学院的名义出版，但主编李济之名被删除。

告的目的就是提供原始资料,以供史学家进一步研究。这份原始资料一定要是可靠的,这除了要求发掘的严谨,也要求报告撰写的"系统"。不过这里出现了一个问题,什么叫作"系统"?这似乎意味着撰写者对于出土资料的描述应该符合一种科学的框架。换句话说,出土资料绝对不能以任意排列组合的形式呈现在报告里,而是遵循着一种科学的描述顺序,这其实就已经涉及撰写者对于资料的理解了。进一步说,存不存在一种真正"科学"的理解,能够使出土资料最终能以一种"正确"的形式呈现为文字报告?①看一看《西阴村史前的遗存》,我们会发现其中对出土物的描述是简单甚至粗疏的,例如遗物只是被分成陶片和石器、杂器两部分,到了《城子崖》报告,遗物同样按质地被分为陶片、陶器、石角蚌器和金属制器、人与动物遗骨四部分,不过对于同一质地的器物已开始按照器类细分。这难道不是一种理解的进步,难道不是向着科学目标的接近吗?如果对这个问题做出肯定的回答,是否意味着我们能进而肯定,随着研究深入,古物分类会越来越接近科学标准,最后达到理想的"系统"?然而正是在这个问题上,学术史呈现出一种复杂的面貌。对于李济而言,古物分类确是一个重大学术问题,而他对这个问题的考察是他到台湾之后主要的学术工作之一,不过这一工作未必像他期望的那样载于"科学"的大事记之中。

四、史语所时期(1949年以后)

1949年2月,李济兼任台湾大学文学院历史系教授,又于同年8月,创办了考古人类学系并任系主任。李济担任台大考古人类学系主任直至1959年,其间培养出好几位出色的弟子,例如张光直、李亦园、宋文薰、

---

① 考古报告经常面对一个无法避免的问题:因为出土物数量过多,如何展现其中最具有典型性。但这种"典型性"经常取决于撰写者本人的理解认识,未必符合他人的标准,然而撰写者却由此"武断"地决定了别人能得到什么史料。因此当前中国考古学界围绕考古报告颇有争论,此亦说明资料整理无法避开理解。

他们日后都成为了国际知名的考古学家。而在史语所这边，自从1955年7月董作宾辞去所长赴香港大学任教以后，李济就被正式任命为史语所第三任所长，直至1972年12月因为制度改革才卸任，其间他还曾两度代理"中研院"院长之职。① 李济的个性比较强，作为学术领导人经常固持己见，以致与不少人关系一度紧张，其中甚至包括性格较为温和的胡适。② 无论如何，李济任史语所所长时，基本延续了傅斯年所确立的结构框架与指导思想，在他的主持下，史语所从迁台之初的惨淡经营逐渐地步入正轨，虽然其规模与成就已不能与在大陆时相提并论，但仍然做出了不少有质量的研究成果。直至今日，史语所在"中研院"仍占有十分显赫的地位。

离开了大陆的李济自然不能再继续此前的考古发掘，他遂组织人力开始在台湾本土展开田野考古。例如1949年对圆山遗址的发掘，1951年对淇里岸、江头遗址的调查，1953年对桃源尖山、圆山贝冢遗址的发掘。李济个人的研究此时也更加集中于整理研究安阳出土文物，他对于殷墟的陶器与青铜器投注了很大精力，在类型学与年代学方面提出了很多有影响力的见解。首先来看看他的陶器分类，1947年，李济绘制出版了《殷墟陶器图录》，是为殷墟陶器研究奠基之作。1956年，《中国考古报告集之二·小屯（第三本）》之《殷墟器物甲编：陶器（上辑）》出版，本书凝聚了李济长年研究殷墟陶器的心得，是他陶器研究的代表作。李济最初构想的《殷墟陶器研究报告》包括上辑与下辑，上辑为对于材料的分析性描写，下辑为陶器在地下的分布情况与历史意义，可惜最后只发表了上辑，即此书。在序言中，李济强调"上辑中最扼要的一篇"即是有关陶器分类的第三章：《序数的编制及图录说明》。李济对于陶器的分类以"最下部"——底部——的形态为根本标准，一共分为六类：1. 圜底；2. 平底；

---

① 第一次是1958年1月，因院长胡适身体不适而代理至4月，第二次是1962年4月，因胡适病逝而于本月再度代理，继任者为王世杰。
② 参见岱峻：《李济传》，第265-269页。

3. 圈足；4. 三足；5. 四足；6. 盖。^① 同一类型内部再按照口径的大小与容器的深浅来排列，其间又以周壁与底部的角度和纯缘的结构作详细划分之标准。这一分类法确实是李济的独创，为何要自创这套新的分类体系，他的说明是：

> 以上六点是参照着许多成例及现实情形，以及编制田野号码的经验斟酌出来的。把这些图录排起来看：也许有好些形制好像极近却分成两式；有的相差似乎很远，又排入同式。解剖陶器的形态，完全从分类学的眼光看去，全器的形制究竟以哪一部分比其余的更为重要，可以用为分式的标准，不是一个容易决定的问题……人类的幻想，常常把似乎很小的分别，推演得格外地显著；也可以把那好像很大的距离，轻轻地合拢。这一点在陶器形制上尤其表现得分明。我们现在只能把那已经创造出来的形制安排起来。编制图录序数最大的目的，是便于检查，这是不能与生物学分类同样地看待的。

李济这段话透露了两个重要信息：首先，陶器形制的哪一部分具有最重要的区别意义，对此学术界并无共识，并且由于人类认识力的有限，似乎也很难达成共识；其次，李济陶器分类之目的在于实用性——方便检索，不同于具有明确科学内涵的生物学分类。这也就意味着，当李济通过编序来赋予陶器一种类型学上的清晰性之后，研究者必须再赋予陶器另一种类型学上的清晰性。换言之，他们研究陶器之时必须重新思考"更有意义"的类型学，这种新的类型学应该传达出陶器背后的功能意义。从这个意义上讲，张光直对于李济陶器分类"过于科学"的批评似乎有些苛刻："被忽略的最大的关键，是陶器的'功能'一方面没有专题的、与出土情况相联系的讨论。"^② 说到陶器功能，就已经关系到对于陶器

---

① 李济实际上留出了四类为新的保留类型的编号（6-9），就此而言，"盖"为第10类。
② 张光直：《李济〈小屯陶器上辑〉》，《台湾大学考古人类学刊》1957年第9/10期。

的理解，这不是李济此书所要涉及的，他的目标就是提供资料检索的方便。所以李济给张光直回信说："在适当的范围内，把可信的材料之功能说出来，自然是很有用的。但没作解剖学功夫的生理学家，想象力愈丰富，愈容易流入旁门邪道。"李济首先要作的是陶器的解剖学，梳理出陶器的形态，不像古人那样流于对器物功能的主观猜测。不过，这个问题恐怕未必这么简单。李济后来在《安阳》中这样评论其陶器分类："这个分类很有实用意义，特别是当其他容器的器形，如青铜器、石制容器或不同地区不同时期的陶器放在一起比较，它可作为这种比较研究的标准。"这就意味着，此种陶器类型学不仅作为一种便于检索的实用性工具，也提供了一种古器物学的认识框架，具有科学的意义——"比较研究的标准"。否则，如果只是一种索引方法，有什么理由足以作为比较研究的基础呢？李济可能并未明言，但他的陶器分类确实带有他期望的"科学"色彩。

如果再联系到李济的青铜器分类，这样的色彩更明显。这里并非说此种分类不尽合理，只是想指出其中蕴含的学术理路——其实，青铜器分类属于李济最重要的学术贡献之一。1948年，李济发表了《记小屯出土之青铜器》（上篇：容器的形制），他在文中完全推翻了古人的青铜容器分类，而代之以容器底部分类，这正与他的陶器分类相同，故而青铜容器亦分为了六个大类（圜底、平底、圈足、三足、四足、盖）。在他看来，中国金石学以功能命名的方式导致了很多混乱，而近代试图结合形态重新为青铜器分类的学者亦难免"为那些古老的名称所诱惑"（如梅原末治），为了"便于检查"，李济重新建立了一套标准，但他同时又补充道："至于由这个排列的秩序是否可以看出形态上的关系来，却是另外的问题；不过这个排列的秩序，显然可以供给讨论这一问题的不少方便。"此处的行文虽比较节制，却又暗示着这种分类方法在研究上的意义。李济的分类无疑在一些方面是颇为成功的，确实充分显示出科学性。如对于三足目中爵形器之四型（按柱的数目及其所在）的分类与排序，已得到今日青铜器研究成果的证实。又如李济将青铜器的定名与形制相关联，指出青铜定名意味着一种器形上的共通性，这种处理方法很具有启发性，提醒研究者注意同类器在发展过程中的流变。①然而因为李济的分类法在新中国成立后被批判为"形式主义",致使在国内影响有限,学术界更多还是采用以功能用途为主的分类法。②我们今天当然不会再扣"形式主义"的帽子,但李济纯粹以形态为器物分类标准则是毋庸置疑。不仅青铜器分类是如此,青铜纹样的分类亦复如此,这样的分类也确实有廓清之效,例如从古人笼统的"饕餮"纹样中分别出"肥遗",而且对称的动物纹样实为两个动物合二为一(《殷墟出土青铜斝器之研究》)。③这种器物解剖学细致剖分出青铜器各个部位的确切情状,继而由此开始构建器物的某种生物学体系,不过这种生物学体系与那种解剖学是否只是一种纯粹的"样品—科学"关系,那种解剖学是否决定了这种生物学体系的某些特点,或者说有没有其他的器物解剖学,这关系到其他类型的生物学体系是否可能存在。设想一下,如果两类用途相异的器物因为在形态上的相似性而处于同一类或同一目(这在李济的分类中并不罕见),那么究竟是功能更具有解释性还是形态更具有解释性呢?对于这一问题,李济的看法耐人寻味。

李济有一篇提纲挈领的《中国古器物学的基础》(1950年),其中所构想的古器物学显然不在于纯粹的形式性:"若把分类工作完全限在外形测量上,那就真是皮相之谈了……要对古器物求全面的了解,专在形态

---

① 朱凤瀚:《中国青铜器综论》,上海:上海古籍出版社,2009年,第82-83页。
② 稍早时候出版的容庚《商周彝器通考》即是如此,本书影响巨大。此后有代表性的马承源《中国青铜器》与朱凤瀚《中国青铜器综论》也是以用途功能为分类之基础。《中国青铜器》对于李济青铜分类的评价为:"从形态方面来看,李济的分类比之梅原末治的清晰并更有条理。但若从器物的用途来看,这个分类方法就难于采用。而且,每一目中所包含的器类之间没有必然的联系,只是不同器物所支撑或放置的方法相似而已。"参见马承源:《中国青铜器》,上海:上海古籍出版社,2003年,第22页。
③ 张光直影响巨大的青铜研究即接受了李济对"肥遗"的分类以及动物纹饰乃"合二为一"的特点,参见张光直:《中国青铜时代》,北京:生活·读书·新知三联书店,1999年,第426-454页;张光直:《美术、神话与祭祀》,沈阳:辽宁教育出版社,2002年,第38-58页。

的演变方面下功夫，无论作的如何彻底，也是不够的。"器物到底是人类活动的产物，所以器物与人的关系——功能——必须要研究清楚，这其中还需要民族学的训练，由此可见，对于器物功能的重要性，李济与张光直在认识上其实并没有太大的差异。然而纵观李济一生的古器物研究，他不强调甚至避开功能性也是毋庸置疑的，意识到功能的重要性又止步于此，其实反映出李济对于"科学性"的坚持。他承认功能具有意义甚至更重要的意义，但他对人类学、民族学的了解也使他意识到这一研究维度至少不具有那种符合其科学理想的确定性。停留在一个确定性的领域，对于那个危险的、不确定而又具有意义的领域保持一定的距离，这其实也显示出他在学术上的一种真诚，他不强行把人类学化约为确定的科学，但也不去那个不确定的领域施展拳脚，在此呈现出一种自主的克制。

其实，器物之功能正如李济所认识的那样，乃是一个不具有自然科学之确定性的研究领域。即以陶器为例，这似乎属于足够原始、足够遥远的时空，研究者只要以某种基本的行为主义原则就足以理解这一人类产品。然而我们已经知道器物在不同文明中的地位并不相同，例如陶器：欧洲的陶匠构成了一个独立的小群体，与铁匠、鞋匠群体并立于社会之中，而在中国，陶匠与铁匠具有同源性，陶器与铁器具有明显相关性，如果再看看列维—斯特劳斯的名著《嫉妒的制陶女》，我们就知道制造陶器在人类社会中所具有的功能何其多样。即使在考古学领域，对于器物的理解也因为考古学理论的进展而不断变化。最早的文化历史考古学通过器物的特质从时间与空间角度来辨认文化及其变体（李济的观念属于此类）；20世纪中期出现的进程考古学则以器物特质为参照来考察社会种群的变化过程，强调考古资料具有技术经济、社会、精神意识三个层次；[①]最近出现的后进程考古学则反对单一地理解考古资料，而主张通过反身法（reflexive method）多角度连续不断地解读。我们在此可以看到文化

[①] 最近从进程考古学角度对青铜器的研究可以参见徐坚：《时惟礼崇：东周之前青铜兵器的物质文化研究》，上海：上海古籍出版社，2014年。

人类学在考古学发展中占有的比重越来越强,若以李济的观念,则是不确定性越来越强。然而尽管更不确定,但我们对过去的理解却更为深入了,更接近"真实"了。我们今日不会再像李济如此执着于确定性,那会限制我们的研究,但他那颇具启发性的古器物学无疑对于现在这种"不确定性"越来越强的研究仍然具有重要参考意义。基于准确的形态定位,借助可靠的自然科学手段,结合人类学、民族学的方法,这是未来古器物学的研究方向。

在专言古器物之分类体系的同时,他也开始从宏观层面探索重新建立中国上古史,1957 年,他的英文专著 The Beginning of Chinese Civilization(《中国文明的开始》)① 出版于美国,20 世纪 60 年代初期,他在史语所发起编辑一套《中国上古史》,提倡"以可靠的材料为立论依据","尽量利用一切有关的资料"来重建中国上古的历史,这种主张正是李济一直秉持的。② 应该说,李济虽然想要重建上古史,但他并没有完全把自己置身于历史学家之中,他站在考古学家与历史学家之间的交界位置,这个位置仍位于科学这确定性的基石之上,同时也能瞻望那朦朦胧胧又富于动态的历史画面。应该说,这种学术上的自制确实带来了有效成果。他并没有像很多蹩脚的历史学家那样,让科学的逻辑主宰历史的进程,而是细心地在自己认定的具有确定性的土地上耕耘,做出了当时最好的成绩。正如弟子张光直所言:"在他本人的研究工作中,他树立了一种高标准的科学品德——他的后继者们都努力在自己的工作中以之为榜样。"③ 他投入巨大心力研究中国民族之原始,因为资料的增加与方

---

① 本书以他在华盛顿大学的三篇学术讲稿为基础,出版后十几年间即发行五版,在海外影响巨大。Li Ji, The Beginning of Chinese Civilization, Seattle: University of Washington Press, 1957.
② 参见张光直:《人类学派的古史学家李济先生》,载张光直:《考古人类学随笔》,北京:生活·读书·新知三联书店,1999 年。在李济生前,《中国上古史:待定稿》只出版了一册("史前部分",台北:"中央研究院"历史语言研究所中国上古史编集委员会,1972 年),全部四册至 1985 年方出齐。
③ 张光直:《怀念李济》,见李光谟:《从清华园到史语所:李济治学生涯琐记》,第 405 页。

法的改进,在今日他的研究当然已显得过时了,不过这种学术的进展应该也是他正乐于见到的。至于更为广泛的对中国文化之原始的研究,李济当时基于城子崖与殷墟遗址的黑陶文化和此前确认的彩陶文化之对比,主张中国文化的起源有二。在《小屯与仰韶》一文中,他指出这两种文化彼此没有承续的关系,是中国文化两个独立的源头,由此确立了著名的中国史前文化东西二元说。这不禁使人联想到李济的好友傅斯年同时基于传世文献而得出的"夷夏东西"之说,地上地下文献所得结论的相同进一步确立了这一观念的有效性。时至今日,因为中国各地考古资料的丰富以及考古理论的进展,史前文化二元说虽然面临着各种各样的挑战,但在对于史前中原文化的研究上,仍然占据着主导地位。① 在对于殷商史的研究中,李济更是以开阔眼光,将殷墟出土资料与中国乃至其他区域的考古发现广泛联系起来,提出殷商的青铜来自南方,铜器之形制不少则源自西方(如空头斧与矛),礼器则多为中国独有。他进而指出殷商时代的中国文化的发展背景"是一种普遍传播在太平洋沿岸的原始文化,在这种原始文化的底子上,殷商人建筑了一种伟大的青铜文化"。李济的具体论点在今日当然不无可商之处,但是他开阔的学术视野则是值得后人充分学习的。② 实际上,因为政治的原因,1949年之后中国大陆的考古学界与世界考古潮流长期隔绝,不仅对新的考古学理论不知晓(或者持有抵触态度),而且也普遍缺乏世界性的视野,从这个意义上说,李济学术的现实意义仍然极为重大。

---

① 例如苏秉琦将中国新石器时代文化分为六大区系:1.以山东为中心的东方区域(龙山文化);2.以太湖流域为中心的东南区域(良渚文化);3.以鄱阳湖-珠三角为中轴的南方区域(万年仙人洞遗址);4.以长城地带为中心的北方区域(红山文化);5.陕豫晋临黄地区(仰韶文化);6.以四川盆地-洞庭湖为中心的西南地区(三星堆文化)。这是包括全国范围而言,如果只涉及中原,仍是龙山文化与仰韶文化并峙。参见苏秉琦:《中国文明起源新探》,北京:人民出版社,2013年。
② 正如张光直在《怀念李济》中所说:"他又是一个热心的国际主义者——他渴望接受西方所可能提供的技术和观念,力求在世界背景下观察和思考中国。"

20世纪70年代,李济开始以英文来撰写《安阳》(Anyang)一书,①最终于1977年在美国出版,本书虽属概论性著作,实可谓李济考古事业总结之作,在国际学术界产生了广泛的影响。同年,联经出版公司也出版了《李济考古学论文集》上下册,是为李济一生学术成就之总结。与李济在海峡对岸学术地位形成鲜明对比的,是他在大陆学界的处境。他的名字首先在各种考古与历史文本中被隐去,接着又受到不点名的批判,批判者中包括他在大陆最得意的弟子夏鼐。②1959年,反右的来势更猛,当年第1期《考古》杂志上发表了一篇题为《批判李济的反动学术思想》的文章,明确地要"粉碎李济之流的资产阶级考古学"。不过与胡适在大陆处境有所不同的是,李济此后并不是作为一个批判的靶子而长久存在,而是迅速消失于大陆的知识话语中,致使在相当长的一段时间内大陆读书人多不知晓李济这个名字。③

1979年8月1日,李济因心脏病突发逝于台北。他唯一的子嗣李光谟1949年后留在了大陆,所以父子常年音讯隔绝,直到1985年李济百年诞辰李光谟才终于赴台祭奠双亲。④通过接触父亲的著述与遗物,李光谟开始认识到父亲一生事业的价值,决定整理出版父亲著作,传播父亲的学术思想,积二三十年之功,成就斐然。如今大陆的读书人对于李济这个名字早已不再陌生,他的专著与文集以各式各样的版本流传于世。2006年上海人民出版社出版了由张光直、李光谟主编的五卷本《李济文集》,李济的学术成就终于完整地呈献给了大陆。

---

① Li Ji, *Anyang*, Seattle: University of Washington Press, 1977.
② 夏鼐:《批判考古学中的胡适派资产阶级思想》,载《考古通讯》1955年第3期,这篇文章的写作背景是由毛泽东发动的始于1954年的"胡适思想批判"运动。
③ 直到1981年,才有冯人发表之《考古学家李济传略》,《晋阳学刊》1981年第6期。
④ 李光谟与双亲曾于1960年在香港的过境机场秘密见过一次面,因为这件事情在当时两岸都会引发严重的政治后果,所以当事者回来以后都三缄其口,直到近年才为人所知晓,参见岱峻:《李济李光谟父子重逢内情》,《北京青年报》2014年7月5日。

五、余论

总体而言,李济一生的研究贯穿着科学精神,他要为现代中国学术建立一个坚实的认识基础。不过,他并非一个彻底的科学主义者,当他认识到某些领域难以用现代科学方式取得确证之后,学术上的真诚使他不会强行让科学手段进入其中,而是暂时悬置起来,保留住必要的空白。然而值得玩味的是,李济在专业学术领域之外的一些议论,却没有这样克制,在其中科学精神以一种绝对的优先性压倒了传统文化,一个引人注目的例子就是他对于陈寅恪在清华国学院出题的批评。1953年,李济作《关于在中国如何推进科学思想的几个问题》,其中提到"清华大学有一次招生的国文题目,只是要考生对几副对子就可以完卷,这主意出自一位国际知名的教授",当然指的是陈寅恪,李济强调"两千年来中国的文学——只是一连串好对子",而中国读书人的思想,"也只是一连串的对子思想"。"对子思想"特点为何?第一,"压低了学习者的理性",缺乏逻辑思维;第二,对子所塑造的中国文字不利于推进科学思想。从专业角度来看,李济的这一论点无论如何都是"不专业"的,对仗本来并不是中国文字独有的,而语言文字与逻辑思维在结构上的关系本身就是一个专门而深入的问题,况且现在学术的共识为语言不能化约成逻辑,至于汉字不能推进科学思想恐怕今天人们大都不会认同了。值得一提的是,李济其实也承认对对子可以启发美感,"增加人类生活无穷的意趣",然而其重要性远不如科学——"八股与科学真是人类文化一副绝妙的对联"。在此李济没有止步,他在价值上其实判定了科学对于"美感""人生意趣"的优先性。从这个意义上说,李济又与中国近现代的唯科学主义思维方式有密切的联系,他最好的朋友丁文江不正是这一思维方式的代表吗?而他对于中国文化没有发展出科学的批判也正与当时不少"科学人"的意见相一致,在其中,科学绝不仅仅是一种有效的工具,更是一种伦理态度，足以建构出一套世界观。①

1954年，李济在给张光直的一封信中说："我们这一民族，现在是既穷且愚，而又染了一种不可救药的，破落户的习惯，成天的在那里排架子，谈文化，向方块字'拜拜'——这些并没什么'要不得'——真正'要不得'的是以为天地之大，只有这些。"这里批评了中国文化人的故步自封，似乎也不无道理，然而在实际中，这种对传统文化封闭性的批评常体现为对传统文化的直接批评。例如他曾当面批评徐复观："徐先生研究中国的伦理道德，这在学问上算哪一门呢？"②难道伦理学不是一门学问吗？也许在李济看来，这种完全有别于科学的研究不能算得上现代学术，他心目中的现代学术就是科学化的。

现在看起来，李济对于传统文化的态度可以说于理未安。例如中国文化系统以"礼"为核心，这导致了中国社会普遍的"面子"心理，暂不论"礼"在中国文化中的功能为何，且说这一"面子"心理，即是承认它普遍存在，也需要根据资料仔细地研究这一人类学现象如何发展而来的，在社会行为中如何发挥作用，并且有没有力量来平衡它，应该说这是一个很有意义的人类学问题。不过李济只是以简单的线索，就从先秦的"礼"推演出现代中国人的心理特点，这种大而化之的议论难道不是李济曾经反对的吗？又如李济认为中国人对于文字符咒一般的崇拜导致了"文以载道"的观念，然而古文发展的实际情况表明，"文以载道"正表明了读书人以"道"为核心来重新塑造文字表达，哪里是对文字的迷信崇拜呢？所以，若真的以科学的标准来看，李济对于传统文化之批判并不与科学精神完全相符。

当然，李济作为考古学家，我们应当理解他的思维方式有深刻的历史语境，除了上文所说中国的唯科学主义外，当时西方考古学界强烈的

---

① 关于现代"科学人"对传统的决裂态度，参见 [美] 郭颖颐：《中国现代思想中的唯科学主义（1900—1950）》，雷颐译，南京：江苏人民出版社，2010年，第79-95页。

② 岱峻：《李济传》，第265页。

实证风气与演化论色彩，都对李济产生了巨大影响。尽管马林诺夫斯基等人已经出现，开启了民族志写作的新时代，然而李济仍坚信人类学是一门科学。① 到了今天，国际考古学已经发生了转变，科学—人文的割裂得到了普遍的反思，而人类学也进入了后现代主义，民族志之为一种写作被普遍认为不可能脱离写作者本人而成为彻底科学的调查文献。② 作为今天的研究者，人们应当继承，也应当改进李济那些影响巨大的学术观点，既要反思自己的学术基础，也要同情地理解前人态度。李济作为中国考古学的开创者，力主学术的科学化，这是与当时考古学组织性、项目性的特点密切相关的。并且在当时中国，在传统人文学术的强大背景之下，考古学作为一个从无到有的新兴学科，为了使其成功建立起来，创始者李济的那种激进文化态度也是可以理解的。应当说，李济在学术生涯中因为各种机缘最后选择了考古学，终身投身其中，可以说一辈子得益于此又受限于此，这是每一个学人都可能面临的情形，我们首先应当肯定李济在此中坚守的意义。

其实正如李济的学术研究在确定性与不确定性之间保持的那种张力一样，李济本人存在着诸种紧张感，他强烈热爱自己的国家，又强烈质疑本国的根基；他要客观研究中国的原始，却又执着于确立中国的本位；他在兴趣上不无传统文化的熏染，但在理智上又认为这种兴趣价值不足。③ 不过在晚年，李济对此也有过反思的意识，他20世纪50年代访美之时适逢爱因斯坦逝世，遂在与友人的信中感叹道："读此一执世界自然科学牛耳将近半世纪巨人之传记，觉其日常生活颇与中国传统中若干读

---

① 参见李济在《从人类学看文化》中对于"科学的人类学"之期望。
② 参见[美]克利福德·格尔兹：《论著与生活：作为作者的人类学家》，方静文、黄剑波译，北京：中国人民大学出版社，2013年。
③ 李济颇有古琴造诣，他跟从近代著名琴师黄勉之学习。陈寅恪曾经说："赵元任是带着钢琴去美国的，李济之是带着古琴去的。"1979年，他还曾与其义女、赵元任之女赵如兰有过一番关于古琴的对话，参见李光谟：《从清华园到史语所：李济治学生涯琐记》，第105、246-249页。

书人无甚分别,而与美国之教授阶级比却大大不同。"① 无论如何,应当说,李济的这种特点既属于他的独特个体,又属于整个时代,各种各样的时代思潮在他这儿碰撞,其结果并未产生一个圆融无碍的整体,而是在某种整体的背景之下呈现出的不少碎片与空白,这使得李济的形象显得更为亲切,也更为真诚。对自己真诚,对学术真诚,这对于学者来说至关重要,凭着这样的真诚,又怀有普遍的关切与世界的眼光,以此来理解中国,并进而理解世界,这恐怕才是我们今天对于李济这位"中国考古学之父"最好的纪念与传承。

---

① 岱峻:《李济传》,第318-319页。

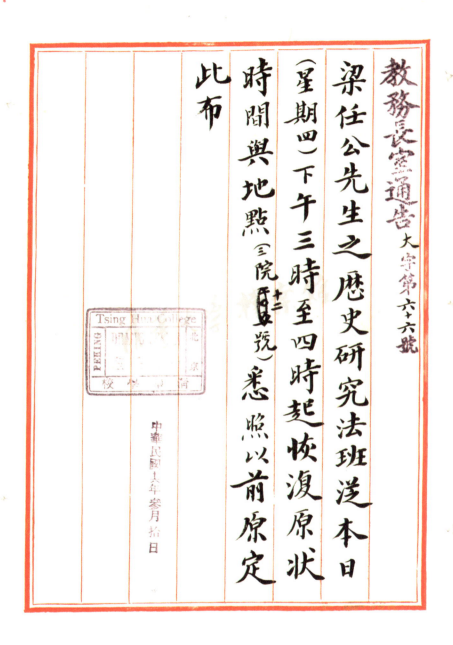

关于梁任公先生之历史研究法班从本日下午起恢复原状的通告
（清华大学档案馆馆藏）

國立中央研究院
安陽殷墟發掘團
河南安陽冠帶巷二十六號

日前生到京由史言所撥來未奉後主歉現京所已佈置竟借居請先到南京考所中同人一談讀書數月俟明春往山東或河南參加田野工作一次晴天約月底可返京一切容面談耑此即候並頌

弟安

夏鼐先生

山西南如撥師時請示知

弟 李濟 敬後 十一月六日

李济致夏鼐：明春往山东、河南参加田野工作事宜
（清华大学档案馆馆藏）

国立北平清华大学
二五.9.2

月涵校长台鉴：一

顷悉本校研究生王君锡荣来函内称，本年度赴国际拟入柏林大学专攻語音学及語言学为主科，日耳曼族语言学及其他一科为副科。弟意主以上范围之内仍拟注重文体学(stilistics)及意味学(Semasiology)之研究。

兹查所开计画大致尚不合，如能在未选定之副科内特别注重 stilistics 及 Semasiology 之研究，则当更有用。

如兄先生等予同意即请知照王君为荷。此上敬颂

勋安

弟 赵元任上

附件：来信副张

赵元任函复梅贻琦：关于王锡荣出国选修课程的意见
（清华大学档案馆馆藏）

清华学校国学研究院第一届毕业生名单
（清华大学档案馆馆藏）

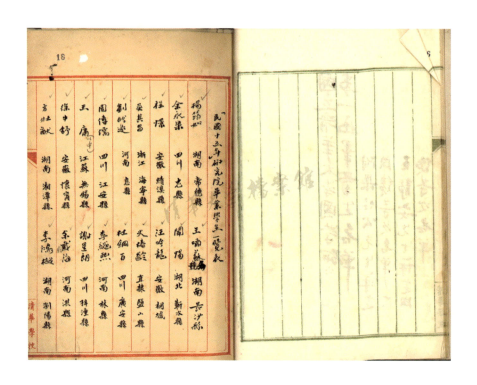

19

✓ 高崇 吉林 雙陽縣　　陳拔 江蘇 海門
✓ 王鏡第 浙江 閬化縣　　馮德清 河南 信陽縣
✓ 劉紀澤 江蘇 鹽城縣
✓ 何士驥 浙江 諸暨縣
✓ 姚名達 江西 興國縣
✓ 梅鴻官 湖南 衡陽縣
✓ 孔德 浙江 平陽
✓ 趙均彥 浙江 諸暨縣
✓ 吳澤沛 江蘇 南通縣
陳城

20

甲　其餘皆乙等

楊筠如
余永梁
程憬
吳其昌
劉助遠
周伯儒
王席
徐中舒
方壯猷

乙
高亨　4胎校
王鏡弟　?李鴻越
劉紀澤　?余戴海
何士驥　1謝星朗
姚名達　5馮德清
蔣傳宗　王思忠
孔此
趙祈元
黃澤沛

21

王嘯蘇
閃煬
汪吟記
史椽蘇
杜鋼百
李沇照

研究院畢業學生一覽表 (名次甲乙)

甲一 楊筠如
甲二 程憬
甲三 劉盼遂
甲四 吳其昌
甲五 劉貯
甲六 余永梁
甲七 王庸
甲八 徐中舒
甲九 方壯猷
甲十 高亨
甲十一 何士驥
甲十二 劉紀澤
甲十三 王競第
甲十四 姚名達
甲十五 王傳官
甲十六 孔德
甲十七 邱彥彬
甲十八 黃淬伯
甲十九 趙邦彥
甲二十 關燿楊
乙二十一 蔣傳燦
乙二十二 史椿齡
乙二十三 王鳴鶴
乙二十四 汪吟龍

乙一 杜鋼百
丙二 謝星朗
丙三 李鴻樾
丙四 陳拔
丙五 馮德清
乙五 李組照
丙二 余戢海

研究一年苏特正式通知请於下學期間按時入學手續繳費入校可也此頌

學祺

君鑒請求留校事件已經教授會議認可准許繼續

劉盼遂 周傳儒 方壯猷 姚名達 何士驥
吳其昌 余永梁 楊筠如 蔣傳官 陳拱彦
黃淬伯 汪吟龍 桂燎 王競第 關煜
杜鋼百

出席會議二十五人尤行各簽名
民國十五年六月廿二日 下午
陳寅恪緒書

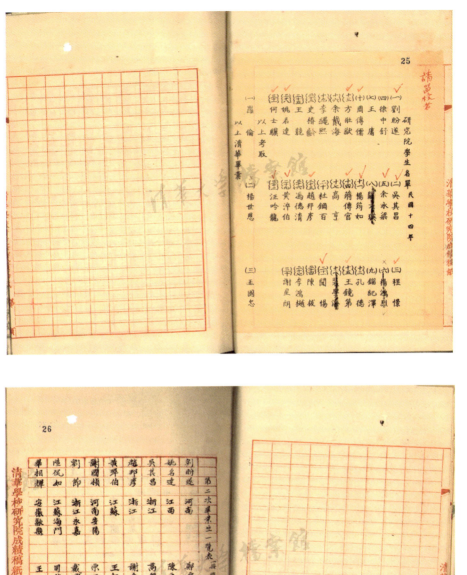

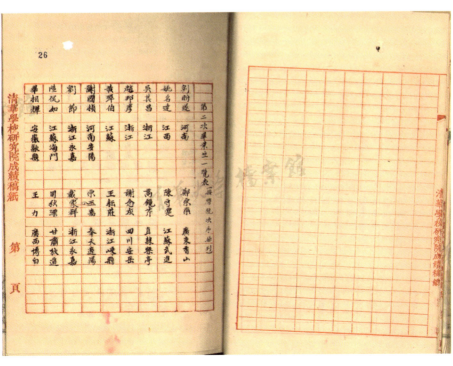

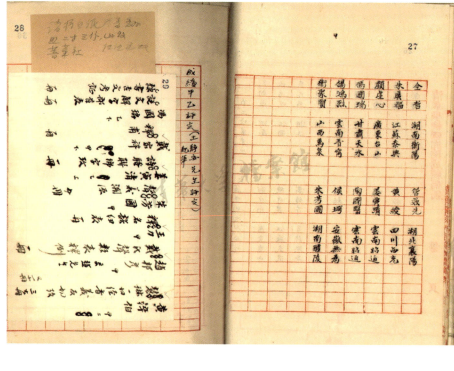

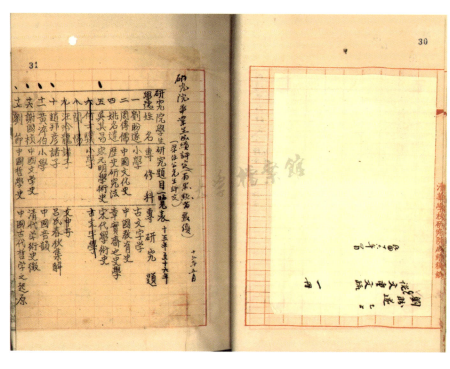

【32】
十九　陳佩如　中國文學史　古代詩選
二十　畢樹棠
二一　鄭景襄　東西交通史　中日歷代関係（明代）
二二　陳守實　史學研究法　唐代的社會現象
二三　王耘莊　宋元明學術史　明史稿考證
二四　陳邦煒　宋元明學術史　宋元明人性論之研究
二五　謝念友　中國哲學史　尚書研究
二六　宋王嘉　中國哲學史　陳白沙的哲學
二七　戴家祥　經學　金石學　漢魏間的哲學　孔子研究
二八　吳金鼎　中國人種考　卜辭金文之研究
二九　司秋濱　儒家哲學　楚辭
三十　王力　中國文學史　先秦文法
三一　?　哲學　孔家人生哲學

【33】
三二　吳應禛　儒家哲學　性之討研
三三　顏虛心　清代學術史　浙東學派
三四　龔澔明　中國上古史　戰國史
三五　馮國瑞　中國上古史　說文部首研究
三六　楊鴻烈　中國史　中國文化史　中國法律發達史
三七　鄉榮　中國史　春秋戰國社會生活情況
三八　衛聚賢　諸子　中國歷史新編
三九　管效先　諸子　孟子七篇中之仁義解
四十　黃綏清　小學　中國歷代地方制度考
四一　姜寅清　小學　詩騷聯綿字
四二　陶國賢　經學　老子字義疏
四三　陸侃　經學　鄭氏經注例
四四　朱芳圃　小學

楊筠如	尚書覈詁
	春秋時代之男女風紀
	勝
余永梁	說文古文疏證
	金文地名考 殷虛文字考
程憬	二程的哲學 先秦哲學史的唯物觀
	宋代學術史
吳其昌	記魏晉間的哲學 (天文、地理、金石、算學)
	翮齒蓬草譜 朱子著述考
	三統曆簡譜 朱子延平年譜
	程明道年譜 對照兵要燕兵篇
	說文漢語疏 百鶴樓叢稿
劉盼遂	一
方壯猷	
徐中舒	徐奄淮戈犀盦考
王庸	陸象山學述 四海通考
周傳儒	中日歷代交涉史
	殷周民族考
	儒家的人性論 章實齋先生傳
	中國文學史論
	韓非子集解補正
高亨	書院通徵
王鏡第	書日考
劉紀澤	部曲考 書日華彙補正
何士驥	邵念魯年譜 章實齋之史學
姚名達	龍谿先生學術思想 春秋時代男女之風紀
蔣傳官	外族音樂輸傳中國史
孔德	漢代鮮卑年表 會意斠詮

趙邦彥	說苑疏證
黃淬伯	說文會意箋篇
王嘯蘇	說文會意字
閻 煬	辜廡叢稿
汪吟龍	文中子考信錄
史椿齡	孟荀教育學說
杜鋼百	周秦經學考
李繩熙	唐西域傳之研究
謝星郎	春秋時代婚姻的種類
	春秋時代的戀愛問題
李鴻樾	孟荀學說之比較
余戴海	金文地名之研究
馮德清	匈奴通史
陳 拔	顏李四書字義
	兩漢經學史
	爾雅釋例匡謬
	左傳田邑移轉表